高等学校"十四五"医学规划新形态教材

基础医学系列

浙江省普通本科高校"十四五"重点教材

（供临床、基础、预防、护理、检验、口腔、药学等专业用）

医学机能学实验

Yixue Jinengxue Shiyan

（第3版）

主　审　龚永生
主　编　范小芳　焦向英
副主编　陈同生　杨秀红　杨　蓓　祝宁侠
编　委（按姓氏拼音排序）

白　杰（丽水学院）　　　　　　陈同生（厦门医学院）
范俊明（温州医科大学）　　　　范小芳（温州医科大学）
何永文（昆明医科大学）　　　　胡　浩（西安交通大学）
黄　武（四川大学）　　　　　　焦向英（山西医科大学）
金宏波（哈尔滨医科大学）　　　李　凡（汕头大学）
李洪岩（吉林大学）　　　　　　李　洁（山西医科大学）
李利生（首都医科大学）　　　　连　芳（广西医科大学）
刘　燕（华北理工大学）　　　　马建设（温州医科大学）
纳仁高娃（内蒙古医科大学）　　宋维芳（山西医药学院）
谭　毅（重庆医科大学）　　　　陶　剑（昆明学院）
王红杰（河北大学）　　　　　　王　萍（温州医科大学）
温　克（天津医科大学）　　　　徐　静（大连医科大学）
严钰锋（复旦大学）　　　　　　杨　蓓（南昌大学）
杨卫东（曲靖健康医学院）　　　杨秀红（华北理工大学）
于　利（锦州医科大学）　　　　张玉侠（安徽医科大学）
周　莹（云南大学）　　　　　　祝宁侠（桂林医科大学）

中国教育出版传媒集团

高等教育出版社·北京

内容提要

本教材以学生为中心，以能力为导向，突出实验教学的主体地位，强化实验技能系统训练，培养学生的创新意识和跨学科思维。教材分为三个主要模块：医学机能学实验的基本知识与技能、以系统为中心的实验教学内容、创新设计性实验。全书共 15 章，采用三级实验体系设计：基础性实验、综合性实验和创新设计性实验，帮助学生从基本技能训练逐步过渡到创新研究。本教材注重实验设计、数据分析、结果呈现和科研报告撰写的训练，并引入临床案例，将理论与临床实践紧密结合。本教材纸质内容与数字资源一体化设计，数字课程包含图片、微视频、拓展阅读、自测题、教学 PPT 等丰富的资源，支持混合式教学模式。

本教材适用于高等学校临床、基础、预防、护理、检验、口腔、药学等专业学生，还可供临床医务工作者和医学研究人员使用。

图书在版编目（CIP）数据

医学机能学实验 / 范小芳，焦向英主编 . -- 3 版 . -- 北京：高等教育出版社，2025.8. -- ISBN 978-7-04-065309-0

I . R-33

中国国家版本馆 CIP 数据核字第 2025JB7369 号

项目策划	林金安	吴雪梅	杨 兵		
策划编辑	瞿德竑	责任编辑 瞿德竑	特约编辑 柳鸿鹏	封面设计	马天驰
责任印制	高 峰				

出版发行	高等教育出版社	网 址	http://www.hep.edu.cn
社 址	北京市西城区德外大街4号		http://www.hep.com.cn
邮政编码	100120	网上订购	http://www.hepmall.com.cn
印 刷	固安县铭成印刷有限公司		http://www.hepmall.com
开 本	889mm×1194mm 1/16		http://www.hepmall.cn
印 张	15.75	版 次	2015 年 2 月第 1 版
字 数	390 千字		2025 年 8 月第 3 版
购书热线	010-58581118	印 次	2025 年 8 月第 1 次印刷
咨询电话	400-810-0598	定 价	42.00元

本书如有缺页、倒页、脱页等质量问题，请到所购图书销售部门联系调换
版权所有　侵权必究
物 料 号　65309-00

数字课程（基础版）

医学机能学实验

（第3版）

主编　范小芳　焦向英

abooks.hep.com.cn/65309

使用方法：

1. 电脑或移动设备访问课程网站。
2. 注册并登录后，进入"个人中心"。
3. 刮开图书封底防伪码涂层，通过扫描二维码或手动输入 20 位密码，完成防伪码绑定。
4. 绑定成功后，即可开始本数字课程的学习。

如有使用问题，请点击页面下方的"疑问"按钮。

"医学机能学实验"数字课程编委会

主　审　龚永生

主　编　范小芳　焦向英

副主编　陈同生　杨秀红　白　杰　何永文

编　委（按姓氏拼音排序）

白　杰（丽水学院）	陈同生（厦门医学院）
杜从阔（温州医科大学）	范俊明（温州医科大学）
范小芳（温州医科大学）	何永文（昆明医科大学）
胡　浩（西安交通大学）	黄　武（四川大学）
焦向英（山西医科大学）	金宏波（哈尔滨医科大学）
李　帆（西安交通大学）	李　凡（汕头大学）
李洪岩（吉林大学）	李　洁（山西医科大学）
李利生（首都医科大学）	李　旭（温州医科大学）
连　芳（广西医科大学）	刘　燕（华北理工大学）
马建设（温州医科大学）	纳仁高娃（内蒙古医科大学）
沈文君（汕头大学）	宋维芳（山西医药学院）
谭　毅（重庆医科大学）	陶　剑（昆明学院）
王红杰（河北大学）	王　萍（温州医科大学）
王志翊（温州医科大学附属第二医院）	温　克（天津医科大学）
徐　静（大连医科大学）	严钰锋（复旦大学）
杨　蓓（南昌大学）	杨卫东（曲靖健康医学院）
杨秀红（华北理工大学）	于　利（锦州医科大学）
张玉侠（安徽医科大学）	周寿红（桂林医科大学）
周　莹（云南大学）	祝宁侠（桂林医科大学）

前 言

《医学机能学实验》教材自第1、2版发行以来，历经十余载，深受院校、同行和学生的好评。为适应医学学科的飞速发展，及时反映国内实验教学的新方法和新水平，促进医学机能学实验教学改革，培养适应新时代医学科学发展需求、具有创新意识的医学人才，我们对教材进行了修订。

在"健康中国"战略背景下，国家提出以"新医科"统领医学教育创新发展，强调优化学科专业结构，体现"大健康"理念和新科技革命内涵，对现有专业建设提出了全新的要求。新医科建设要紧扣新时代医学发展需求，升级现有临床医学、基础医学培养体系，并加强"医学+X"交叉学科的建设，培养创新型、复合型医学人才。基于此，本次修订以"新医科"建设理念为指导，对教材内容和结构进行了全面更新，主要体现在以下几个方面：

1. 创新教学理念：教材编写采取分层逐级设计，既通过增加挑战性满足学生个性化发展需求，又具有灵活性，方便全国不同院校根据自身软硬件条件及教学目标体系选择合适的实验项目。特别是实验数据的结果与分析，要求学生在掌握基本的实验设计原理、统计学处理等基本技能的前提下，检索相关文献，引导学生从实际问题出发进行探究式学习，在学习过程中有所发现、有所发明、有所创新、有所进步。

2. 基础与临床相结合：本次修订增加了临床案例，通过临床案例促进对基础理论的深入理解。教材注重培养医学人文精神，引导学生树立正确的价值观和人文关怀意识，成为既有扎实专业知识又有良好医德的医学人才。

3. 线上线下结合：教材的数字课程涵盖各个章节的教学PPT、图片、实验操作微视频、拓展阅读、自测题、案例分析等资源，对纸质教材起到巩固、补充和拓展作用，丰富知识的呈现形式。这种线上线下相结合的教学模式，符合"互联网+"时代医学教育的发展趋势，可满足学生个性化学习的需求。

4. 学科交叉融合：响应"医学+X"交叉学科建设趋势，本次修订融入了医工、医文、医理等学科的交叉内容，如医学与人工智能、大数据、生物医学工程等领域的融合，拓展学生的知识面和视野，培养具备跨学科思维和创新能力的复合型医学人才。

5. 实践创新能力培养：教材设计注重培养学生的实验设计和结果统计分析能力、独立解决问题能力、书面表达能力和团结协作能力。通过引导学生参与科研思维训练和创新性实验设计，培养学生的科学素养和创新能力，适应医学科学发展的新要求。

本次修订得到了众多专家和教师的大力支持和帮助，在此表示衷心感谢。尽管各位编者尽了最大努力，但书中难免存在不足之处，恳请广大师生在使用过程中提出宝贵意见和建议，以便我们不断改进和完善教材内容。

范小芳 焦向英

2025年4月

目 录

第一部分 医学机能学实验的基本知识与技能

- 001 **第一章 绪论**
- 002 第一节 医学机能学实验概述
- 002 一、医学机能学实验的形成与发展
- 002 二、医学机能学实验的定义、性质与任务
- 003 第二节 机能学实验的主要教学内容和课程目标
- 003 一、机能学实验主要教学内容
- 004 二、机能学实验教学目标
- 004 三、机能学实验教学与评价方法
- 004 第三节 实验资料的收集、整理及实验报告的撰写
- 004 一、实验资料的收集、整理
- 005 二、机能学实验报告书写要求
- 006 第四节 医学机能学实验的基本要求
- 006 一、实验课前
- 007 二、实验课中
- 007 三、实验课后
- 007 第五节 动物实验操作中的生物安全与风险防范
- 009 第六节 虚拟仿真实验概述
- 009 一、虚拟仿真实验教学的意义
- 009 二、虚拟仿真实验的未来发展趋势

- 011 **第二章 实验动物的基本知识**
- 012 第一节 实验动物的分类
- 012 一、按遗传学特征分类
- 013 二、按微生物与寄生虫学控制标准分类
- 014 第二节 机能学实验常用的实验动物
- 014 一、蟾蜍/牛蛙
- 014 二、小鼠
- 014 三、大鼠
- 014 四、兔
- 015 五、豚鼠
- 015 六、犬
- 015 第三节 实验动物的选择
- 015 一、种属的选择
- 016 二、品系的选择
- 016 三、个体的选择
- 017 第四节 实验动物的福利伦理与保护
- 017 一、实验动物福利
- 017 二、动物实验中的3R原则
- 018 三、机能学实验中的动物保护

- 019 **第三章 常用的实验仪器及其使用方法**
- 020 第一节 生物信号类型、特点及其采集与测量
- 020 一、生物信号的类型
- 020 二、生物信号的特点
- 021 三、生物信号采集与测量
- 022 第二节 生物信号采集与分析系统
- 023 一、生物信号采集与分析系统的组成
- 023 二、生物信号采集与分析系统软件及其使用
- 027 三、人体生理实验系统
- 029 第三节 全自动生化分析仪
- 029 一、基本结构及工作原理
- 029 二、分类、主要功能及应用
- 030 第四节 血气分析仪
- 030 一、常见参数描述及范围
- 031 二、血样采集
- 031 三、血气分析仪的简易操作步骤
- 031 四、注意事项
- 032 第五节 酶标仪
- 033 一、工作原理
- 033 二、用途
- 033 三、操作注意事项
- 034 第六节 常用实验器材及手术器械
- 034 一、常用实验器材
- 035 二、常用手术器械

040	**第四章 动物实验基本操作技术**			**第二部分 医学机能学实验各论**
041	第一节 实验动物的标记、捉拿与保定方法			
041	一、实验动物的分组与标记		068	**第五章 神经与骨骼肌实验**
042	二、实验动物的捉拿与保定方法		069	实验1 反射弧的观察与分析
044	第二节 实验动物的麻醉方法		072	实验2 不同刺激强度与频率对骨骼肌收缩的调控作用
044	一、全身麻醉			
045	二、局部麻醉		075	实验3 神经干动作电位、传导速度与不应期测定及药物影响
046	三、麻醉深度的评估			
046	四、麻醉的注意事项		078	实验4 神经干、骨骼肌肌膜动作电位及骨骼肌收缩的同步观察
047	第三节 实验动物常用的给药途径与方法			
047	一、兔常用的给药途径与方法		081	实验5 应激性胃溃疡模型的建立与发生机制分析
048	二、大、小鼠常用的给药途径与方法			
050	第四节 实验动物的常用采血方法		084	**第六章 血液系统实验**
050	一、大鼠和小鼠的采血方法		085	实验6 影响血液凝固的因素
051	二、豚鼠的采血方法		087	实验7 DIC模型构建及凝血功能异常分析
051	三、兔的采血方法		091	实验8 红细胞渗透脆性及药物溶血反应
053	第五节 实验动物安死术			
053	一、蟾蜍的处死方法		097	**第七章 循环系统实验**
054	二、大鼠和小鼠的安死术		098	实验9 蛙心起搏点观察及自律性分析
054	三、犬、兔、猫、豚鼠的安死术		100	实验10 期前收缩与代偿间歇
055	第六节 急性动物实验的常用手术操作技术		102	实验11 细胞外离子梯度与神经递质对蛙心节律和收缩力的调控
055	一、备皮			
055	二、切口和止血		105	实验12 神经体液因素及药物对动脉血压的影响
056	三、气管分离和插管术			
056	四、颈部和股部神经分离术		112	实验13 急性中等量失血性休克及救治
057	五、颈外静脉、右心及肺动脉插管术		115	实验14 急性右心衰竭及治疗
058	六、颈总动脉和左心室插管术		118	实验15 急性左心衰竭及强心苷对心力衰竭心脏的作用
059	七、股动脉插管术			
059	八、输尿管、膀胱插管术		120	实验16 利多卡因对氯化钡诱发心律失常的干预效应
060	第七节 离体标本的制备方法			
060	一、蟾蜍坐骨神经-腓肠肌标本的制备		123	实验17 急性高钾血症及其治疗
062	二、蟾蜍坐骨神经-腓神经标本的制备		126	实验18 急性心肌梗死模型制备及评价
062	三、蟾蜍坐骨神经-缝匠肌标本的制备			
063	四、离体蛙心灌流标本的制备		130	**第八章 呼吸系统实验**
065	五、蟾蜍腹直肌标本的制备		131	实验19 胸内负压和气胸的观察
065	第八节 手术的打结方法		133	实验20 实验性缺氧与耐缺氧
065	一、结扎的种类		137	实验21 膈肌放电与呼吸运动调节
066	二、打结方法		141	实验22 急性呼吸功能不全与实验性肺水肿
066	三、打结注意事项			

147	**第九章 消化系统实验**		212	三、实验设计书基本内容
148	实验23 氨在肝性脑病发病机制中的作用		213	第四节 创新设计性实验实施
150	实验24 小肠平滑肌的生理特性及药物的影响		213	一、实验准备
			213	二、预实验
154	**第十章 泌尿系统实验**		213	三、正式实验
155	实验25 尿生成的影响因素及药物的利尿作用		214	四、实验数据的处理与统计学分析
158	实验26 急性缺血性肾损伤		215	**第十四章 医学论文写作**
161	**第十一章 人体机能实验**		216	第一节 医学论文撰写的基本原则和要求、流程
162	实验27 视野、盲点、听力测试与视觉诱发电位的测定		216	一、医学研究论文写作的基本原则和要求
166	实验28 心音听诊、体表心电图的记录与分析		216	二、医学研究论文撰写流程
169	实验29 外呼吸功能综合评估		217	第二节 医学论文的内容
174	实验30 骨骼肌功能、肌电图的描记及反射弧测定		217	一、题目
			217	二、作者署名
181	实验31 人体动脉血压的测定及其影响因素		218	三、摘要
			218	四、关键词
186	**第十二章 药物作用及其机制**		218	五、前言
187	实验32 药物血浆浓度测定及药动学参数分析		218	六、材料与方法
190	实验33 戊巴比妥钠半数有效量（ED_{50}）与半数致死量（LD_{50}）的测定及治疗指数分析		219	七、结果
			219	八、讨论与结论
			219	九、致谢
193	实验34 药物的抗惊厥作用		220	十、参考文献
195	实验35 药物的镇痛作用		222	**第十五章 "医+X"新技术在机能学实验中的应用**
199	实验36 不同给药途径对药物作用的影响			
201	实验37 有机磷酸酯类与沙蚕毒素类农药中毒及解毒机制		223	第一节 医学生物信息学的应用
			223	一、概述
204	实验38 糖皮质激素的抗炎作用		223	二、医学生物信息学的应用场景
			224	第二节 新型分子荧光探针在医学中的运用场景及实施案例
	第三部分 医学机能学科研			
208	**第十三章 创新设计性实验**		224	一、分子荧光探针简介
209	第一节 创新设计性实验概述		225	二、分子荧光探针的应用研究示例
209	第二节 科研选题			
209	一、选题的基本原则		227	**主要参考文献**
210	二、选题技巧			
210	三、选题的范围		228	**附 录**
211	四、形成科学假说		229	附录一 实验动物给药剂量的计算
211	第三节 实验设计		234	附录二 常用实验动物的一般生理参数
211	一、实验设计的三大要素		236	附录三 机能学实验常用生理溶液及配制
212	二、实验设计的四大原则		238	附录四 常用抗凝剂的种类、浓度与配制方法

第一部分 医学机能学实验的基本知识与技能

第一章 绪论
第二章 实验动物的基本知识
第三章 常用的实验仪器及其使用方法
第四章 动物实验基本操作技术

第一章
绪论

关键词

机能学实验　　实验技能　　科学研究　　整合　　生物安全
虚拟仿真实验

医学机能学实验（也称实验机能学）是一门综合性的实践类课程，它结合了生理学、药理学、病理生理学等多个学科的知识和技术，旨在通过实验手段探究机体功能及其调节机制，是一门重要的医学及医学相关专业的基础医学必修课程。通过本课程的学习和实践，期望学生能逐步掌握机能学实验的基本规律和实验基本技能，加深对机能学科基本理论的认识与理解；培养学生的实验设计和结果统计分析、独立解决问题、书面表达和团结协作等能力，以及创新意识与开拓精神，提高学生学习的主动性和创造性，为最终提高学生的综合素质打下坚实的基础。

第一节　医学机能学实验概述

一、医学机能学实验的形成与发展

初期阶段（20世纪50年代至90年代初）：在20世纪80年代之前，我国的医学教学模式和实验室管理模式主要沿袭苏联的模式。机能学相关的各教学实验室隶属于生理学、药理学、病理生理学等不同教研室，实验室资源分散，存在仪器设备重复购置、使用率低和更新缓慢等问题。传统的基础医学实验教学作为各自学科理论教学的一部分进行，开设的实验多为验证性实验，教学内容大多局限于单一学科范围内。这种模式不仅不利于医学综合思维能力的培养，也缺乏多学科知识的融会贯通，显然不符合从整体角度研究生命活动及培养具有优秀综合素质的医学人才的要求。随着国家对人才培养要求的提升，20世纪80年代起，很多医学院校陆续对基础医学教学实验室的管理体制进行改革，建立了统一管理、资源共享的机能实验教学中心（室），为机能学实验教学改革奠定了基础。但此阶段机能学的实验教学仍作为各单一学科（生理学、药理学、病理生理学）的理论教学补充开展，教学改革以实验内容调整和教学方法改进为主。

发展阶段（20世纪90年代中期至21世纪初）：随着高等教育教学改革的推进，各校实验教学中心开始独立运作，实行主任负责制，设立专职的实验室管理人员、技术人员，为跨学科整合的机能实验教学改革提供了平台。医学机能学实验开始作为独立的实验课程被纳入各医学专业培养方案，增加了综合性实验、创新设计性实验比例。同时，实验教学中心逐步引入先进的实验设备和技术，如计算机辅助教学系统、电生理设备、生化分析设备等。实验手段也更加多样化，这些设备和技术的应用极大地推动了机能学实验课程体系的发展。

成熟阶段（21世纪初至今）：进入21世纪后，机能学实验课程体系快速发展，逐渐成熟。实验室管理体制不断完善，实验教学中心不仅承担实验教学任务，还积极参与科学研究和社会服务，成为多职能的综合性平台。此外，随着国家对医学教育的高度重视和各医学院校对实验教学投入的增加，医学机能学实验的教学条件和水平有了显著提升。很多实验室配备了先进的实验设备，如流式细胞仪、血气分析仪、激光共聚焦显微镜等，显著提高了技术能力和实验数据准确性。机能学实验跨学科融合的趋势也日益明显，机能学科与其他学科交叉融合，如生物信息学、系统生物学等，使得机能学研究更加深入和全面。

二、医学机能学实验的定义、性质与任务

医学机能学实验也称实验机能学，是通过实验手段，研究正常机体生命活动规律及在疾病状态和使用药物时机体功能活动变化规律的一门课程。它有机融合了生理学、病理生理学、药理学、细胞生物学及分子生物学等多门医学机能学科的实验教学内容，并加强了实验的综合性，更加重视现代新技术的应用，以及对学生创新能力的培养。医学机能学实验是一门重要的医学及医学相关专业的基础医学必修课程。

医学机能学实验的主要任务是通过本课程的学习和实践，逐步掌握机能实验的基本规律和实验基本技能，提高理论联系实际的能力，养成严谨求实的科学态度。医学机能学实验致力于培养

实验设计和结果统计分析能力、独立解决问题能力、书面表达能力和团队协作能力。同时，课程注重培养创新意识和开拓精神，提高自主学习和创造能力，使学生能够掌握规律、丰富学识、增长见识、塑造品格，增强责任感、使命感，培养家国情怀，勇于承担促进人民健康和科技进步的重任。

（范小芳　焦向英　金宏波）

第二节　机能学实验的主要教学内容和课程目标

机能学实验是研究机体及其各组成系统、器官在正常、异常和药物干预等情况下所表现出的各种生命活动现象及其活动规律。根据实验对象的不同，机能学实验可以分为动物实验、人体实验；根据形式，可以分为线下实体实验、线上虚拟仿真实验；根据内容，可分为基础性实验（经典性实验）、综合性实验和创新设计性实验等。动物实验按实验时间长短可分为急性实验和慢性实验两大类，机能学实验以急性实验为主。

一、机能学实验主要教学内容

机能学实验的教学一般包括以下内容，可根据不同专业、不同培养目标选择性地开展不同实验项目。

1. 基本知识和基本技能

（1）明确机能学实验的教学目标，遵守实验室守则及规章制度；了解实验动物的伦理与福利要求，并将其内化于心、外化于行，切实贯彻实验动物伦理要求。

（2）掌握机能学实验基本的实验技能方法，特别是整体水平的急性动物实验常用的基本技术和离体器官实验技术。

（3）熟悉生物信号记录与分析系统和机能学实验常用仪器设备的基本操作。

2. 基础性实验（经典性实验）　注重"以学为本"，涵盖"三理"（生理学、病理生理学和药理学）等学科的经典实验内容和技术方法，加强实验操作的规范性和准确性。通过实验操作、观察和分析，进一步熟悉和规范基本操作，并积累一定的分析和解决问题的能力。

3. 综合性实验　是在每个实验项目中融合了"三理"学科的教学内容和资源，并结合了形态学、病原生物学、生物化学、分子生物学、细胞生物学和神经生物学等多个学科的知识和实验技术。其实验重点在于培养运用所学的基本理论、基础知识和基本技能，解决涉及不同的器官、系统、影响因素，以及药物作用情况下的功能变化等问题。通过这类实验，培养学生的综合分析能力和解决复杂问题的能力。

4. 创新设计性实验　旨在引导学生基于所学知识，以问题为导向，自主设计并实施实验，从而培养其科学精神、科研思维和创新能力。学生以小组为单位，通过查阅文献资料、选题、设计实验、实验方案汇报与讨论、实施方案、实验数据整理、撰写科研小论文、论文汇报等过程，使其不仅能了解科学研究的基本流程，还能在实践中提升科研能力和团队合作能力。这种实验强调主动参与和创造性思考，有助于培养未来医学研究领域的优秀人才。

5. 人体机能学实验　是以健康志愿者为研究对象，旨在观察和研究人体在正常生理条件下的生命活动规律，是对动物实验的重要补充，能够更直接地反映人体的生理特性和功能变化。

6. 虚拟仿真实验　利用虚拟仿真软件模拟真实的实验环境，进行虚拟实验操作。虚拟机能学实验教学，能够突破传统实验对时空、实验条件等的限制，通过与线下实验相结合等方式，延伸实验教学内容的广度与深度。

二、机能学实验教学目标

机能学实验的课程设计要坚持守正创新，遵循以学生为中心，以能力为本位，以个性评估为动力，以持续改进为重点的教学理念，以循序渐进的方式，采用综合、灵活的教学方法，打破学科壁垒，以器官、系统和问题（疾病）为核心组织实验教学，培养观察能力，提出问题、分析问题和解决问题的能力，着重自主学习能力、初步科研思维和创新能力的培养，使机能学实验更具高阶性、创新性和挑战度。

三、机能学实验教学与评价方法

拓展阅读 1-1
医学机能学实验的成绩评定方法

机能学实验教学采取"以学生为主体，教师为主导"的教学理念，以问题为导向的启发式、研讨式的教学方法，鼓励开展 PBL（基于问题的学习）、CBL（基于案例的学习）、TBL（团队基础学习）、RBL（基于研究的学习）等教学方法。实行以能力为导向的评价方法，注重思维能力、实践能力评价，以期提高学生的创新意识、创新能力和实践能力。

（范小芳　焦向英）

第三节　实验资料的收集、整理及实验报告的撰写

一、实验资料的收集、整理

在实验过程中，要做好实验资料的收集、整理工作，仔细、耐心地观察并记录每项实验出现的结果。若出现非预期结果或其他异常现象，也应如实记录。实验记录要做到客观、具体、清晰、完整。为了保证实验结果真实可靠并便于分析，实验条件应始终保持一致，若有变动，应及时注明。如果出现可能影响实验结果的非实验因素，也应及时作文字说明。

实验中得到的结果数据，一般称为原始资料。原始资料可分为两大类：一类是计量资料，另一类为计数资料。实验者务必分清这两类资料的区别。计量资料是以数值大小来表示某指标变化的程度，例如心率、血压值、血流量、呼吸频率、尿量、细胞数、某酶活性等。这类资料可用测量仪器获得，也可通过测量实验描记的曲线而得到。计数资料是清点数目所得到的结果，例如动物的存活或死亡数目，疗效的阳性或阴性数目等。原始资料必须进行统计处理分析，才能揭示其变化规律，探索其本质。经统计处理的结果数据，为了便于比较和分析，常可采用表格或绘图表示。有些非连续性的实验结果，常用三线表格形式来表示，制表时，一般将实验处理项目列在表

内左侧，由上而下逐项排列。表内右侧可按时间或数量变化的顺序或不同的观察指标，由左至右逐格写入相应的结果数据，包括均数及标准差或标准误。

绘图表达实验结果，需要周密设计和精心制图，以准确表示实验中某变量的增减或变化过程，以及诸变量之间的相互关系，使人一目了然，易于理解和便于分析。常用于表达实验结果的图形有折线图、直方图和坐标图。

应当注意，各项实验所得的结果是有差别的，在解释实验结果时，不能将特定条件下所获得的结果视为普遍规律，也不能将动物实验结果完全推演到人体。

二、机能学实验报告书写要求

实验报告是对实验的总结，也是机能学实验课的一项基本训练。通过撰写实验报告，可以熟悉撰写科学论文的基本格式，学会绘制图表的方法，应用学过的有关理论知识或查阅有关文献资料，对实验结果进行分析和解释，得出实验结论，从而使同学应用知识、独立思考、分析和解决问题的能力以及写作能力得到提高，为将来撰写科学论文打下良好的基础。因此，应以科学的态度，严肃认真地独立完成实验报告的书写，不应盲目抄袭书本和他人的实验报告。

写实验报告应注意文字简练、通顺，书写清楚、整洁，正确使用标点符号。实验报告的一般格式为：

机能学实验报告

姓名　　　　班级　　　　　学号　　　　　日期　　　　　室温

实验题目

实验目的

材料与方法

实验结果

分析与讨论

结论

参考文献

反思或说明

书写实验报告时应注意以下几点：

1. **材料与方法**　简明扼要书写实验所用的材料、方法和操作步骤等各项实验条件。可以择要简写，注出参见书页。实验动物应注明体重和性别，药品和试剂应注明浓度和用量。实验方法可简要描述或画出流程图，若改进实验方法而且相对实验教材有较大的改动，应详细说明。

2. **实验结果**　是实验中最重要的部分。实验结果需进行系统化、条理化的整理、归纳和统计学处理。其表达一般有文字叙述、表和图三种形式。

（1）叙述式：用文字将实验中所观察到和记录到的、与实验目的有关的现象正确、客观地加以描述，不能主观想象或用书本理论代替实验所观测得到的客观事实，描述时需有时间概念和顺序上的先后层次。

（2）表格式：以表格形式记录实验的原始数据，一般要求制作规范格式的三线表，且每一表格应有标题和计量单位。

（3）简图式：经过编辑标注的原始记录曲线，经过统计处理的统计图、表，以及对图、表的说明文字。如实验中描记的血压、呼吸等可用曲线图表示；也可取其不同的时点值，用折线图表示。

在实验报告中可以文字叙述、表和简图三种形式并用。数据要严格核实，图表按论文规定格式标注图序、图题、表序和表题。图表须用精炼的文字描述结果，做到图文并茂，条理清楚。全班实验的结果可以共享。

3. 分析与讨论　是实验报告的核心部分，主要内容有：①根据实验结果来回答本次实验目的所提出的问题。②结合理论围绕实验结果进行讨论分析。③提出可供深入研究的问题及本实验存在的问题。如果出现实验结果与预期结果不一致，应围绕实际所得到的实验结果，联系理论知识进行充分分析；或由结果总结、分析、概括，上升到理论知识的高度。讨论分析要合情合理，不能是纯理论的分析。

4. 结论　是从实验结果和讨论中归纳出的一般性、概括性的判断，也就是本次实验所能验证的概念或理论的简要总结。结论不是单纯的重复实验结果，也不应超越结果所容许的范围任意扩大。此外，亦可撰写实验体会，包括成功的经验、实验误差或失败的原因等，以及有何启示、见解或建议。

5. 参考文献　在实验报告中凡引用他人的结论、实验数据、计算公式等，均应列出所引用的参考文献。

6. 反思或说明　可写上实验小组成员的分工情况、实验成功或失败的原因、实验后的心得体会和建议等。

实验报告是科研文件，书写要求字迹工整，简练通顺，用医学专业术语描述，层次清晰，逻辑推理严谨求实。实验数据力求真实，必须以科学的态度，严肃、独立、认真地完成实验报告的撰写，严禁任何抄袭行为。实验报告按要求及时提交。

（范小芳　金宏波）

第四节　医学机能学实验的基本要求

医学机能学实验的基本要求包括实验课前、实验课中和实验课后的具体要求，旨在提供全面的操作指南和安全指导。请各位同学严格按照教程中的要求执行，以保证实验效果和安全。

一、实验课前

1. 预习准备　认真预习实验教程及相关线上资源，了解实验目的和要求，充分理解实验原理，熟悉实验步骤、操作方法、观察项目和注意事项。结合实验内容，复习或学习相关理论知识，并通过线上平台开展生生互动和师生互动。

2. 预测结果　预测实验结果，并对预期结果做出合理解释。

二、实验课中

1. **实验室行为规范** 进入实验室后，必须穿戴白大褂，不迟到、早退，不高声喧哗或进行与实验无关的活动，严格遵守实验室各项规章制度。
2. **分工与检查** 做好小组成员的分工，检查实验器材和药品是否齐全。
3. **操作规程** 按照操作规程正确操作仪器设备，实验室内的各种实验仪器设备不得随意挪动，已设定的参数指标不得擅自更改。
4. **仪器管理** 实验中仪器损坏或失灵应及时向教师汇报，申请修理或调换；因违章操作导致的问题，将根据学校物品管理规定处理。
5. **动物伦理** 严格遵守实验动物伦理规范，确保实验动物得到人道对待。实验结束后，实验器械需洗净擦干，实验台面收拾干净，实验动物尸体及污物均应放置在指定处。
6. **安全措施** 注意安全，防止触电、火灾、中毒及被动物咬伤等事故的发生。
7. **观察与记录** 仔细、认真地观察实验过程中出现的现象（结果）并进行思考：发生了什么现象，该现象发生在什么情况或时间，该现象后来如何转归，为什么会发生这些现象，该现象有何意义（生理、病理或临床意义），有无出现非预期结果或"反常"现象。在重复验证排除了错误可能后，应对其进行分析，进一步的实验可能有新发现，甚至得出新理论。重视原始记录，原始记录应及时、完整、精确和整洁，严禁撕页或涂改，切不能用整理后的记录代替原始记录，要保持记录的原始性、真实性，不得擅自修改实验数据或凭空臆造。

三、实验课后

1. **整理与归还** 整理实验仪器和用具，关闭仪器、设备的电源开关。洗净、擦干手术器械并安放整齐。临时借用的器械或物品如数归还，如有损坏或遗失，要登记并设法寻找或适当赔偿。按规定妥善处理实验后的动物和标本。
2. **清洁卫生** 实验室安排各组轮流值日，保持实验室的整洁。值日生负责做好实验室清洁卫生工作，关好门窗、水电后方可离开实验室。
3. **撰写报告** 整理实验数据，对实验结果进行分析讨论，认真、独立地撰写实验报告，并按时交给教师评阅。

希望每位同学能够认真阅读并遵循实验室的各项要求，共同营造一个安全、有序、高效的实验环境。

拓展阅读 1-2
机能学实验教学专家共识

拓展阅读 1-3
医学机能学实验技能评价表

（范小芳）

第五节 动物实验操作中的生物安全与风险防范

实验室安全是机能学实验教学的关键，必须重视动物实验操作中的生物安全并做好风险防范。遵循"以人为本、安全第一、预防为主、综合治理"的原则，严格遵守《中华人民共和国安全生产法》《中华人民共和国环境保护法》《中华人民共和国生物安全法》《教育部关于加强高校实验室安全工作的意见》《高等学校实验室工作规程》及学校的安全条例等相关规定。

1. 熟悉实验室安全管理制度　首次进入实验室前，必须通过《实验室安全教育》考核。教师需安排专门时间进行实验和实验室安全教育，签订安全责任书，增强安全意识，减少潜在的安全隐患。

2. 使用合格安全的实验动物　实验动物须符合实验动物规范要求，并持有合格实验动物生产许可证，以有效避免疾病传播的风险。

3. 个人防护措施　进入实验室时，必须穿隔离衣（白大褂）和戴手术帽。在进行手术操作时，应佩戴一次性口罩和手套，以保护自身安全。

4. 严格遵守有毒试剂、药品的处理及管制药品的领用、使用制度　部分试剂或药品可能有毒，或混合后会产生某种毒性，或可能会污染环境，应适当存放或进行必要的处理，严禁乱放乱弃。要树立牢固的自身安全和环境保护意识。

实行实名领取和使用登记制度，以确保管制药品和剧毒药品的安全使用。使用后的注射器、针头和容器等需按规定放置。

5. 熟悉发生突发事件的应急预案　针对可能出现的紧急情况，如动物抓伤、咬伤，蟾蜍毒液溅入眼睛，强酸或强碱溅到皮肤等，应熟悉应急处理预案。按照使用说明，正确使用实验室配备的药箱中的急救药物。遇到突发事件时，首先进行应急处理以减轻伤害，同时向实验室教师求助。

6. 规范动物实验操作　掌握正确的实验操作方法，下列内容需特别注意。

（1）注射器和针头的使用：在动物实验中，注射器和针头是危险性较大的用具。注射针头不得弯折、截短；注射时须将动物合理保定或镇静，以免误刺或伤害。用于感染性实验的针头不得再放回针头套内，应在使用后从注射器上卸下，与注射器一并放入防穿刺的专用容器内，以便后续进行消除污染处理或高压灭菌后弃去。此外，注意从动物皮肤或瓶塞上拔出针头时的震荡作用，可产生气溶胶。

（2）麻醉与给药：要正确地捉拿和保定实验动物，所有操作要严格按照操作规程进行。

（3）安乐死：实验结束后应对动物采用安死术，以减少动物不必要的痛苦。在动物安乐死过程中，要注意不要被动物咬伤、抓伤，并尽可能减少动物的痛苦。

7. 废弃物处理　废弃物包括使用过的锐器、实验动物垫料、动物排泄物、动物尸体、纸张及其他物品。

（1）针头、刀片等锐器：应放入专用利器盒。

（2）污染的一次性吸头、吸管等废弃物：应放入黄色实验垃圾桶或医疗垃圾袋。

（3）动物尸体处理：无害性动物尸体，是指未投药、未感染病原微生物或放射性物质的动物尸体，实验结束后，动物尸体应送至指定的回收站，按生物垃圾处理。感染性的动物尸体应该用装载生物危害物质的塑料袋妥善包装，经蒸气高温高压灭菌后，再以一般处理无害性动物尸体方法（如置入冷冻库）保存。

（4）污水处理：在动物设施中产生的污水，如果符合排放标准，可排入一般废水处理系统。感染性动物实验室所产生的废水，或许会含有致病微生物，威胁人体健康及环境卫生，此类废水需按规定经化学处理消毒或加热高压蒸气灭菌处理。

拓展阅读1-4
机能实验室建设标准专家共识

（范小芳　焦向英）

第六节 虚拟仿真实验概述

随着计算机技术的飞速发展,虚拟仿真实验教学已成为推进高等教育实验教学改革的重要手段。虚拟仿真实验不仅拓展了实验教学内容的广度和深度,还延伸了实验教学的时间和空间,提升了实验教学的质量和水平。通过虚拟仿真实验,学生可以在安全、灵活的环境中进行互动式、研讨式的教学活动,从而更好地掌握知识和技能。

一、虚拟仿真实验教学的意义

虚拟仿真实验教学是一种利用计算机技术和网络平台,模拟真实实验环境的教学方法。它具有以下几方面的意义:

1. 拓展实验教学内容　虚拟仿真实验可以模拟各种复杂的实验场景,涵盖从基础科学到高级工程的各个领域,从而极大地丰富了实验教学内容。

2. 延伸实验教学时间和空间　虚拟仿真实验不受时间和地点的限制,可以在任何时间、任何地点进行实验操作,大大提高了实验教学的灵活性和便利性。

3. 提升实验教学质量　通过虚拟仿真实验,可以在安全的环境中进行多次实验操作,减少了实验中的风险和失误,提高了实验的成功率和教学质量。

教育部积极推进虚拟仿真实验教学项目和课程建设,各高等院校积极进行校企合作,搭建了一批具有开放性、扩展性、兼容性和前瞻性的虚拟仿真实验教学项目运行平台。其中,实验空间是教育部国家级虚拟仿真实验教学项目共享平台,是全球第一个汇聚全部学科专业、覆盖各个层次高校、直接服务于学生和社会学习者使用的实验教学公共服务平台。平台已有虚拟仿真实验教学项目4千多个,包括所有国家级虚拟仿真实验教学项目。

二、虚拟仿真实验的未来发展趋势

随着计算机技术的飞速发展,虚拟仿真实验技术不断提升,更多地综合应用多媒体、大数据、三维建模、人工智能、人机交互、传感器、超级计算、虚拟现实(VR)、增强现实(AR)、云计算等网络化、数字化、智能化技术手段,以提高实验教学项目的吸引力和教学有效度。虚拟仿真实验在未来将会呈现出以下几个发展趋势:

1. 智能化　通过引入人工智能技术,实现更加智能的实验指导和反馈机制。
2. 个性化　根据用户的实际情况和需求,提供个性化的实验方案和指导。
3. 网络化　通过云计算和大数据技术,实现跨地域、跨机构的资源共享和协同实验。
4. 沉浸式体验　通过VR、AR等技术,提供更加逼真的实验环境和体验。

拓展阅读1-5
供参考使用的虚拟仿真实验教学平台

(金宏波　范小芳)

思考题

1. 学习医学机能学实验课程的目的是什么？
2. 医学机能学实验中常用的动物技术方法有哪些？
3. 在医学机能学实验中，如何确保实验结果的准确性和可靠性？

网上更多……

自测题　　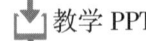教学 PPT

第二章
实验动物的基本知识

关键词

实验动物　　近交系动物　　远交系动物　　无特定病原体动物
3R 原则

> 实验动物是指通过科学方法人工育种、繁殖、饲养，对其携带的微生物和寄生虫实行控制，遗传背景明确或者来源清楚，可用于科研、教学、医疗、生产、检定等方面的动物。实验动物按遗传学特征分为近交系动物、远交系动物、突变系动物等，按微生物与寄生虫学控制标准分为无菌动物、无特定病原体动物、普通动物等。
>
> 机能学实验常用实验动物主要有兔、大鼠、小鼠、蟾蜍和豚鼠等。使用实验动物应遵循"3R"（替代、减少、优化）原则。

第一节 实验动物的分类

动物实验作为机能学实验乃至生命科学研究常用的研究方法，已越来越为人们所重视。实验研究中，实验动物（laboratory animal）被称为"活的试剂""活的精密仪器"，其选择及应用可能会直接影响研究的质量甚至成败。需要注意的是，实验动物不同于实验用动物（experimental animal）。实验用动物是指一切用于实验的动物，除了实验动物之外，实验用动物还包括自然界捕获到的野生动物、家畜及观赏动物，上述动物存在较大的个体差异，实验重复性较差。而实验动物是指采用科学方法进行人工培育、繁殖、饲养，并对其携带的微生物和寄生虫实行控制，遗传背景明确或来源清楚，可用于科研、教学、医疗、生产等方面的动物。

实验动物主要按照遗传学特征或者微生物与寄生虫学控制标准进行分类。

一、按遗传学特征分类

（一）近交系动物

近交系动物（inbred strain animal）又称为纯系动物，是采用全同胞兄妹交配或亲子交配的方式，连续繁殖20代以上而培育出来的品种，其基因位点的纯合度高达98.6%。常用的近交系动物如C57BL/6J小鼠、BALB/c小鼠等。由于同一近交系的动物具有相同的基因型及表现型，因此其生物学特性比较一致，实验重复性好，便于不同实验室重复或验证其他实验室的实验结果。由于近交衰退，此类动物生育力、抗病力及适应环境的能力均较低，品系维持、保种及繁殖难度较大，存在断种的风险。

（二）封闭群动物

封闭群动物（closed colony animal）又称为远交系动物（outbred strain animal）或非近交系动物，是指在一个种群内，在不以近交形式进行交配及不从外部引进新个体的前提下，进行种群内随机交配，连续繁殖4代以上的群体。常见的封闭群动物有昆明小鼠（KM小鼠）、Wistar大鼠、SD大鼠、日本大耳白兔、青紫蓝兔和新西兰兔等。封闭群动物既保持了种群一定的遗传特征，同时又具有一定的杂合性。此类动物具有较高的繁殖率及较强的适应性和抗病力，由于成本较低，可大量供应，广泛用于教学实验、药物筛选及毒理学实验。但个体间存在杂合性，故个体间的重复性和一致性不如近交系动物好。

（三）突变系动物

突变系动物（mutant strain animal）是指通过基因突变（自然突变/人工定向突变）获得的具有某些特殊性状表型，且该表型能稳定地遗传下去的动物。因该动物具备遗传性、变异性两大特点，在医学研究中作为模型动物被广泛使用。目前已培育出多种突变系动物，如糖尿病（db）小鼠、白内障（cat）大鼠、肥胖症（ob）小鼠、侏儒症（dw）小鼠、自发性高血压（SHR）大鼠等。与近交系动物、封闭群动物不完全相同的是，在遗传学上，突变系动物并不是一个单独的遗传类别。发生在近交系的基因突变，即为同源突变近交系；而基因突变发生在封闭群的动物，则为封闭群突变种。

（四）杂交群动物

杂交群动物（hybrid colony animal）是指由两个不同品系的近交系动物杂交所产生的第一代子代动物，又称为杂交一代动物或F1动物。如近交系动物C57BL/6J和DBA/2小鼠交配后培育的第一代动物BDF1即为杂交群动物。此类动物既保持了近交系动物遗传、表型上的一致性，同时又具有杂交优势，克服了近交系动物因近交引起的近交衰退，具备繁殖率高、抗病力强等优点。此类动物实验结果重复性好，广泛用于各种研究。由于具备亲代双亲的特点，可同时接受2个亲本品系的细胞、组织、器官和肿瘤的移植，用于免疫学、发育生物学等领域研究。此类动物不能用于育种，因为到子二代（F2）时，会发生遗传性状上的分离。

二、按微生物与寄生虫学控制标准分类

（一）无菌动物

无菌动物（germ free animal，GF）是指体内外均未检出任何微生物和寄生虫的动物。此种动物必须是生来就无菌的动物，主要来源于剖宫产或无菌卵的孵化，并饲育在无菌、恒温、恒湿的隔离环境中，因此成本极为昂贵。悉生动物（gnotobiotic animal，GN）亦称已知菌动物或已知菌丛动物，是指在无菌动物体内，人为植入已知菌的动物。根据植入菌落种类的差别，又可分为单菌动物、双菌动物、三菌和多菌动物。因此，悉生动物来源于无菌动物，与无菌动物属于同一级别，也必须饲养于隔离环境中，饲养管理方法与无菌动物相同。相比较而言，悉生动物可以克服无菌动物的某些不足。例如，悉生动物肠道内存在合成维生素和氨基酸的细菌，不会发生维生素缺乏症，抗病能力相对较强，在部分研究中可以取代无菌动物。

（二）无特定病原体动物

无特定病原体动物（specific pathogen free animal，SPF）是指体内无特定的微生物、寄生虫存在的动物，但可能存在非特定的微生物和寄生虫。SPF动物实际上就是无传染病的健康动物。其原始种群来源一般是先培育出无菌动物或悉生动物，并饲养于湿度、温度相对恒定且没有致病微生物的屏障系统中。由于排除了各种致病菌对实验结果的干扰，目前SPF动物已经成为国际公认的标准级别的实验动物。

（三）普通动物

普通动物（conventional animal，CV）也称常规动物，是指在微生物学要求上最低，不携带人畜共患病及动物烈性传染病的动物。该动物饲养于普通环境中，允许带有寄生虫和细菌。普通动物对实验的反应差，但价格低，仅供教学实验用，不适用于科研实验。目前我国现行实验动物国家标准中已经取消了大小鼠的普通级，豚鼠、兔、犬仍保留普通级。以犬为例，微生物检测要求普通动物体内狂犬病病毒、犬细小病毒、传染性犬肝炎病毒等项目必须阴性。

第二节　机能学实验常用的实验动物

一、蟾蜍 / 牛蛙

蟾蜍 / 牛蛙是医学实验尤其是生理实验中常用的实验用动物。两者均属两栖纲、无尾目动物。此类动物心脏在离体条件下能较持久地节律性搏动，可用于研究药物及神经体液因素对心脏的作用；其神经、肌肉标本极易制备，坐骨神经 – 腓肠肌标本可用来观察药物、各种刺激对神经或神经 – 骨骼肌接头的作用；而腹直肌标本可用于鉴定胆碱能神经药物的作用，亦可进行神经反射弧的研究。蟾蜍肠系膜、舌、后肢脚蹼等部位组织较薄，可用于观察微循环变化。

需要注意的是，按照2022年修订的《中华人民共和国野生动物保护法》的规定，野生蟾蜍属于"三有动物"，即具有重要生态、科学和社会价值的陆生野生动物，而捕捉"三有动物"属于违法行为，因此需停止在教学中使用野生蟾蜍。牛蛙与蟾蜍解剖结构、生物学特性基本相近，且早已解决了人工养殖牛蛙问题，价格便宜、供应充足，目前养殖牛蛙已经逐渐代替野生蟾蜍应用于机能学实验教学实践。

二、小鼠

小鼠属于哺乳纲、啮齿目、鼠科、小鼠属动物。小鼠是医学、生物学实验中应用最多、最广的实验动物。其繁殖周期短，产仔多，生长快，容易饲养，特别适用于需要大量动物进行的实验，如药物的毒理实验。经过长期的定向培育，小鼠品种品系众多、对多种疾病具有易感性、可复制出多种疾病模型，因此可用于心血管疾病、肿瘤、感染性疾病、老年医学、免疫学等相关研究。

三、大鼠

大鼠属哺乳纲、啮齿目、鼠科、大鼠属动物。此类动物静息状态下性情温顺、易捕捉，但应激状态下易怒、易咬人。大鼠在医学实验中的使用仅次于小鼠。大鼠心血管系统对药物敏感性高，因此非常适用于药物对心血管作用的研究。大鼠无胆囊，可通过胆总管插管直接收集胆汁进行消化功能的研究。同时亦广泛用于水肿、炎症、休克、黄疸、胃酸分泌、胃排空、肾功能不全、营养缺乏性疾病、肿瘤等实验研究。

四、兔

兔属哺乳纲、啮齿目、兔科、穴兔属动物。实验室主要使用的兔品种包括青紫蓝兔、中国白兔、新西兰白兔和日本大耳白兔等。兔性情温顺，易饲养、繁殖率高、抗病能力强，耳缘静脉血管明显，便于给药及取血，是机能学实验教学中广泛使用的动物之一。兔胸腔被纵隔分为互不相通的左、右两部分，进行开胸操作时，在保持纵隔膜完整的情况下，不需要进行人工呼吸，因此适用于开胸及心脏实验。兔颈部的减压神经、迷走神经、交感神经独立行走、共同存在于颈神经血管束内，便于观察减压神经的作用。兔体温变化灵敏，药物作用、细菌内毒素及异体蛋白作用易引起发热反应，可用于致热原检测、发热的实验研究。兔属于刺激性排卵型动物，交配后 10~12 h 排卵，因此可用于避孕药的研究。兔血清产量高，可用于各种抗血清及诊断血清的研制。此外，兔亦可用于心血管疾病、糖尿病、肺源性心脏病、钾代谢障碍、酸碱平衡失调、缺氧、弥散性血管内凝血（DIC）、休克、离体肠平滑肌等实验研究。

五、豚鼠

豚鼠属哺乳纲、啮齿目、豚鼠科、豚鼠属动物，又名天竺鼠、荷兰猪和海猪。该动物性情温顺，胆小易惊，很少伤人。豚鼠听觉发达，对外界刺激极其敏感，噪声、震动甚至有导致孕鼠流产的风险。豚鼠对组胺等物质敏感，易于过敏，常用于哮喘模型、抗组胺药物的研究及药物的皮肤局部刺激性实验。该动物对多种病原体敏感，因此也常用于抗结核药及其他抗生素的研究，幼年豚鼠可用于肺支原体感染的相关研究。豚鼠耐缺氧能力强，可用于进行缺氧耐受性的研究。

六、犬

犬属哺乳纲、食肉目、犬科、犬属动物。犬喜近人、易于驯养，经过短期训练后能很好地配合实验，因此非常适于进行长期的慢性实验，如条件反射研究、药物的慢性毒性实验等。犬具有与人相似的消化过程，因此可用于胃肠蠕动及消化液的分泌等研究。犬的呕吐反应敏感，适用于呕吐实验研究。犬具有发达的血液循环系统及神经系统，可用于血液循环系统及神经活动的研究。与其他小型动物比较，犬体型相对较大，对手术的耐受力较强，可以用于实验外科方面的探索性研究。由于犬价格相对较贵，因此在教学实验中不如某些小型动物常用。

第三节　实验动物的选择

实验动物品种品系众多，生物学特性差异较大，实验动物的合理选择将直接影响研究结果的可靠性甚至课题的成败。应针对实验目的和要求，结合各种实验动物的生物学特性，选择相应的动物。在选择动物时应遵循以下原则：①相似性原则，尽量选用与人体结构、功能、代谢及疾病特点具有相似性的实验动物。②标准化原则，即选用遗传学质量标准化、微生物质量标准化、实验条件标准化的实验动物。③特异性原则，选用解剖和生理特点符合实验目的与要求的实验动物。④规格化原则，选用与实验要求相适应的实验动物规格。⑤易获性原则和经济性原则。

一、种属的选择

不同种属的动物对同一种因素的反应性存在一定程度的相似性及特殊性。实验研究中应选择对受试因素最敏感的动物作为实验对象。例如，豚鼠易于致敏，因此适用于过敏性实验研究。犬的呕吐反应敏感，适用于呕吐实验研究，而草食动物兔、豚鼠呕吐反应不明显，大鼠、小鼠则无呕吐反应，因此不宜选用。机体致热反应或热原检测，应选择兔；药物或其他物质的致癌作用研究，通常选择大鼠或小鼠。总之，在选用实验动物时，应尽量选用与人类各方面功能相近似的动物。

二、品系的选择

同一种属实验动物，不同品系对同一刺激可能具有不同反应。例如，DBA/2 小鼠对声音的刺激非常敏感，可引起听源性癫痫发作，甚至死亡，而 C57BL 小鼠却不会出现这种反应。在选择动物上，尽量选择患有类似人类疾病的近交系或突变系动物。

三、个体的选择

相同品系的实验动物对同一刺激因素的反应也存在着个体差异。因此，在动物选择上还需要注意年龄、性别、生理状态和健康状况等相关因素。

（一）年龄

随着年龄的变化，动物的生理生化功能及反应性均发生相应的变化。因此，需要根据实验目的、实验周期的长短选用适龄动物。一般而言，急性实验通常选择成年动物，而慢性实验、实验周期长，可选用年幼的动物。实验动物年龄与体重一般呈正相关，因此成年动物可按体重来估计，大体上为：小鼠 20~30 g，大鼠 200~300 g，豚鼠 450~700 g，兔 2.0~3.0 kg，犬 9~15 kg。

（二）性别

实验证明，不同性别动物对同一刺激因素的敏感性亦不一致，很多药物反应存在一定的性别差异。因此，在实验研究中，如对性别无特殊要求，通常选择雌、雄各半做实验；但计划生育调节药的研究往往选择雌性动物或雄性动物。

（三）生理状态

动物处于特殊生理状态如妊娠、哺乳时，对外界因素的反应也不同于普通生理状态。因此，通常不选择此类动物用于一般实验研究。除非为了针对性研究对妊娠及产后的影响，需要选择性使用处于某特殊生理状态的动物。

（四）健康状况

健康状况较差的动物对各种刺激的反应性不同于健康动物，因此，健康状况对实验结果也会有一定程度的影响。如营养状况差的兔不宜建立动脉粥样硬化模型，食量不足的低体重犬麻醉时间可能会相对延长。为避免健康状况对实验结果的干扰，一定要选用健康动物进行实验。

通常可参照以下外部特征来判定哺乳动物的健康状况。①一般状态：发育良好，眼睛有神，运动自如，反应灵活，食欲良好。②头胸部：眼结膜无充血，瞳孔清晰，眼、鼻处无分泌物，呼吸均匀，无啰音，无鼻翼扇动，不打喷嚏等。③皮毛：柔软，清洁，有光泽，无脱毛、蓬乱现象，皮肤无真菌感染。④腹部：无膨大隆起现象，肛门区无稀便和分泌物。⑤外生殖器：无损伤，无脓痂，无异味、黏性分泌物。⑥爪趾：无溃疡，无结痂等。

第四节　实验动物的福利伦理与保护

利用实验动物进行动物实验对学生掌握必要的实验技能、更直观地学习理论知识、进行科学研究探索具有不可替代的作用。尊重生命和善待动物是人类社会文明进步的体现，但在实验过程中，尤其是复制一些疾病模型的伤害性操作会给实验动物造成疼痛与不安，使得实验动物的伦理问题日益受到广泛关注。医学实验人员更有必要从伦理和道德层面认真对待实验动物福利，尊重并珍惜包括实验动物在内的一切生命，合理地保护实验动物、科学地开展动物实验研究。保护实验动物不仅仅是对实验动物的尊重，同时也直接关系到实验结果的真实性、可靠性、可重复性。全世界已经有100多个国家或地区颁布了动物保护的相关法案。

一、实验动物福利

实验动物福利（laboratory animal welfare）是指人类保障实验动物健康和快乐生存权利的理念及其所提供的相应外部条件的总和，使实验动物处于生理和心理愉快的感受状态。目前，国际公认的动物福利为最早由英国农场动物福利委员会（Farm Animal Welfare Council，FAWC）在1979年提出的五项基本原则，即五大自由：

1. 免于饥渴的自由　保障有新鲜卫生的饮水和食物，以维持健康和活力，即生理福利。
2. 免于不适的自由　给动物提供宽敞的栖息场所，能够舒适地休息和睡眠，免受困顿不适之苦，即环境福利。
3. 免于痛苦、伤害和疾病的自由　为动物做好疾病预防，如果生病，要采取积极有效的治疗手段，尽量缓解动物的痛苦，即卫生福利。
4. 表达主要天性的自由　为动物提供足够的空间、适当的设施以及与同类动物个体在一起的机会，使动物能够自由表达正常的习性，即行为福利。
5. 免于恐惧和焦虑的自由　保证动物有良好的身体健康和生活环境，仁慈地对待动物，使动物免受精神上的痛苦，即心理福利。

二、动物实验中的3R原则

1959年，英国科学家Russel和Burch在《人道主义实验技术原理》（*Principles of Human Experimental Technique*）著作中首次完整地提出科学研究中关于动物实验的3R原则，即用其他方法替代（replacement）动物实验、减少（reduction）动物使用的数量、优化（refinement）实验设计方案，从而减轻动物遭受的痛苦，最大限度地保障动物的福利水平。符合伦理学法则的3R原则是人类利益和动物利益之间的现实平衡点。

1. 替代原则　指使用进化程度低等的动物（例如线虫、果蝇、鱼等）替代高等哺乳动物，或不使用动物而采取其他方法达到与动物实验相同的目的。例如，用体外培养的细胞、组织、器官替代活体实验动物，以及采用物理、化学、数学公式、计算机模型等非生命手段模拟动物实验。

2. 减少原则　指如果某一研究方案必须使用实验动物，又没有可行的替代方法，则应尽量减少实验动物的使用数量，或利用一定量的动物获得多组数据，避免动物、药品和实验用品等资源的浪费。

3. 优化原则　指对必须使用的实验动物，尽量减低非人道方法的使用频率或危害程度。优化实验操作技术可防止或减少实验动物不必要的应激、痛苦和伤害。优化原则不但符合伦理学的要求，对动物实验结果的科学性、重复性也非常有价值。例如，利用大动物皮下埋置的电子芯片，可以遥控获取动物体温、血压、心率等各项生理参数，减少对动物的限制和应激反应。

三、机能学实验中的动物保护

1. 在捉取动物之前应了解各种动物的一般习性，操作过程中宜小心仔细、动作轻柔、大胆敏捷，既要防范动物攻击和逃脱，也要尽量减少对动物造成的应激和不必要的伤害。不得戏弄或虐待实验动物。

2. 对活体动物进行手术时，须进行有效麻醉。未达到理想麻醉状态前，不能开始手术。

3. 在不影响实验结果判定的情况下，应尽早选择"仁慈终点"，尽可能缩短动物承受痛苦的时间。

4. 实验结束处死动物应采用适合的安死术。确认动物死亡后，须对动物尸体进行妥善处置。

（谭　毅　温　克）

思考题

1. 简述实验动物选择的基本原则。
2. 如何通过哺乳动物外部特征来判定动物的健康状况？
3. 简述动物实验的 3R 原则。
4. 简述实验动物按照微生物与寄生虫学控制标准的分类。

网上更多……

 自测题　　　 教学 PPT

第三章
常用的实验仪器及其使用方法

关键词

生物信号采集与分析系统　　精密仪器　　血气分析仪
全自动生化分析仪

　　机能实验室应按照不同实验对象和类型配置相应的实验设备，套件数能满足教学的要求。基本教学仪器设备应操作简便、维护简单。用于基础性实验、综合性实验、创新设计性实验和开放性实验的精密仪器设备，应配备专人进行管理、操作和维护。通用基本仪器设备包括：①生物信号采集与分析系统，是研究生物机能活动的主要设备和手段之一。②计算机，应满足生物信号采集与分析系统进行实验演示、数据存储功能、虚拟仿真实验运行等要求，并不断升级更新。可按生物信号采集与分析系统套件数的120%配备。③人体机能实验系统。④离心机，包括低温常温、高速低速离心机。⑤离体组织器官恒温灌流系统。⑥微循环观测设备。⑦冰箱或-80℃低温冰箱。⑧分光光度计、酶标仪或微孔分光光度计等。⑨供氧和二氧化碳气体装置或设备。⑩其他通用仪器设备。

第一节 生物信号类型、特点及其采集与测量

一、生物信号的类型

信号可以看成一个随时间、空间或者任何其他的独立变量变化的物理量。从数学模型上讲，信号可以看作一个函数，这个函数可以有一个或多个独立的变量，参见公式（3.1）。从概念模型上讲，信号是携带客观物体（如人体）的状态或特性的载体（carrier）。生物信号是携带生物体状态或特性的载体。

$$S = f(t) \tag{3.1}$$

公式（3.1）中，S 表示信号，t 表示时间。

生物信号种类繁多，存在不同分类方法，按照生物信号的物理性质可以分为电信号和非电信号（图 3-1）。从细胞通道打开所产生的离子电流开始，通过细胞、组织的扩布或激励，形成不同形式的生物电信号，如动作电位、心电等。生物非电信号通常是由生物电信号激励产生的其他能量形式信号，如肌张力、温度、压力等。按照生物信号源分类，生物信号可以分为脑电、心电、眼电、胃肠电、肌电、肌张力、血压等不同形式的信号。

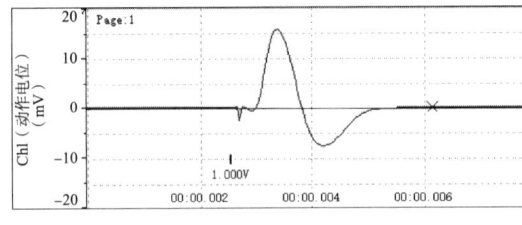
A. 电信号（神经干动作电位）

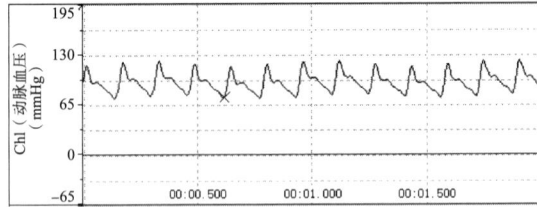
B. 非电信号（大鼠动脉血压）

图 3-1 不同形式的生物信号

对于生物信号而言，最主要的两个特征是幅度（amplitude）与频率（frequency）。信号幅度是指信号强弱，例如，人体心电信号在 1 mV 幅度左右。信号频率是指信号变化的快慢程度，通常使用单位时间信号的变换次数表达。例如，人体心电的频率为 60 cpm，表示每分钟心电主波变化 60 次。

二、生物信号的特点

生物信号的特点主要是强度弱，频率低，干扰强。

1. 强度弱　生物信号的强度通常较弱，例如，细胞单离子通道的电流强度在皮安（10^{-12} A）级，脑电信号在 μV 级，而心电信号在 mV 级，都是非常弱的信号，因此生物信号通常需要放大才能观察到。

2. 频率低　生物信号的频率通常较低，例如，胃电慢波的中心频率在 3 cpm 附近，人体心电的频率范围在 250 Hz（每秒 250 次）以内。生物信号的源头是细胞离子通道电流，细胞离子通道的开闭需要一定时间间隔，较快的离子通道开闭一次需要 1.0 ms 左右时间，相当于每秒开闭 1 000 次，即 1 000 Hz。其他生物信号，如心电、血压、呼吸等更慢。常见生物信号的幅度和

频率范围参见表 3-1。

表 3-1 常见生物信号幅度和频率范围

生物信号	幅度范围	频率范围（Hz）
人体体表心电	0.01 ~ 4 mV	0.05 ~ 250
人体头皮脑电信号	10 ~ 300 μV	0.5 ~ 100
肌电	0.1 ~ 5 mV	5 ~ 2 000
胃电	0.01 ~ 1 mV	0 ~ 1
眼电	0.05 ~ 3.5 mV	0 ~ 50
诱发电位	1 ~ 100 μV	1 ~ 3 000
神经电位	0.01 ~ 3 mV	$0 \sim 1 \times 10^4$

值得注意的是，在不同生物机体上产生的同一类型生物信号，如心电信号，其频率特征会发生较大变化，如小鼠的心率可以达到 400 cpm，这差不多是人体正常心率的 5 倍以上。

3. 干扰强　测量目标信号之外的其他信号称为干扰。生物医学信号的干扰既有来自外部环境的干扰信号，例如，电网中的 50 Hz 工频干扰以及声、光、热等噪声信号，同时也有来自生物体内的其他非测量信号的干扰，例如，测量心电时，可能混叠有呼吸干扰信号。如何消除干扰对测量信号的影响是医学信号测量时需要考虑的重要因素，在生物信号采集与分析系统中通常会采用滤波的方式消除干扰信号。

三、生物信号采集与测量

（一）生物信号采集与测量的原理

首先，将生物电信号或非电信号（非电信号需要通过传感器转换为电信号后才能采集）进行放大、滤波等处理；然后，将处理后的信号模数转换为数字信号，并将之传输至计算机；最后，计算机对数字化生物信号进行显示、存贮及分析等操作，完成相关工作（图 3-2）。

（二）生物信号采集与测量的重要参数

生物信号的特点是强度弱、频率低和干扰强。为了能够采集和测量生物信号，需要对原始信

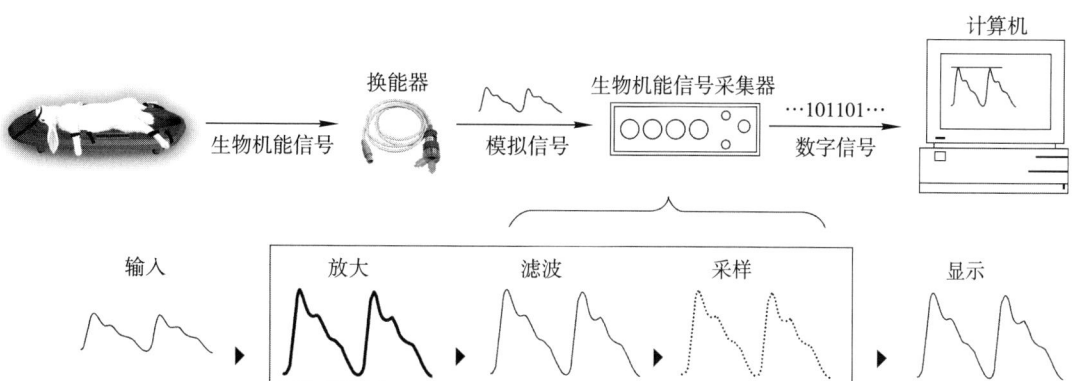

图 3-2　生物信号采集与测量的原理

号进行放大、滤波和采样处理，这些处理对应于以下几个重要参数。

1. 增益　是指信号的硬件放大倍数。对于微弱的生物信号，如幅度在 1 mV 左右的心电信号，通常需要将其放大 1 000 倍左右再进行采样才能观察其细节。

2. 采样率　是指单位时间内的采样点数，根据奈奎斯特采样准则，如果要不失真地重现有限带宽生物信号，采样率应设为原始信号最高频率的 2 倍及以上。实际应用中，为观察信号细节通常将采样率设置为采集生物信号最高频率的 5~20 倍。例如，神经干动作电位的主频率在 1 kHz 以内，使用 20 kHz 进行采样可以呈现其细节。

需要特别注意的是，对于有限带宽生物信号，采样率不是越高越好，对于超出所需范围的高采样率在不带来任何信号细节改善的情况下，会导致采样更多高频干扰信号（使波形变差），以及占用更大存贮空间的问题。

3. 高通滤波　在很多生物信号采集与分析系统中，高通滤波用时间常数代表，这是因为高通滤波器通常是 RC（R 指电阻、C 指电容）滤波器，RC 的乘积被称为时间常数。高通滤波的作用是削弱低频干扰信号，让高频信号通过。在生物信号采集时，其作用是消除低频干扰对采集信号的影响，如在心电信号中混杂的低频呼吸信号（图 3-3A）。

4. 低通滤波　作用是削弱高频信号，让低频信号通过，这正好与高通滤波相反。在生物信号采集时，其作用是消除高频干扰对采集信号的影响，如在心电信号中混杂有高频的热噪声或其他高频信号（图 3-3B）。

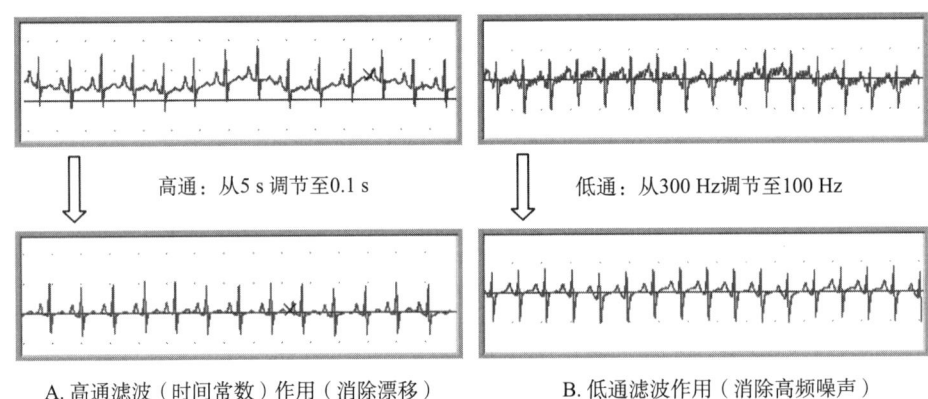

图 3-3　滤波在生物信号采集中的作用

A. 高通滤波（时间常数）作用（消除漂移）　　B. 低通滤波作用（消除高频噪声）

5. 50 Hz 滤波　作用是削弱交流电源中 50 Hz 工频干扰信号。该干扰信号相对于采集的生物信号而言通常强度更强，而且混叠在有效生物信号（如心电、脑电）中。

（黄　武）

第二节　生物信号采集与分析系统

生物信号采集与分析系统是研究生物机能活动的主要设备之一，用于采集生物机体内或离体器官中各种生物电信号，如心电、脑电、神经放电等，以及非电信号，如张力、压力、温度等，并对采集到的生物信号进行显示、存贮与分析，从而研究生物机体在不同生理、病理及药物干预条件下的机能反应。在基础医学机能实验中，它主要用于完成动物机能实验与人体生理实验中的信号采集与分析。

一、生物信号采集与分析系统的组成

生物信号采集与分析系统通常由三部分组成：生物信号采集硬件（以下简称系统硬件）、生物信号分析软件（以下简称系统软件）及生物实验辅助附件（以下简称系统附件）。

1. 系统硬件　用于生物信号采集，实现生物信号的放大、滤波和数字化处理，是信号采集系统的基础。它主要由放大器、数据采集板、数据传输接口，通道信号输入接口、刺激输出接口及监听输出接口等组成（图3-4A）。

2. 系统软件　用于生物信号的显示、存贮、分析与打印等操作，实现信号采集系统的主要功能（图3-4B）。

3. 系统附件　是用于完成通用或特定生物机能实验而配套的辅助实验装置，其种类繁多，是完成信号采集不可或缺的部分。系统附件包括但不限于：信号引导线、压力传感器、张力传感器、神经标本屏蔽盒、尿液记滴器及手术器械等（图3-4C）。

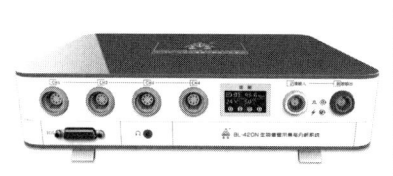
A. 系统硬件

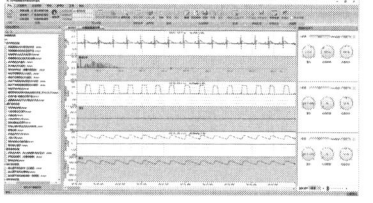
B. 系统软件

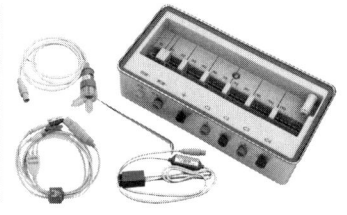
C. 系统附件

图3-4　生物信号采集与分析系统组成

二、生物信号采集与分析系统软件及其使用

以BL-422N（Ⅰ）系统软件为例。

1. 软件启动　双击电脑桌面程序"BL-422N（Ⅰ）系统软件"图标即可启动软件，默认的BL-422N（Ⅰ）系统软件开机时自动启动。

2. 软件界面　系统软件界面是动物机能实验操作的主要交互接口。系统软件主界面主要包含功能区视图、实验数据列表视图、波形显示视图及刺激参数调节视图等区域（图3-5）。

3. 启动、暂停和停止实验的方法

（1）启动实验：系统软件提供3种启动实验采集的方法，分别是从实验模块启动实验、从信号选择对话框启动实验、从快速启动按钮开始实验。

1）从实验模块启动实验：这是教学实验中最常用的启动实验方法。选择"功能区"→"实验模块"分类栏，然后根据需要选择具体实验模块开始实验。从实验模块启动实验时，系统会自动设置各种信号采集的软硬件参数，如采样通道数、采样率、增益、滤波、刺激参数，及分析参数等，方便快速进入实验状态（图3-6）。

2）从信号选择对话框启动实验：这是一种通用且灵活开始实验的方法，主要适用于科研实验工作。选择"功能区"→"开始"分类栏中的"信号选择"按钮，实验者根据自己的实验内容，手动为每个通道配置相应系统硬件参数。

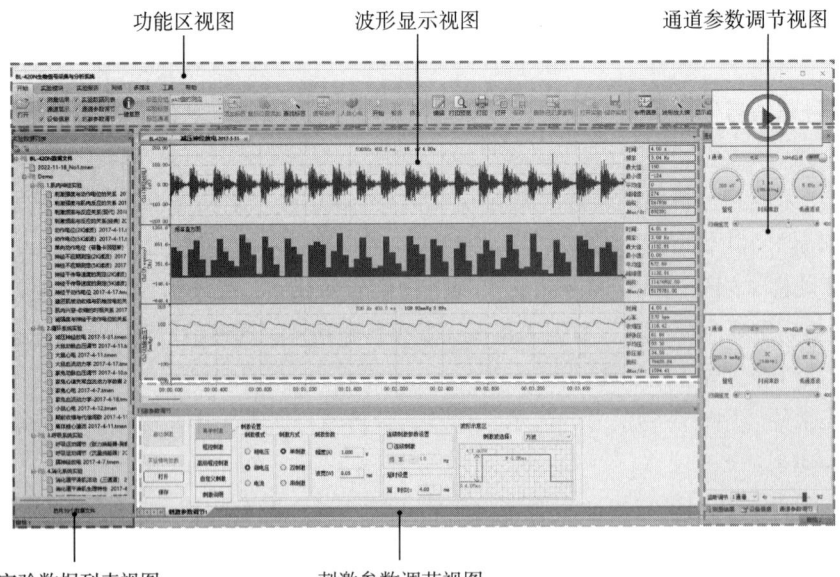

图 3-5 BL-420N 系统软件主界面

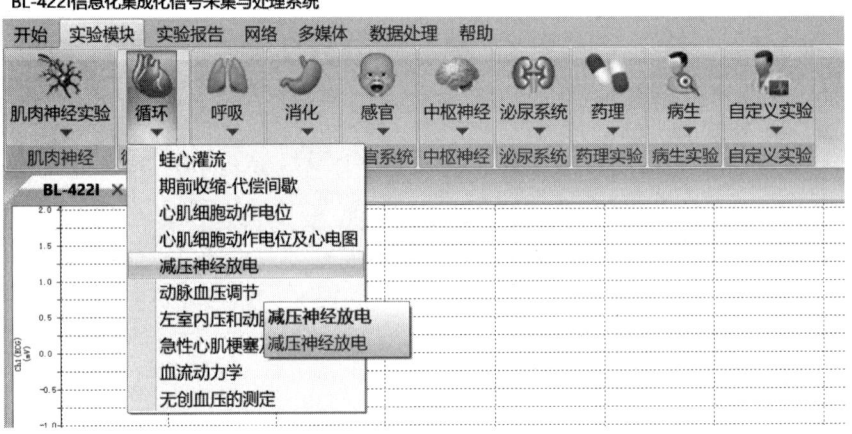

图 3-6 从功能区中的实验模块启动按钮

3）从快速启动按钮开始实验：单击"启动视图"或功能区中的"开始"按钮（ ▶ ）启动实验。在第一次进入系统软件后使用该功能，系统会按照默认设置（4 通道心电信号）快速启动实验；如果在上一次停止实验后使用快速启动按钮启动实验，系统会按照上一次实验的参数启动本次实验。

（2）暂停和停止实验：暂停是指在实验过程中暂停波形采样与移动，停止是指停止整个实验。当停止实验时，用户可以保存记录数据为命名文件，文件默认命名为"××年×月×日_NoX.tmen"。在"启动视图"中点击"暂停"或"停止"按钮（ ⏸ ⏹ ），或者选择功能区开始栏中的"暂停"或"停止"按钮，就可以完成实验的暂停和停止操作。

4. 刺激器 在动物机能实验中会经常使用到刺激器，系统软件中设有刺激参数调节和刺激发出控制功能，用户可根据自己的需求对刺激模式、刺激方式、刺激参数进行调节，以达到实验要求。

5. 数据采集中常用的部分功能的使用

（1）单通道显示和多通道显示切换：通常情况下，波形显示视图根据选择的记录信号数自动设置相应的通道数，当多个通道同时显示时，每个通道平分整个显示区域。在通道较多的情况下，每个通道的垂直显示方向较窄，不易波形观察，此时，可以通过在要观察通道上双击鼠标左键的方式在单通道显示方式和多通道显示方式之间切换。

（2）复制通道波形（原始实验图形的采集）：首先在选择区域的左上角按下鼠标左键，然后在按住鼠标左键不放的情况下向右下方移动鼠标以确定选择区域的右下角，在选定右下角之后松开鼠标左键完成信号波形的选择（图3-7A）。波形选择完成后，被选择波形以及该选择波形的时间轴和幅度标尺就以图形的方式被复制到了计算机内存中，可以在Word文档中或编辑实验报告中粘贴选择的波形（图3-7B）。

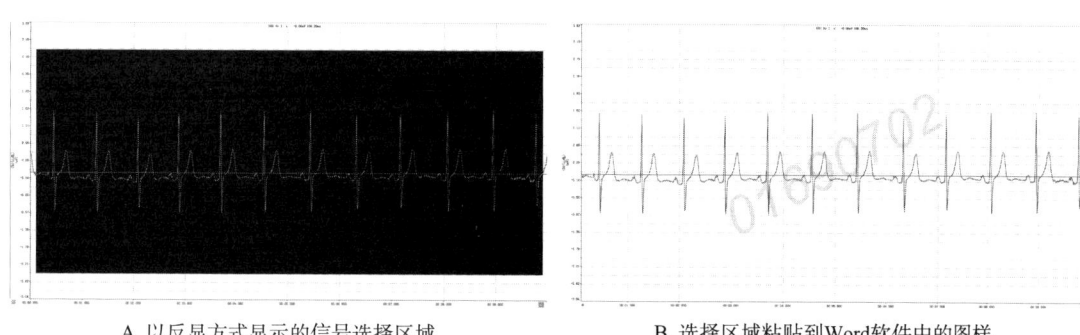

A. 以反显方式显示的信号选择区域　　　　　B. 选择区域粘贴到Word软件中的图样

图3-7　BL-420N系统复制通道波形的方法

（3）波形的上下移动：在通道标尺区按下鼠标左键，在按住鼠标左键不放的情况下上下移动鼠标，此时，波形会跟随鼠标的上下移动而移动，确认好波形移动的位置后松开鼠标左键完成波形移动。

（4）波形的放大和缩小：将鼠标移动到通道标尺区中，向上滑动鼠标滚轮放大波形，向下滑动鼠标滚轮缩小波形（图3-8）。在标尺窗口中双击鼠标左键，波形会恢复到默认标尺大小。

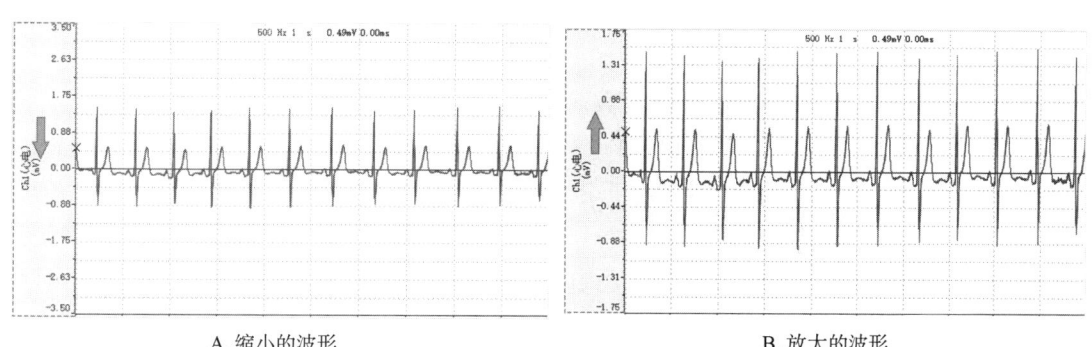

A. 缩小的波形　　　　　　　　　　　　B. 放大的波形

图3-8　BL-420N系统单通道波形的放大和缩小

（5）波形的压缩和扩展：将鼠标移动到波形显示通道中，向上滑动鼠标滚轮扩展波形，向下滑动鼠标滚轮压缩波形。如果在波形通道中向上或向下滑动鼠标滚轮，则只影响该通道的压缩或扩展；如果在所有通道底部的时间显示区中向上或向下滑动鼠标滚轮，则影响所有通道的压缩或扩展。

（6）添加M标记：M标记用于配套鼠标移动时的单点测量。在数据反演时，鼠标在波形线上移动，当前点的信号值及相对于屏幕起点的时间被计算出来并显示在通道的顶部信息区。如果通过该命令在波形上添加M标记，则移动鼠标测量的结果是M标记点和鼠标点之间的幅度差和时间差，此时，顶部显示区显示的幅度值和时间值的前面都会添加一个D标志，表示差值。

（7）数据反演：是指查看已保存的实验数据。可在开始菜单中选择"打开文件"或通过双击主界面左边实验数据列表中的文件名打开相应实验数据进行反演。用户最多可以同时打开4个反演文件（图3-9）。

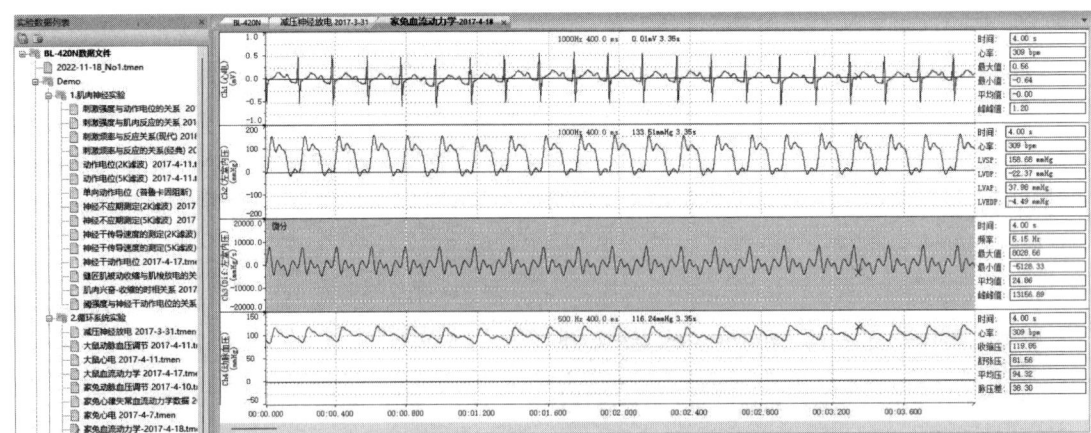

图3-9 数据反演示例

（8）数据分析和测量功能

1）数据分析：是指对数据进行变换，它可以让实验者从另一个角度观察实验数据。例如：对减压神经放电信号做频率直方图分析，可以观察一段时间内的神经放电频率；对心脏左室内压进行微分分析，可以展示左室内压变化的速度等。数据分析包括微分、积分、频率直方图、频谱分析等。

启动数据分析：所有分析功能的启动方式相同，都是在通道相关的快捷菜单中选择相应的命令后即可启动分析。启动通道分析功能后，系统会自动在该通道下面插入一个新的分析通道来显示对原始分析数据的转换结果。例如：对1通道进行积分，在1通道相关快捷菜单中选择"积分"命令，系统会自动插入一个灰色背景的积分分析通道（图3-10）。

除频谱分析和非序列密度直方图之外，其余分析通道的放大、压缩、拉伸等操作与数据通道的操作相同。

关闭数据分析通道：在波形显示区的数据分析通道上单击鼠标右键，弹出右键菜单，选择"关闭分析"，即可以关闭该数据分析通道。需要注意的是，在其他非数据分析通道上右键点击，弹出的右键菜单的"关闭分析"功能为不可用状态，因为只有在分析通道才能被关闭。

2）数据测量：包括通用测量与专用测量。通用测量包括点测量及区间测量等，专用测量包括心功能参数测量及血流动力学测量等。下面以区间测量为例说明测量操作步骤。①启动区间测量：在波形显示视图中点击鼠标右键，在弹出的快捷菜单上选择"测量"→"区间测量"功能。②选择测量区间：将鼠标移动到测量波形段起点位置，单击鼠标左键确定起点，再次移动鼠标确定测量终点，确定后单击鼠标左键完成本次测量。③查看测量结果：区间测量结果显示在测量通

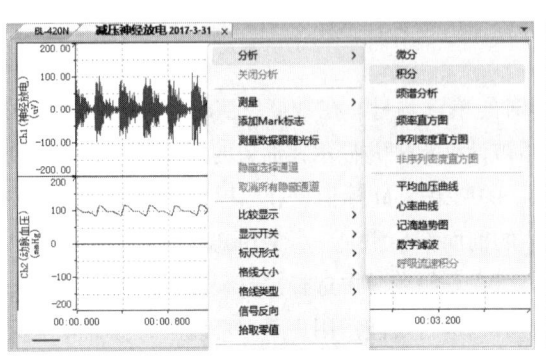

图3-10 数据分析　　　　　　A. 启动积分分析前　　　　　　　　　　　B. 启动积分分析后

道右边。④结束测量：在任何通道中按下鼠标右键都将结束本次测量。

（9）实验报告：实验完成后，实验者可以在系统软件中直接编辑并保存实验报告。通过选择"功能区"→"开始"分类栏下"实验报告"选项栏中"编辑"按钮，启动实验报告编辑功能（图3-11A）。在"功能区"→"实验报告"分类栏下用户还可以对实验报告参数进行进一步设置（图3-11B）。

A. 功能区开始栏中实验报告编辑按钮

B. 功能区实验报告栏中实验报告参数设置

图3-11 启动实验报告编辑功能

三、人体生理实验系统

人体生理实验系统是一个集成的多维度研究平台，通过对人体生理参数的监测和分析，揭示生理过程的机制、规律及其与健康、疾病状态的关系。该系统不仅包括硬件设施（含附件包），还包括软件工具、实验设计和数据分析方法。

（一）人体生理实验系统的组成

1. 实验设备和仪器

（1）生理监测仪器：用于实时监测生理信号，如心电图（ECG）、脑电图（EEG）、血压监测仪、呼吸监测仪，以及人体生理实验系统硬件等。

（2）生物传感器：用于测量体内生理化学参数（如血糖、氧气浓度等）的设备，以及血压传感器、呼吸传感器等人体生理实验系统附件包。

（3）运动测试设备：如跑步机、力量测试仪等，用于评估运动生理效应。

2. 数据采集系统

（1）数据采集器：将生理信号转化为数字信号并进行存储和处理的设备。

（2）软件平台：用于数据采集、处理和分析的计算机软件等。

3. 实验室环境　根据国家医学实验室及实际教学的经验，人体机能学实验室作为一类专题化实验室，人均使用面积建议尽量不小于2.5 m²，实验室使用面积不小于80 m²（按每班30人计算），总建筑面积不小于100 m²，每个教学班设置8个实验组，每组为4人；实验室主通道宽度建议不小于1.5 m，辅助通道宽度建议不小于1 m。

人体机能实验室要求绿色环保，适宜的温度和湿度，通风防尘。室内适宜温度建议是24℃±4℃，湿度在30%（冬季）~70%（夏季）之间，洁净度一般要求达到万级净化。

（二）人体生理实验系统软件及其使用

现有专为教学与科研设计的现代人体机能实验教学系统，如HPS-101人体生理实验系统（图3-12）、Powerlab/Labstation人体生理实验系统（图3-13）。该类设备的硬件连接简单，软件使用方便，系统提供了完整的内容和可自定义的实验页面。根据附件的配置，可以开展神经肌肉实验（刺激强度与肌肉反应的关系、刺激频率与肌肉反应的关系、神经传导速度的测定、人体

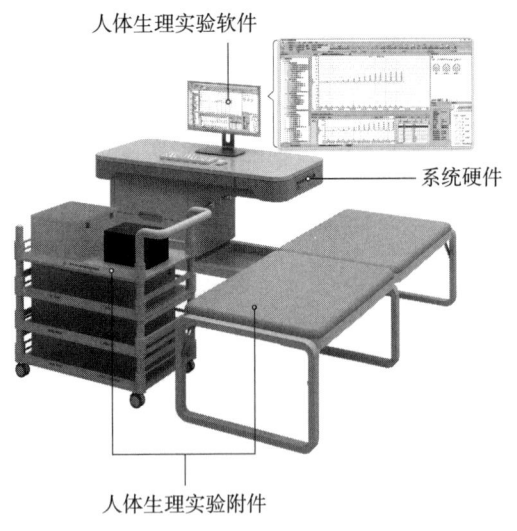

图 3-12 HPS-101 人体生理实验系统组成

肌电记录、握力与肌电等实验）、循环系统实验（心电图和心音、心电图与外周循环、心率变异分析等实验）、呼吸系统实验（呼吸流量与肺容量、呼吸运动等实验）、能量代谢系统实验、中枢神经系统实验、感觉系统实验、运动生理实验等。每个实验项目包含背景知识、实验介绍和学习目标、实验向导及数据分析等。学生在阅读背景资料后，只需按照提示逐步操作，利用预先设置的格式记录和分析数据（包括自动生成图表）完成实验；实验完成后，可以在软件中直接编辑和打印实验报告。其互动功能与实时数据采集、分析和报告相结合，更新了医学基础实验教学的理念。

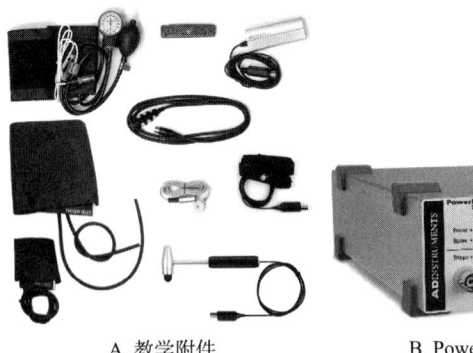 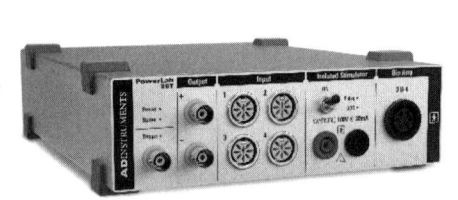 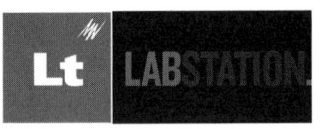

图 3-13 Powerlab/Labstation 人体生理实验系统组成

A. 教学附件　　B. Powerlab 数据采集硬件设备　　C. 系统软件

（三）人体机能学实验伦理学要求

基础医学人体机能学实验教学，与临床人体实验有很大的不同，不会采用药物干预，不采用侵入性或损伤性的检测方法等，尽量采取体表记录和无伤性检测，以观察分析人体生理功能的变化规律，是一种将基础医学实验与临床实践相联系的桥梁式教学模式。

原则上，人体机能学实验不涉及有创检查、药物应用、疾病诊断或治疗等医疗行为。实验对象为健康的成年志愿者，所采用的方法是成熟且可靠的科学方法，所用设备符合安全标准。然而，鉴于实验涉及人体，仍需遵循伦理规范。在教学过程中，教师应帮助学生理解人体实验的医学伦理原则，为他们未来在医疗实践中认真遵守医学伦理奠定基础，培养人文精神。

在进行人体机能学实验时，必须遵循以下医学伦理要求：

1. 实验应在教师的指导下进行，志愿者应自愿参与，并受到尊重和鼓励。
2. 在实验开始前，教师与志愿者需共同检查设备，确保安全。
3. 志愿者应被充分告知实验的目的、过程、注意事项及预期结果。
4. 志愿者需充分理解实验的目的、原理、过程及所用设备，确保知情、自愿并同意参与实验。
5. 当实验数据涉及个人隐私时，必须保护志愿者的隐私权，遵循国家相关法律，防止信息被他人非法获取、使用或公开，同时志愿者在实验过程中可随时选择退出。

6. 如果在实验过程中发现志愿者存在身体异常或可能的健康问题，应立即停止实验，并建议其前往正规医院进行进一步检查和确诊。

（黄　武　范小芳）

第三节　全自动生化分析仪

全自动生化分析仪（automatic biochemical analyzer，ACA）是将分析过程中的取样、加试剂、混匀、保温反应、检测、结果计算和显示及清洗等步骤进行自动化操作的生化分析仪器。

一、基本结构及工作原理

全自动生化分析仪基本测量原理是通过光源发出的光经过比色杯，检测特定波长下的光吸收情况，从而计算出样品的浓度。新式的 ACA 在光源与比色杯之间使用了一组透镜，将原始光源投射出的光通过比色杯，形成点光束。点光束通过比色杯后，经过还原透镜和光栅分成固定的若干种波长，采用光/数码信号直接转换技术，将光信号直接转换成数码信号，消除了电磁波干扰和信号衰减，基于物质对光的选择性吸收提高了测试精度，即分光光度法。单色器将光源发出的复色光分成单色光，特定波长的单色光通过盛有样品溶液的比色池，光电转换器将透射光转换为电信号后送入信号处理系统进行分析。工作波长一般为 340~800 nm，属于紫外-可见分光光度法。

全自动生化分析仪主要由样品系统、试剂系统、条码识读系统、反应系统、清洗系统、温控系统、程序软件控制系统等构成。

二、分类、主要功能及应用

全自动生化分析仪主要包括流动式和分立式两大类。流动式自动生化分析仪，测定项目相同的各待测样品与试剂混合后的化学反应在同一管道流动的过程中完成，这是第一代自动生化分析仪。分立式自动生化分析仪，各待测样品与试剂混合后的化学反应在各自的反应杯中完成，其中还包括离心式和袋式等分支。全自动生化分析仪具有肝功能、肾功能、电解质、血糖、血脂、心肌酶谱等的检测功能。

全自动生化分析仪主要可检测的项目如下：

1. 肝功能　谷丙转氨酶（GPT/ALT）、碱性磷酸酶（ALP）、白蛋白（Alb）、谷草转氨酶（GOT/AST）、总胆红素（T-Bil）、胆碱酯酶（CHE）、麝香草酚浊度（TTT）、直接胆红素（D-Bil）、纤维蛋白原（FB）、血氨（NH_3）、总蛋白（TP）等。

2. 肾功能　尿素氮（BUN）、血清钾（K）、血清钠（Na）、肌酐（Cr）、血清铁（Fe）、血清钙（Ca）、尿酸（UA）、血清镁（Mg）、血清氯（Cl）、二氧化碳结合力（CO_2-Cp）、血清锌（Zn）、血清磷（P）。

3. 血糖、血脂　总胆固醇（T-CHO）、高密度脂蛋白胆固醇（HDL-C）、甘油三酯（TG）、低密度脂蛋白胆固醇（LDL-C）、血糖（GLU）。

4. 心肌酶谱　肌酸激酶（CK）、肌酸激酶同工酶（CK-MB）、乳酸脱氢酶（LDH）、α-羟丁酸脱氢酶（HBDH）、谷草转氨酶（GOT）。

（马建设）

第四节　血气分析仪

血气是指血液中所含的 O_2 和 CO_2 气体，血气分析是评价患者呼吸、氧合及酸碱平衡状态的必要指标。血气分析可测定血液的 pH、二氧化碳分压（PCO_2）、氧分压（PO_2）三项基本参数，还包括经计算求得的二氧化碳总量（TCO_2）、实际碳酸氢盐（AB）、标准碳酸氢盐（SB）、剩余碱（BE）、血氧饱和度（SaO_2）等多项参数。

血气分析仪基本组成均相同，其核心部分为 pH、PCO_2 和 PO_2 三支测量电极和一支参比电极，以及恒温、进样、清洗装置。

一、常见参数描述及范围

动脉氧分压 [PO_2（a）]：是在血液气体平衡的状态下，O_2 的分压（或者张力）。PO_2（a）参考范围（成年人）：83~108 mmHg（11.1~14.4 kPa）。动脉氧分压反映了肺部氧摄入状况。

总血红蛋白浓度（ctHb）：是血液中总血红蛋白浓度。ctHb 参考范围（成年人）：男性 8.4~10.9 mmol/L（13.5~17.5 g/dL），女性 7.4~9.9 mmol/L（12.0~16.0 g/dL）。ctHb 是对潜在携氧能力的衡量。

氧合血红蛋白分数（FO_2Hb）：是氧合血红蛋白浓度（cO_2Hb）与总血红蛋白浓度（ctHb）的比值（cO_2Hb/ctHb）。FO_2Hb 参考范围（成年人）：94%~98%（0.94~0.98）。FO_2Hb 反映了实际运输氧的能力。

动脉氧饱和度 [SO_2（a）]：是 O_2Hb 浓度与 $HHb+O_2Hb$ 浓度的比值。正常范围（成年人）：95%~99%（0.95~0.99）。[SO_2（a）] 是氧合血红蛋白与总血红蛋白的百分比。

动脉血 pH：表示样本的酸性或者碱性。pH（a）参考范围（成年人）：7.35~7.45。

动脉二氧化碳分压 [PCO_2（a）]：血液中达到气体平衡时 CO_2 分压（或张力）。PCO_2（a）参考范围（成年人）：男性 35~48 mmHg（4.67~6.40 kPa），女性 32~45 mmHg（4.27~6.00 kPa）。

标准碳酸氢根（$cHCO_3^-$）：是在血液 37℃，PCO_2 为 40 mmHg（5.3 kPa），$PO_2 \geq 100$ mmHg（13.3 kPa）条件下，血浆中碳酸氢根的浓度。$cHCO_3^-$ 参考范围（成年人）：男性 22.5~26.9 mmol/L，女性 21.8~26.2 mmol/L。

实际碱剩余 [cBase（B）]：是在血液 37℃，PCO_2 为 40 mmHg（5.3 kPa）和实际氧饱和条件下，用强酸或者强碱滴定血液到 pH 为 7.40 时滴定的浓度。

标准碱剩余 [cBase（Ecf）]：表示人体细胞外液的碱剩余。

葡萄糖浓度 [cGlucose（aP）]：是血浆中葡萄糖的浓度，用 cGlu 表示。

钾浓度（cK⁺）：是血浆中 K^+ 的浓度。参考范围（成年人）：3.4～4.5 mmol/L。

钠浓度（cNa⁺）：是血浆中 Na^+ 的浓度。参考范围（成年人）：136～146 mmol/L。

氯浓度（cCl⁻）：是血浆中 Cl^- 的浓度。参考范围（成年人）：98～106 mmol/L。

二、血样采集

标本采集处理是否得当，直接影响测定结果。血气标本以动脉血或毛细血管血为主。采集动脉血使用玻璃注射器或一次性注射器，但使用专用血气针为佳。使用玻璃注射器或一次性注射器，预先用1%肝素溶液作为抗凝剂湿润针管，一般取1～2 mL全血即可。进针入动脉管腔后，应使血液自动流入注射器，不能混有气泡，也不能用力抽吸。拔针后，不要将注射器回吸，而应稍向外推，并排出第一滴血，而后立刻用橡皮盖或橡皮泥封住针头，以保证标本与外界空气隔绝。搓动注射器，使血样与肝素充分混匀，尽快送检。采集毛细血管血样时，使用经过特殊处理、内壁涂有肝素的毛细血管采样管为佳。

三、血气分析仪的简易操作步骤

以丹麦雷度 ABL 80 血气分析仪为例（图 3-14A）。

第一步：确定机器处于准备状态：主菜单左上角显示"准备"字样，需要的参数被激活，激活参数显示为绿色（图 3-14B）。

第二步：按分析按钮，以红色血滴的符号表示。根据标本的采血器不同，抬起进样口到相应的角度，注射器45℃（图 3-14C）或者毛细导管90℃进样（图 3-14D）。

第三步：轻按触摸屏左下角的"吸入"按钮，分析仪就开始自动抽吸样本（图 3-14E），触摸屏上会有文字信息提示关闭进样针。如图 3-14F 所示，先用纸巾擦拭一下进样针，再回复原位。

第四步：血气分析仪可以自动分析标本，并打印出报告，在此期间，可以输入样本的信息。

四、注意事项

1. 血气标本以动脉血或毛细血管血为主。
2. 采集动脉血可使用玻璃注射器或一次性注射器，但以使用专用血气针为佳。若需检测电解质，不可用肝素钠溶液抗凝。
3. 取血样时不要有气泡。
4. 采集标本后要立即送检，血标本不宜放置太久。若在 30 min 内不能进行测定，必须把标本置于4℃冰水中保存，最多不超过 2 h。

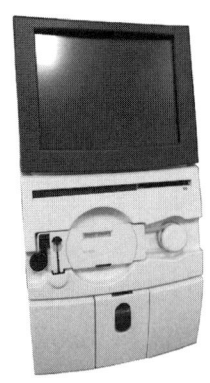
A. 丹麦雷度 ABL 80 血气分析仪

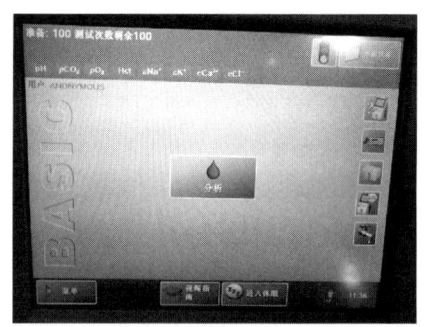
B. 开机就绪状态

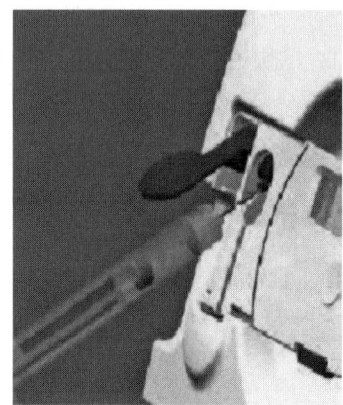
C. 注射器 45℃进样

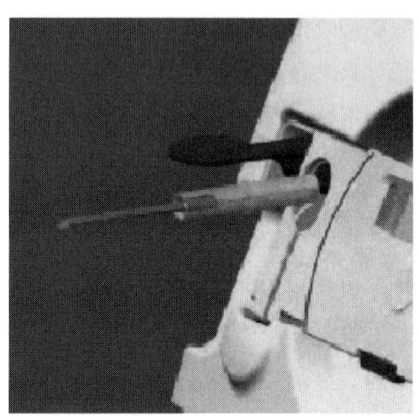
D. 毛细导管 90℃进样

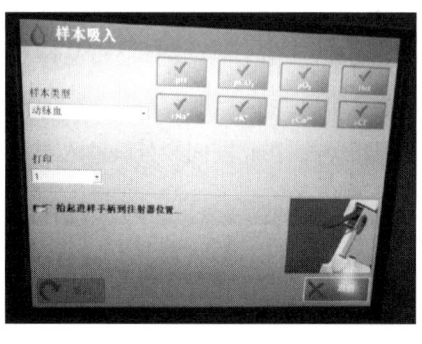
E. 样本吸入

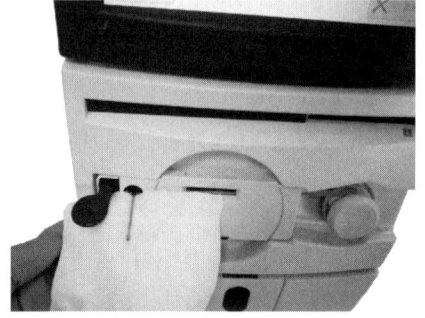
F. 纸巾擦拭

图 3-14 血气分析仪及操作步骤

（马建设　范小芳）

第五节　酶标仪

酶标仪（microplate reader）即酶联免疫检测仪，是一种能够读取微孔板上不同位置光吸收或荧光强度等光学参数的设备。

一、工作原理

酶标仪的工作基于光吸收或荧光检测原理，其基本工作原理与主要结构和光电比色计基本相同。光源灯发出的光波经过滤光片或单色器变成一束单色光，进入微孔板中的待测标本。该单色光一部分被标本吸收，另一部分则透过标本照射到光电检测器上，光电检测器将这一因待测标本不同而强弱不同的光信号转换成相应的电信号，电信号经前置放大、对数放大、模数转换等信号处理后，送入微处理器进行数据处理和计算，最后由显示器和打印机显示结果。

酶标仪测定的原理是在特定波长下，检测被测物的吸光值。随着检测方式的发展，拥有多种检测模式的单体台式酶标仪叫做多功能酶标仪，可检测吸光度（Abs）、荧光强度（FI）、时间分辨荧光（TRF）、荧光偏振（FP）和化学发光（Lum）。

酶标仪从原理上可以分为光栅型酶标仪和滤光片型酶标仪。光栅型酶标仪可以截取光源波长范围内的任意波长，而滤光片型酶标仪则根据选配的滤光片，只能截取特定波长进行检测。

二、用途

低紫外区的 DNA、RNA 定量及纯度分析：通过测量 A260/A280 比值，实现 DNA 和 RNA 的定量及纯度分析。

蛋白质定量：采用 A280、BCA、Bradford 和 Lowry 等方法进行蛋白质的定量分析。

酶活性测定：如测定酶促反应速率。

免疫学检测：如酶联免疫吸附试验（ELISA）用于检测抗体或抗原。

细胞学研究：如细胞增殖与毒性分析，细胞凋亡检测（MTT）。

药物筛选：快速筛选具有特定生物活性的化合物。

三、操作注意事项

1. 正确选择滤光片，根据实验需要选择合适的滤光片，以获得最佳的检测效果。
2. 使用移液枪加液，加液枪头不能混用。
3. 洗板要清洗干净。如果条件允许，使用洗板机洗板，避免交叉污染。
4. 在测量过程中，请勿碰酶标板，以防酶标板传送时挤伤操作人员的手。
5. 请勿将样品或试剂洒到仪器表面或内部，操作完成后需洗手。
6. 如果使用的样品或试剂具有污染性、毒性和生物学危害，请严格按照试剂盒的操作说明，以防对操作人员造成损害。
7. 如果仪器接触过污染性或传染性物品，需进行清洗和消毒。
8. 确保样品制备的一致性和准确性，避免因样品处理不当导致的误差。对于因试剂盒问题造成的测量结果的偏差，应根据实际情况及时修改参数，以达到最佳效果。
9. 详细记录实验条件和步骤，使用适当的软件进行数据分析，以便于结果的解释和重复性验证。

（范小芳）

第六节 常用实验器材及手术器械

一、常用实验器材

（一）换能器

换能器又称传感器，是将机体生理活动的非电信号（如血压、呼吸流量、体温、脉搏等）转换成与之有确定函数关系的电信号变换装置。机能实验教学中常用到的换能器有压力换能器、张力换能器和呼吸换能器等。

1. 压力换能器（图3-15A） 使用时要充入肝素生理盐水，且把里面的气体彻底排空，不能有气泡残留。小心拿放，避免碰撞。

2. 张力换能器（图3-15B） 其工作原理基本同压力换能器，机能实验教学中主要用来记录各种刺激对肌肉收缩的影响。

3. 呼吸换能器（图3-15C） 记录呼吸运动。常见的呼吸换能器有胸带式和插管式两种。

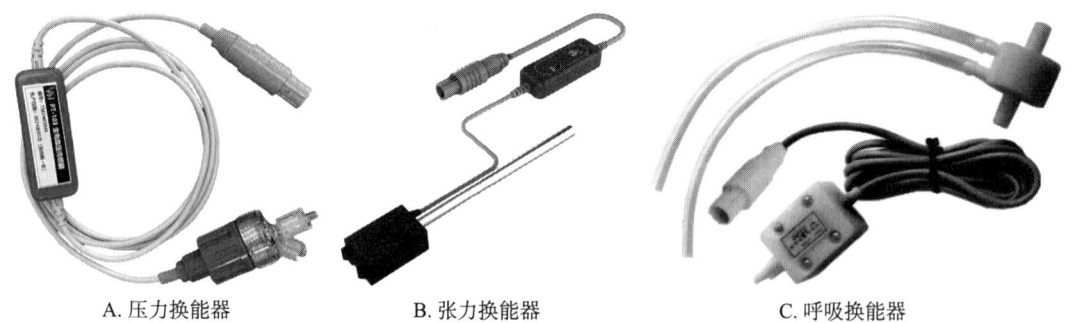

图3-15 常用的换能器　　A.压力换能器　　B.张力换能器　　C.呼吸换能器

（二）电极

在机能实验教学中常用的有保护电极、刺激电极。

1. 保护电极（图3-16A） 刺激在体组织时常用，电极的金属丝被绝缘的塑料完全包被，且顶端成弯钩状，为了避免电流刺激周围组织而只裸露弯钩内侧的金属丝。

2. 刺激电极（图3-16B） 刺激离体组织时常用，电极的金属丝一段被绝缘的塑料包被，前端裸露一段金属丝，以便直接接触到组织、神经等。

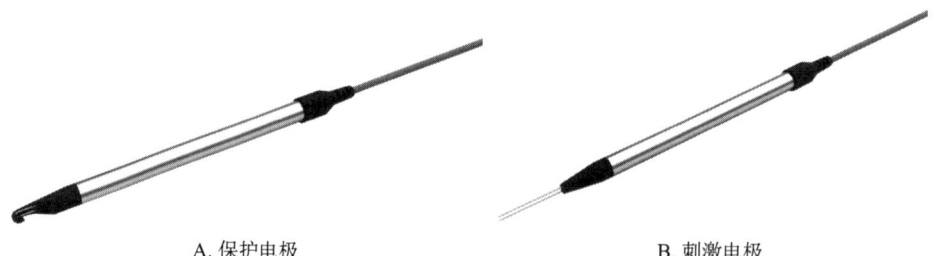

图3-16 电极　　A.保护电极　　B.刺激电极

(三)尿液受滴器

尿液受滴器用于计算尿液"总滴数"和"单位时间滴数"(每分钟滴数)(图3-17)。

图3-17 尿液受滴器

(四)信号线和心电线

信号输入线、全导联心电线见图3-18。

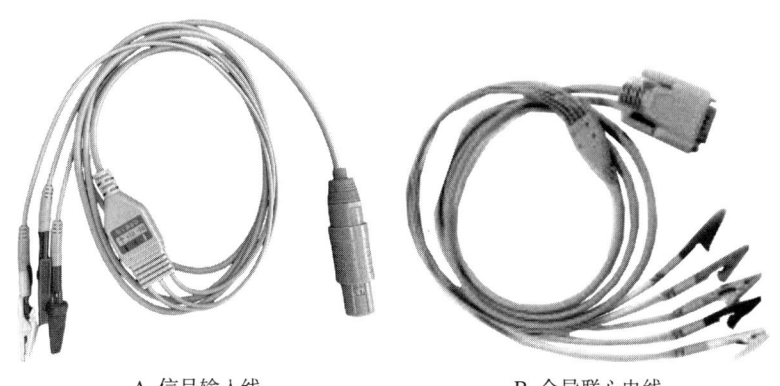

A. 信号输入线　　　　B. 全导联心电线

图3-18 信号输入线和全导联心电线

(五)神经标本屏蔽盒

神经标本屏蔽盒由金属屏蔽盒、电极固定槽和电极组成(图3-19)。金属屏蔽盒有静电屏蔽作用,能屏蔽高频信号的干扰。电极固定槽用于固定电极的位置和调节电极间距离。电极由刺激电极、引导电极和接地电极组成。

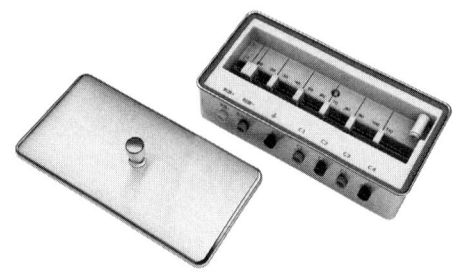

图3-19 神经标本屏蔽盒

二、常用手术器械

动物实验的手术器械可根据实验对象不同而有不同的组合,常用的有以下几种(图3-20)。

(一)蛙类动物手术器械

1. 剪刀

(1)普通粗剪　用于剪粗硬或坚韧的组织,如皮肤、骨骼等。

(2)组织剪　用于剪开骨骼肌等软组织。正确的持剪方法见图3-21A。

(3)眼科剪　用于剪开薄细的软组织,如心包膜、血管及神经等。切记禁止剪肌肉及皮肤。

2. 手术镊　包括有齿镊(组织镊)、无齿镊(敷料镊)两种。有齿镊用于夹持较坚硬的组织,如皮肤、筋膜、肌腱等。无齿镊用于夹持黏膜、血管和神经等较脆嫩的组织。手术镊有直头、弯头之分。

(1)手术镊　用于夹持各种大块组织,如骨骼、肌肉和皮肤等。正确的持镊方法见图3-21B。

(2)眼科镊　用于夹持细微组织,如筋膜、小血管等。

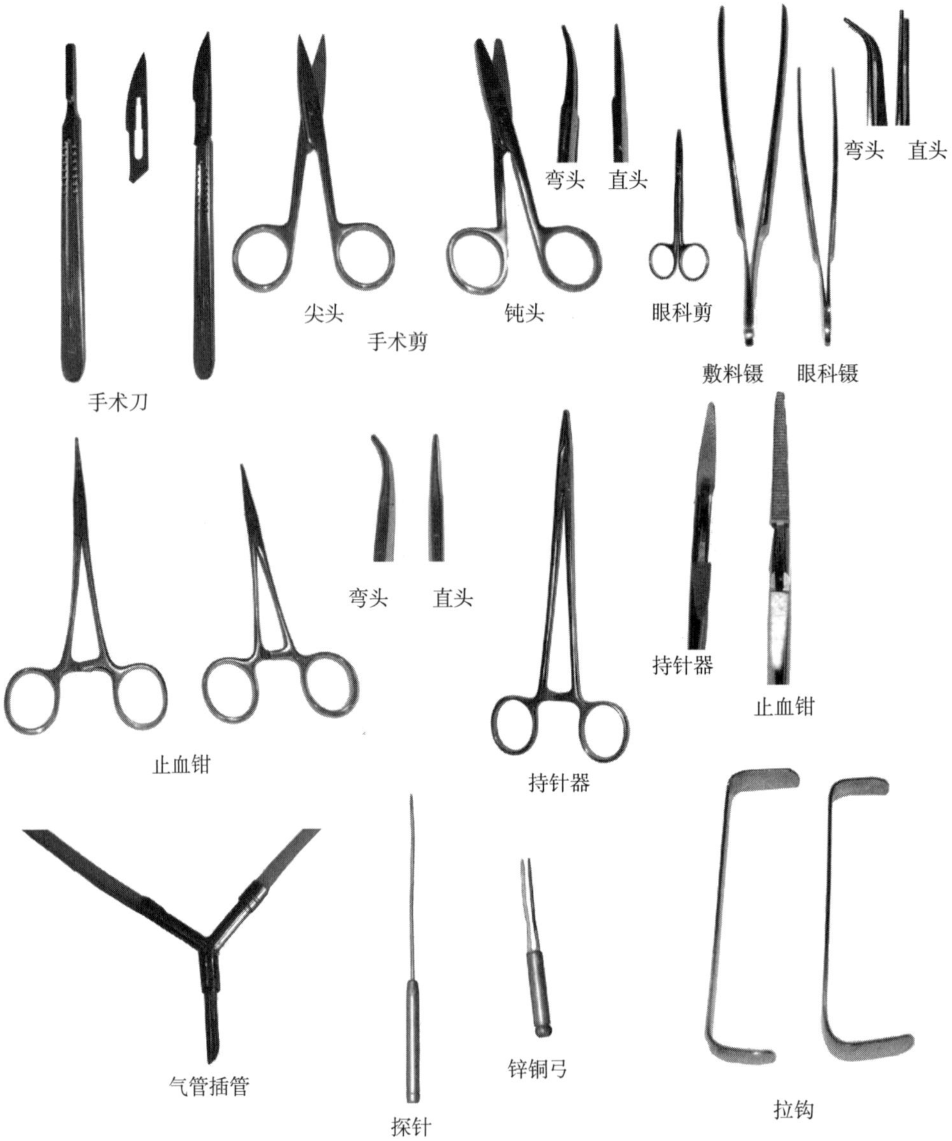

尖头
手术剪
钝头
弯头
直头
眼科剪
弯头
直头
敷料镊
眼科镊
手术刀
弯头
直头
止血钳
持针器
止血钳
持针器
气管插管
探针
锌铜弓
拉钩

图 3-20 动物实验常用的手术器械

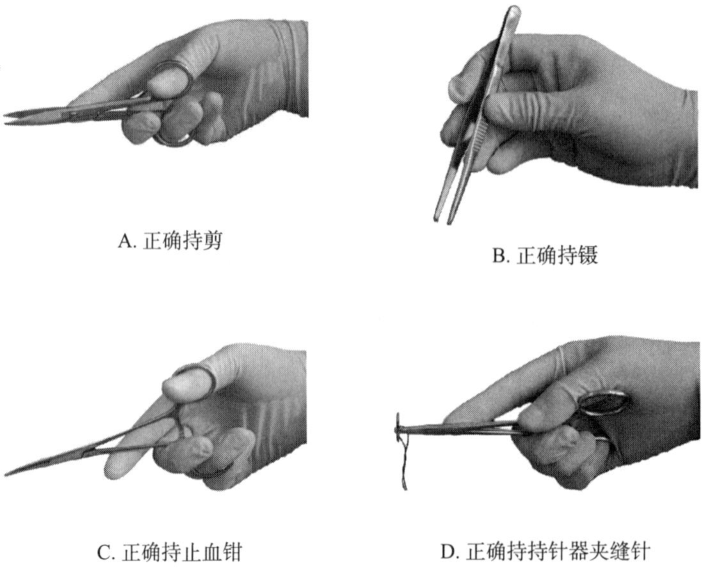

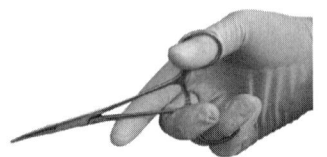

A. 正确持剪
B. 正确持镊
C. 正确持止血钳
D. 正确持持针器夹缝针

图 3-21 常用手术器械的正确持法

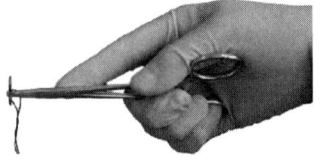

3. 探针 用于捣毁脑脊髓。

4. 玻璃分针 在分离神经、血管时常用，不易损伤神经和血管。

5. 锌铜弓 常用于检查坐骨神经-腓肠肌标本功能是否良好。其原理为锌的电极电位为 -0.76 V，铜的电极电位为 $+0.34$ V，当弓顶锌与铜连接时，电流按铜→锌方向流动。当锌铜弓与湿润的活性组织接触时，锌失去电子成为正极，使细胞膜超极化；而铜得到电子成为负极，使细胞膜去极化而兴奋，电流按锌→活体组织→铜的方向流动，形成刺激。注意用锌铜弓测试时，活体组织表面必须湿润。

6. 蛙心夹 用于夹住蛙心尖部，连接至张力换能器，观察心脏的收缩舒张变化。

7. 蛙心插管 常用的蛙心插管用玻璃制成，尖端插入蟾蜍或牛蛙的心室，突出的小钩用于固定离体心脏，插管内充灌生理溶液。

8. 滴管 用于滴加各种溶液，目的是保持手术部位湿润。

9. 蛙板 牛蛙或蟾蜍解剖台。

（二）哺乳类动物手术器械

1. 手术刀 由刀柄和刀片组成，主要用于切开皮肤或脏器。根据手术部位与性质不同，可以选用大小、形状不同的手术刀。常用的持刀方法有执弓式、握持式、反挑式、执笔式（图 3-22）。

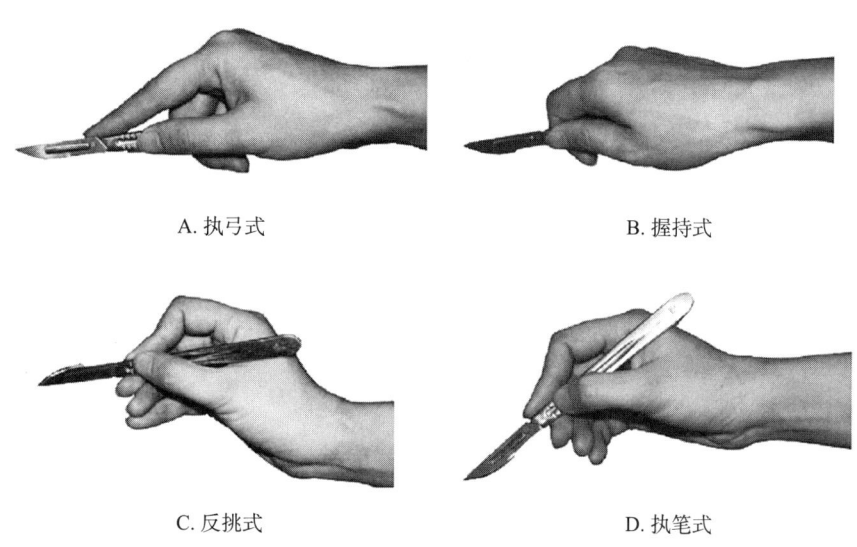

A. 执弓式　　　　B. 握持式

C. 反挑式　　　　D. 执笔式

图 3-22 手术刀的各种持法

2. 剪刀

（1）普通粗剪 用于剪粗硬或坚韧的组织，如剪毛、骨骼等。

（2）手术剪 常用于剪开皮肤、肌膜、筋膜、骨骼肌和神经等软组织。可分为直头、弯头或圆头、尖头。组织剪，适用于分开剥离和剪开软组织；线剪，用于剪线、敷料等。

（3）眼科剪 常用于剪断神经、血管、被膜，如剪破血管、胆管、输尿管等以便插管。可分为直头、弯头两种。

3. 手术镊

（1）有齿镊（组织镊） 用于夹持较坚硬的组织，如皮肤、筋膜、肌腱等。

（2）无齿镊（解剖镊） 用于夹持黏膜、血管和神经等较脆嫩的组织。

（3）虹膜镊 用于夹持和分离精细组织。

4. 止血钳

（1）直头止血钳　无齿止血钳主要用于手术野浅部止血，也可用于浅部的组织分离；有齿止血钳主要用于强韧组织的止血，提起切口处的皮肤等，不能用于皮下止血。

（2）弯头止血钳　主要用于手术深部组织或内脏止血，有齿止血钳不宜夹持血管、神经及脆弱的组织。

（3）蚊式止血钳　适用于分离小血管和神经周围的结缔组织及小血管止血，不宜夹持大块或坚硬组织。止血钳正确持法见图3-21C。

5. 持针器　专用于夹持缝针进行缝合用。外形类似止血钳，但持针器的头端齿槽较短且内口有槽，也有些无槽。用持针器夹缝针正确持法见图3-21D。

6. 动脉夹　用于夹闭、阻断动脉血流。

7. 颅骨钻　开颅时钻孔用，钻孔后用于扩大手术范围。用法为右手握钻，左手固定骨头，钻头与骨面垂直，顺时针方向旋转，到内骨板时要小心慢转，防止穿透骨板而损伤脑组织。

8. 动静脉导管　与动、静脉粗细接近的聚乙烯（PE）或聚氯乙烯（PVC）管，可直接插入血管，与血压换能器相连能够用来测量血压。

9. 气管插管　呈"Y"形或"T"形，一端插入气管，一端与呼吸换能器相连，能够观察呼吸运动的变化。

10. 膀胱插管　直接插在膀胱内，用于观察尿量变化。兔的膀胱插管常以玻璃滴管代替。

11. 注射器　注射药物用。有玻璃注射器和塑料注射器。根据容量大小，有不同的型号。

12. 咬骨钳　用于咬开骨质，在颅脑手术或骨科手术中常用。

13. 缝针　用于缝合各种组织。缝针有圆针和三棱针两种，又有直针和弯针之别，而且其大小不一。圆针多用于缝合软组织，三棱针用于穿皮固定缝合，弯针用于缝合深部组织。

14. 手术拉钩　用于在手术过程中拉开动物的胸腔等。

15. 三通阀　可按实验需要改变液体流动的方向，便于静脉给药、输液和描记动脉血压。改变三通阀的位置，可以改变不同方向的通阻。三通阀的各种连通情况见图3-23。

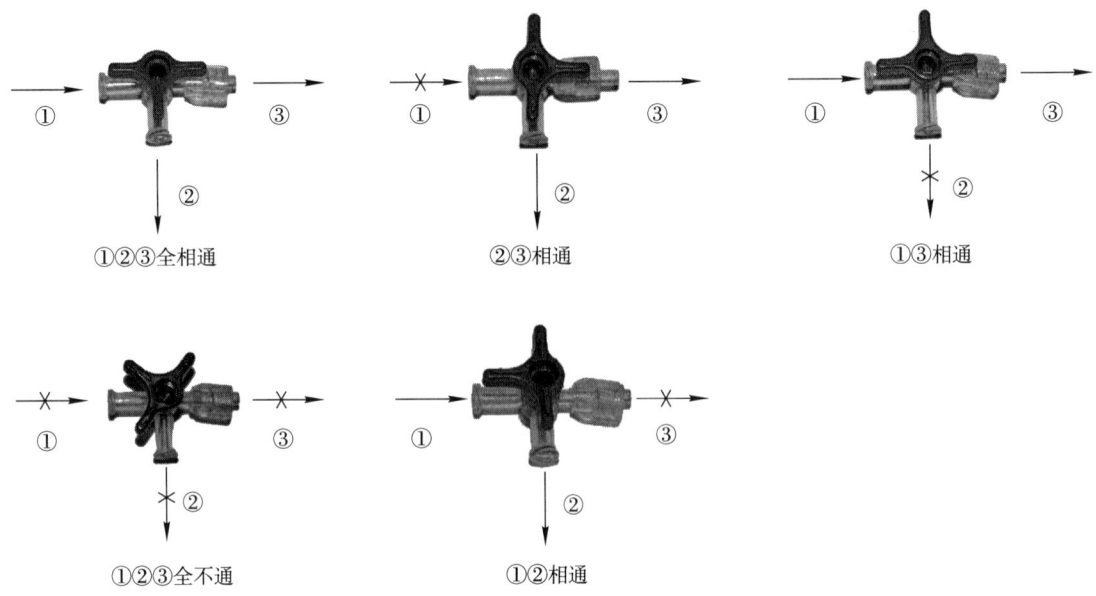

图3-23　三通阀的各种连通情况

（范小芳）

思考题

1. 血气分析仪可直接测定的指标有哪些？哪些指标可通过计算求出？
2. 做血气分析的标本如何采集？标本采集的注意事项是什么？
3. 什么是换能器？简述压力换能器的使用方法及注意事项。

网上更多……

自测题　　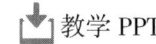教学 PPT

第四章
动物实验基本操作技术

关键词

标记　　捉拿　　保定　　麻醉　　采血　　注射
安死术　外科手术

> 本章较为详细地介绍了医学机能学实验的基本实验方法和技术。掌握常用实验动物的捉拿与保定（固定）、标记、给药、采血、各种插管术、离体标本的制备和急性动物实验的手术操作技术等基本操作技能，是进行后续课程、临床医学实践和基础科学研究的必要手段，是学好医学机能学实验这门课程必不可少的条件和根本保证。

第一节 实验动物的标记、捕拿与保定方法

一、实验动物的分组与标记

动物分组应按随机分配的原则，以避免个体之间的差异影响实验结果。特别是进行准确的统计检验，必须在随机分组的基础上进行。

每组动物数量应按实验周期长短、实验类型及统计学要求而定。如果是慢性实验或需要定期处死动物进行检验的实验，就要求选较多的动物，以补足动物自然死亡和人为处死损失的数量，确保实验在结束时有合乎统计学要求的动物数量。

（一）设立对照组

自身对照组：采取实验动物在实验处理前、后两个阶段的各项数据，可排除生物间的个体差异（对照组和实验组都是同一个个体）。

平行对照组：有正对照组和负对照组。实验组动物作某种处理，正对照组用同样方法进行处理，但并不采用实验所要求的药物或手段，负对照组则不施加任何处理。

（二）编号标记方法

1. 染料标记法　最为常用，适用于实验周期较短的实验动物。

用于编号的染料有 5% 苦味酸（黄色）和 0.5% 中性红（红色），编号少于 10 时用黄色标记；编号超过 10 时两种染料组合标记，红色代表十位数，黄色代表个位数，可编号至 99。

标记原则：先左后右，从上到下，从前到后。例如，1 号 – 左前肢，2 号 – 左腹部，3 号 – 左后肢，4 号 – 鼻尖，5 号 – 两耳中间，6 号 – 背正部，7 号 – 尾部，8 号 – 右前肢，9 号 – 右腹部，10 号 – 右后肢等（图 4-1）。标记时用棉签蘸取染料，逆着实验大、小鼠被毛的方向，从毛根部开始涂染，涂染位置准确，界线清晰。

2. 剪趾法　用剪刀按编号规则剪去大、小鼠脚趾，用干棉球止血后，再用碘酒消毒。后脚趾从左到右（腹面面向操作者）依次为 1、2、3 至 10，前脚趾从左到右（腹面面向操作者）依次为 20、30、40、50 和 200、300、400、500。

3. 耳孔法　用耳孔机或剪刀在大、小鼠耳朵上按编号规则打（剪）成缺口，并用滑石粉涂抹在打孔局部，以防孔口愈合；耳缘内侧打小孔，按前中后分别表示 1、2、3 号；在耳缘部打成一缺口，按前中后分别表示 4、5、6 号；在耳缘部打成双缺口，按前中后分别表示 7、8、9 号；右耳表示个位数，左耳表示十位数；右耳中部打一孔表示 100，左耳中部打一孔表示 200。

4. 标牌法　选用刺激性小的不锈钢金属耳环，用编号钳在动物耳部打耳标，可指定号码与字母组合。

图 4-1　小鼠的染料标记法

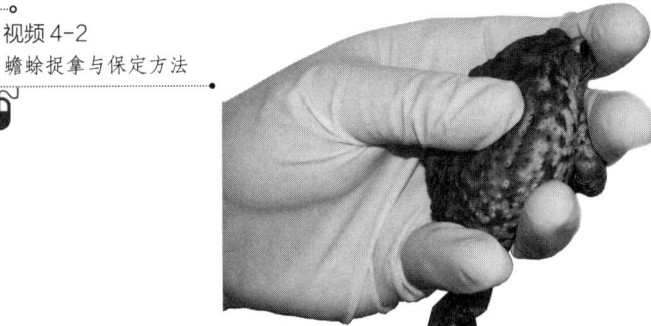

图 4-2 蟾蜍捉拿与保定方法

需在完全发育的耳朵上才可应用。

二、实验动物的捉拿与保定方法

（一）蛙类的捉拿

用左手握持，以左手拇指压住动物的脊柱，示指下压蟾蜍或牛蛙的上颌，中指夹住动物前肢，环指和小指夹住动物下肢（图 4-2），右手可以进行脑、脊髓破坏等操作。

（二）小鼠的捉拿与保定方法

1. 定位小鼠　小心打开笼盖，观察小鼠在笼子中的位置，选择一个方便抓取的位置。通常，小鼠会靠近笼子的角落或边缘，这是抓取的较好时机。

2. 捉拿方法

（1）单手全控制捉拿法：①左手示指和拇指捏住小鼠尾部远端 1/4 处，让小鼠前爪抓在粗糙面上。②轻轻将鼠尾向后拉，使小鼠奋力前行，左手小指和环指夹住鼠尾距根部约 2 cm 处。③示指和拇指松开鼠尾尖部，改抓小鼠两耳及颈背部至腰背部至少 5 cm 范围内的皮肤（图 4-3A）。④抓起小鼠，使鼠头固定，将其翻转为仰卧姿势置于左手大鱼际肌上，并用环指和小指夹住鼠尾根部（图 4-3C）。

（2）双手全控制捉拿法：①打开笼盖，右手慢慢伸向小鼠尾巴，右手示指和拇指捏住鼠尾后部。②提起鼠尾，将小鼠快速放在鼠笼盖或其他粗糙面上。③轻轻将鼠尾向后拉，使小鼠奋力前行，促使小鼠前爪抓在粗糙面上。趁小鼠向前爬时，迅速用左手中指、环指和小指轻压后腹部，同时左手拇指和示指呈"V"形迅速轻压小鼠后背，施加的压力需足以控制小鼠，使其无法继续前进。④将双指滑向后颈两侧，向内捏住两耳及颈背部至腰背部至少 5 cm 范围内的皮肤（图 4-3B）。⑤抓起小鼠，使鼠头固定，将其翻转为仰卧姿势置于左手大鱼际肌上，并用环指和小指夹住鼠尾根部（图 4-3C）。

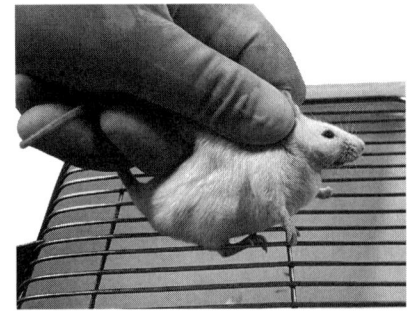 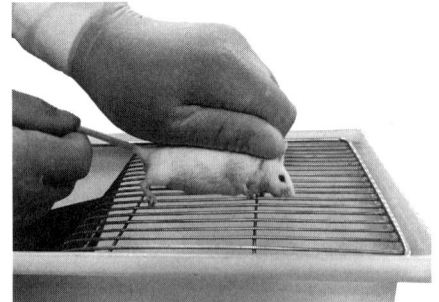 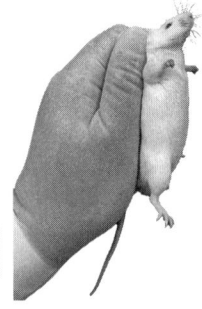

图 4-3 小鼠的捉拿与保定方法

A. 单手全控制捉拿法　　B. 双手全控制捉拿法　　C. 小鼠保定方法

（三）大鼠的捉拿与保定方法

1. 双手全控法　大鼠的捉拿基本同小鼠。①穿戴防护，建议佩戴帆布手套或硬皮质手套，以减少被咬伤的风险。②轻轻靠近大鼠笼子，打开笼盖，观察大鼠的行为，选择一个较为安静且大鼠不易逃脱的位置进行抓取。③右手慢慢伸向大鼠尾巴，抓住鼠尾中部并提起，迅速放在笼盖上或其他粗糙面上。④右手抓住鼠尾近心端 1/3~1/2 处的尾巴，趁大鼠向前爬时，左手顺势按住大鼠的躯干背部，稍加压力向头颈部滑行，用左手的拇指和示指捏住鼠耳头颈部皮肤（"V"行手势），其余三指和手掌握住大鼠背部皮肤。⑤将大鼠翻转仰卧于左手大鱼际肌上，右手抓住大鼠的尾根部，确保其在操作过程中不会逃脱或挣扎（图4-4A）。此方法可用于进行灌胃、腹腔、肌内和皮下等注射。

2. 虎口控制法　对于周龄较大的大鼠，可张开左手虎口，迅速将拇、示指插入大鼠的腋下，虎口向前，其余三指及掌心握住大鼠身体中段，并将其保持仰卧位，之后调整左手拇指位置，紧抵在下颌骨上（但不可过紧，否则会造成窒息），即可进行实验操作（图4-4B）。此方法可用于进行腹腔、肌内和皮下等注射。

视频 4-4
大鼠的捉拿与保定方法

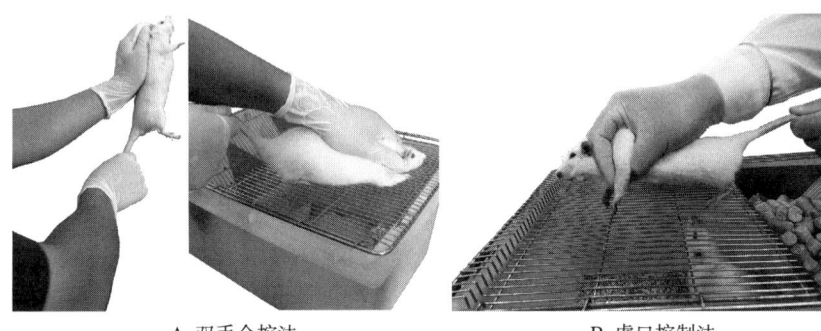

A. 双手全控法　　　　　B. 虎口控制法

图 4-4　大鼠的捉拿与保定方法

（四）豚鼠的捉拿与保定方法

捉拿时可用左手直接从背侧握持前部躯干，体重小者用一只手捏持，体重大者宜用双手，右手托住臀部（图4-5）。不可过分用力抓捏豚鼠的腰腹部，否则容易造成肝破裂、脾淤血而引起死亡。

视频 4-5
豚鼠的捉拿与保定方法

（五）兔的捉拿与保定方法

用右手抓住兔颈背部皮肤，轻轻提起，以左手托住其臀部，让其体重的大部分集中在左手上（图4-6）。可根据实验需要而保定。

保定方法分为盒式、台式和马蹄形三种。如作兔耳缘静脉注射时，可用兔盒保定（图4-7A）；如要作腹部注射、手术及测血压等实验时，需将兔麻醉后仰卧位固定在兔台上（图4-7B）。如作

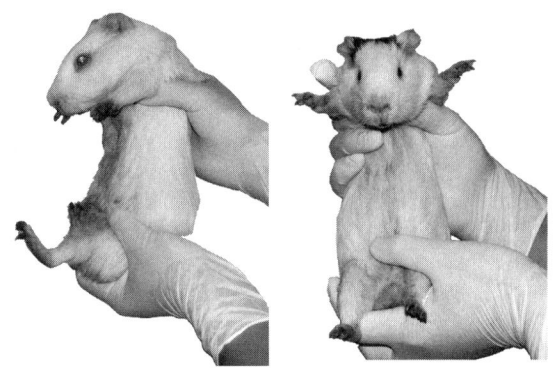

图 4-5　豚鼠的捉拿与保定方法

图 4-6　兔的捉拿方法

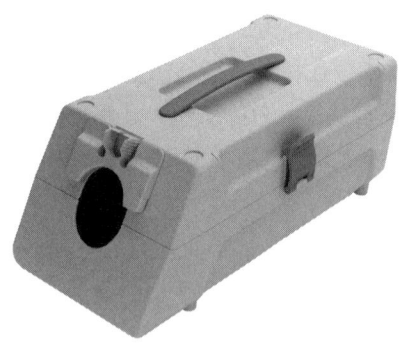
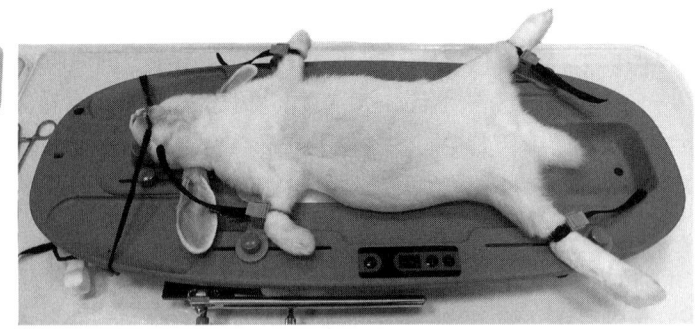

图 4-7 兔的保定方法　　　A. 兔盒保定法　　　　　　　　　B. 仰卧位固定法

腰背部，尤其是颅脑部位的实验，用马蹄形固定器固定，可使兔取背卧位或腹卧位。

（范小芳）

第二节　实验动物的麻醉方法

在对实验动物开展创伤性操作或手术时，需要进行充分的麻醉和镇痛。动物麻醉（anesthesia）是利用特定药物或方法对中枢神经系统和（或）周围神经产生抑制作用，使动物的意识、感觉、反射和肌肉张力部分或全部暂时性丧失，使动物在实验中服从操作，保障实验动物的安全，确保实验顺利进行。常用的方法有全身麻醉和局部麻醉，前者又可分为吸入麻醉与非吸入麻醉。

一、全身麻醉

（一）吸入麻醉

吸入麻醉药一般分为两种：挥发性麻醉药，如异氟烷、七氟烷、地氟烷、乙醚、氯仿、氯乙烷、三氯乙烯、氟烷、恩氟烷等；气体，如环丙烷和一氧化二氮等。吸入麻醉具有以下优势：

1. 麻醉状态实时调整，麻醉苏醒平稳迅速。
2. 麻醉药的输出浓度及麻醉深度可控。
3. 吸入麻醉药几乎不参与动物肝肾代谢。
4. 无创操作，预后风险低，保障实验动物福利。

吸入麻醉药乙醚虽然是最早被使用的全身麻醉药之一，因其不安全和不稳定，目前已被淘汰。取而代之的是异氟烷或七氟烷，并匹配了整套麻醉系统，如麻醉药蒸发器、混合气体系统、气体压力调控系统、排气安全系统、麻醉箱和麻醉管道等。该系统优点是使用方便，易于控制麻醉深度，可以维持长时间麻醉。异氟烷用于麻醉诱导的浓度一般为 3%~5%，小鼠维持麻醉时一般浓度为 1.5%~2%，大鼠维持麻醉时一般浓度为 2%~3%。

（二）非吸入麻醉

常见的非吸入麻醉药有氨基甲酸乙酯（又名乌拉坦）、戊巴比妥钠、赛拉嗪（又名甲苯噻嗪)、氯胺酮(ketamine) + 赛拉嗪、替来他明 + 唑拉西泮等。常用的给药方式有腹腔注射、静脉注射和肌内注射。腹腔注射麻醉一般将麻醉药总量一次性注入，如达不到所需的麻醉程度，可再次追加剂量，但一次追加的剂量不能超过总量的 1/5。静脉注射麻醉作用起效快，较腹腔注射麻醉没有明显的兴奋现象。在静脉注射麻醉时，不可将药物一次性快速推入，应缓慢注射麻醉药总量的 2/3 左右，观察动物的呼吸、角膜反射、骨骼肌紧张度和疼痛反应，达到实验所需麻醉状态时，立即停止注射。

以下麻醉剂量可满意地维持 1~3 h。如需继续麻醉，可适量追加。

1. 小鼠　30~90 mg/(kg·BW) 戊巴比妥钠腹腔注射，90~150 mg/(kg·BW) 氯胺酮 + 7.5~16 mg/(kg·BW) 甲苯噻嗪(xylazine)。

2. 大鼠　30~50 mg/(kg·BW) 戊巴比妥钠腹腔注射，或 1~1.2 g/(kg·BW) 氨基甲酸乙酯腹腔、肌内注射，40~75 mg/(kg·BW) 氯胺酮 + 5~10 mg/(kg·BW) 甲苯噻嗪腹腔注射、肌内注射。如果要求实验结束后动物苏醒存活，不主张使用氨基甲酸乙酯及水合氯醛，因为氨基甲酸乙酯麻醉时间过久，可达 6~8 h，容易导致死亡；而水合氯醛麻醉苏醒后，易致肠痉挛，造成死亡。

3. 兔　20% 氨基甲酸乙酯腹腔注射 7 mL/(kg·BW)，静脉注射 5 mL/(kg·BW)；或戊巴比妥钠 35~40 mg/(kg·BW) 腹腔注射；或盐酸赛拉嗪注射液 (速眠新Ⅱ号) 0.1~0.2 mL/(kg·BW) 肌内注射。

4. 犬　戊巴比妥钠 35 mg/(kg·BW) 腹腔注射，或氨基甲酸乙酯 70 mg/(kg·BW) 腹腔注射，或 α- 氯醛糖 75 mg/(kg·BW) 静脉注射，或盐酸赛拉嗪注射液 0.08~0.15 mL/(kg·BW) 肌内注射。

另外，替来他明 + 唑拉西泮 (舒泰) 是复合麻醉剂，常见规格为 20 mg/mL、50 mg/mL、100 mg/mL。在国外已被应用于小动物临床及野生动物的麻醉，在国内小动物临床上也得到了应用。该复合麻醉剂的安全范围极大，犬的临床剂量为肌内注射 7~15 mg/(kg·BW)，而致死量为 100 mg/(kg·BW)。其优点是麻醉起效快，镇痛、镇静效果良好，对肝肾无明显毒性，安全范围广。缺点是麻醉维持时间短，使心率大幅上升，呼吸道分泌增加，易造成呼吸道阻塞或异物性肺炎。

值得注意的是，部分非吸入麻醉药对实验动物仅为镇静作用，无止痛作用，因此仅用于实验动物的非损害性操作。如水合氯醛属于镇静、催眠及抗惊厥药物，其作为麻醉药效果较差，只作用于中枢神经系统，无法阻断痛觉感受器达到镇痛效果，且刺激性强、毒副作用较大，存在干扰实验结果且有悖于实验动物伦理审查原则等问题，有学者建议不再使用水合氯醛作为实验动物的麻醉药。

拓展阅读 4-2
实验动物全身麻醉和镇痛的规范和建议

二、局部麻醉

局部麻醉是利用某些药物有选择性地暂时阻断神经末梢、神经纤维及神经干的冲动传导，从而使其分布或支配的相应局部组织暂时丧失痛觉。其特点是动物保持清醒，对重要器官功能干扰轻微，麻醉并发症少，是一种比较安全的麻醉方法。适用于大中型动物短时间内的实验。常用的局部麻醉药有普鲁卡因和利多卡因。

1. 普鲁卡因　为无刺激性的快速局部麻醉药，毒性小，见效快，但穿透力较差，一般不用作表面麻醉，最常用的是浸润麻醉。常用 1%~2% 溶液阻断神经纤维传导。

2. 利多卡因 将局部麻醉药注射到椎管内，阻滞脊神经传导，使其支配的区域无痛。见效快，组织穿透性好，可用于表面麻醉及其他多种麻醉方式，常用浓度为 0.5%~1%。阻断神经纤维传导及黏膜表面麻醉浓度为 1%~2%。

三、麻醉深度的评估

实验动物麻醉深度的评估可以通过肉眼观察和刺激反应来判断，主要有以下几种方法。

1. 观察呼吸的频率和深度 对于一般实验，动物麻醉后呼吸应当规则且平稳，不宜过快或者过慢。
2. 观察刺激反应 通过观察止血钳或镊子夹脚趾、尾巴、皮肤等部位时的反应，可以判断动物是否已经完成麻醉。完全麻醉的动物，对于以上刺激无反应。
3. 反射活动 通过角膜反射、闭颌反射、刺激耳部的摇头反射等来评估麻醉的深度。
4. 观察耳朵、鼻子、爪子和嘴黏膜的颜色变化 实验动物麻醉后若这些部位出现发绀或者苍白，说明麻醉过深。
5. 常规检测指标 脉搏、血氧饱和度、心电图、血压和体温等。

四、麻醉的注意事项

麻醉和镇痛是动物福利的特殊干预手段，应该得到充分重视。选择适当的疼痛管理方案是确保动物实验顺利进行的基础。如果实验动物的麻醉或镇痛方法不当，或者麻醉和镇痛效果不佳，会导致动物产生创伤应激反应，从而影响实验结果的准确性。在进行一些非伤害性的操作之前，可以采用引导麻醉或轻度镇静等浅麻醉方法，并结合人性化的方法来限制动物的活动，以缓解其紧张状态。

1. 麻醉药的选择要根据具体的实验手术的要求、不同的动物种属来决定。
2. 静脉注射麻醉药的速度应缓慢，给药浓度要适中，以免麻醉过急导致动物强烈反应甚至死亡。
3. 动物麻醉后体温下降，应注意保温。实验动物正常体温可根据肛门温度来衡量。兔的正常体温是 38.4℃±1.0℃，大鼠为 39.3℃±0.5℃。此外，还应注意有无分泌物阻塞呼吸道。
4. 麻醉过浅或麻醉剂量给予不足时，动物会出现挣扎、呼吸急促、尖叫等兴奋表现，一般可通过腹腔或肌内注射的方式追加麻醉药，一次追加的剂量不可超过总量的 1/5。
5. 麻醉过量的处理方法，应根据不同情况，积极采取措施。呼吸慢而不规则，但血压或脉搏正常的，可先张开动物口腔，拉出舌尖到口角外，随即进行人工呼吸，还可皮下注射中枢神经兴奋剂。常用的中枢神经兴奋剂有尼克刹米 [2~5 mg/(kg·BW)]、洛贝林 [0.3~1.0 mg/(kg·BW)]，以及咖啡因 [1 mg/(kg·BW)]。呼吸停止但仍有心跳的，应进行人工呼吸直至呼吸恢复，同时给予中枢神经兴奋剂。呼吸、心跳均停止的，人工呼吸的同时，还应做心脏按压。此外，心内注射强心剂 1∶10 000 肾上腺素，同时静脉注射 5% 温热的葡萄糖溶液。

（王红杰　范小芳）

第三节 实验动物常用的给药途径与方法

一、兔常用的给药途径与方法

（一）耳缘静脉注射给药法

静脉注射（intravenous injection，iv）是一种安全、低成本的药物注射方式，可利用留置针、静脉输液针进行耳缘静脉注射给药。此法可以有效地减少药物滞留的时间，是常用的药物注射给药方法。

兔耳缘静脉注射操作方法：将兔保定于特制固定箱中（箱子头端有一圆洞，使头部露出），或由助手按在桌上，一手轻按其颈部，一手轻扶耳根，使其耳向前。拔去注射部位的被毛，用手指弹动或轻揉兔耳，使注射部位静脉充盈。左手示指和中指轻压耳根部，拇指、小指夹住耳边缘部分，以环指放在其下作垫，待静脉显著充盈后，右手持注射器刺入静脉（第一次进针点要尽可能靠远心端，以备反复应用），顺着血管平行方向推进1 cm后，放松对耳根处血管的压迫。左手拇指和示指移至针头刺入部位，将针头与兔耳固定，缓慢将药物注入。注射完毕后，拔出针头，压迫针眼止血。

视频4-8
兔耳缘静脉注射法

（二）腹腔注射给药法

腹腔注射（intraperitoneal injection，ip）适用于需要快速吸收药物的情况，如急救、输血、输液及不能肌内注射的药品，具有药物吸收快且完全、剂量和作用确实等优点，但需要严格消毒和注意注射部位准确。

兔腹腔注射操作方法：保定兔，使其侧卧或仰卧或使用专用的保定装置露出腹部。注射部位可选在兔耻骨前缘，腹中线旁开1 cm的右下腹或左下腹，肚脐下方1~2 cm的位置进行注射。注射前可先将局部兔毛备皮、消毒皮肤，使用合适的针头（通常为$7^{1/2}$号针头），用左手捏住兔腹壁，以30°~45°的角度插入针头，进针1.5 cm后轻轻回抽确认无血液回流，缓慢注入药液。注射完毕后，快速拔出针头，压迫止血。观察兔反应，记录注射时间、剂量等信息。每次注射液体的量应根据兔的体重和健康状况而定，通常不应超过每公斤体重10 mL。

视频4-9
兔腹腔注射法

（三）灌胃给药法

1. 经口灌药　这种方法适用于大多数药物。首先，将兔保定好，一手抓住兔的耳朵和颈部皮肤，另一手托住臀部。然后，将少量药液吸入注射器内，慢慢伸入兔口角内，缓慢注入药液，兔可自行吞咽。也可以使用滴管或汤匙灌药。灌药时要有耐心，不能动作粗鲁，防止药液误入气管导致兔窒息。

2. 胃管灌药　这种方法适用于需要精确控制药量的药物。此法须两人合作进行。一人取矮坐位，双膝部保定兔的下半身，两手固定兔耳和前肢，应使兔头稍向后仰，使其伸直以便于操作。另一人在兔的上、下齿间插入木质开口器，慢慢转动开口器，使舌尖伸出口外，并压住兔舌，勿让缩回，用导尿管穿过开口器中间的孔道，经咽喉由食管插入胃中。将另一端的导尿管口浸入水中，如无气泡逸出，表示未入气管，已插至胃内。此时可在导尿管口连接一注射器，将药液倒入，如导尿管内药液未现下降，可能因导尿管入胃一端的管口被胃壁阻止，可稍移动导尿管位置。药液灌毕，宜再注入 2~3 mL 蒸馏水或少量空气，使导尿管内的药液全部进入胃内。抽出导尿管时应用手紧捏连接注射器一端的管口，动作应轻缓，抽出后再移去开口器，切勿过早移走，以致导尿管被兔咬破甚或咬断。注意：给药前实验兔应先禁食。灌胃量一般不超过 20 mL。

3. 直肠灌药　这种方法主要用于治疗消化道疾病。将家兔保定在桌面上，用导尿管或输液塑料管前端涂抹液状石蜡、植物油或肥皂水，将导管插入肛门内一定深度后，通过注射器注入药液。这种方法适用于无法经口给药的情况。

视频 4-10　家兔灌胃法

二、大、小鼠常用的给药途径与方法

（一）尾静脉注射给药法

大、小鼠尾巴有数条血管，其中最大的是尾侧静脉和尾中动脉，因而常常选择尾侧静脉为穿刺点。小鼠尾侧静脉直径平均 0.6 mm ± 0.5 mm，当通过温水浸浴、按摩、远红外照射或 75% 乙醇擦拭等方法使静脉扩张时，其直径可达 0.9 mm ± 0.7 mm，更便于穿刺与注射。

小鼠尾静脉注射操作方法：注射前，使用鼠笼下方的温水循环垫、加热箱、远红外加热灯等措施加热动物 3~5 min 以扩张静脉。将动物保定于固定器内并拉出尾巴，向一侧旋转约 80°，使尾侧静脉朝上。左手示指按压尾部的尾侧静脉，左手拇指按在向下弯曲的尾巴远端，使其保持紧绷笔直，选择最佳注射部位为尾侧静脉远端 1/3。乙醇擦拭鼠尾的弯曲部分进一步扩张局部血管，左手示指按压尾侧静脉，右手握注射器（带 4 号或 $4^{1/2}$ 号针头，刻度面朝向操作者），放在左手拇指的内缘，使针头与静脉平行（小于 30°），从鼠尾的下 1/4 处进针；针尖斜面朝上，轻轻挑刺入皮肤后针头立即和血管平行；进入后稍微抬高整个针轴，使其尖端位于管腔的中心，将针推进约 5 mm，平稳注射；注射完毕后将左手示指从尾根部滑动到注射部位，抽出针头的同时轻压该部位 1~2 min 以止血。如需反复注射，尽量从鼠尾的末端开始，按次序向尾根部移动，更换血管注射部位。一次注射量：小鼠 0.05~0.25 mL/10 g，大鼠 0.5~1.0 mL/100 g。

视频 4-11　小鼠尾静脉注射法

（二）腹腔注射给药法

腹腔注射是常见的给药方式，尤其是在麻醉时。

大、小鼠腹腔注射操作方法：左手抓取并保定实验大、小鼠，使鼠腹部朝上，鼠头低于尾部；右手持注射器（大鼠 6 号针头，小鼠 $4^{1/2}$ 号针头），将针头刺入腹白线稍左侧或稍右侧皮下；针头到达皮下后，向前推进 5~10 mm，再将注射器针头与皮肤呈 45° 刺入腹腔，此时有落空感；固定针头，保持针尖不动；回抽针栓，如无回流物即可缓慢注射药液（图 4-8）。一次注射量：小鼠 0.1~0.2 mL/10 g，大鼠 1~2 mL/100 g。

视频 4-12　小鼠腹腔注射法

（三）灌胃给药法

灌胃给药（intragastric injection，ig）是使用灌胃针将药物溶液或混悬液直接灌入动物胃内的给药方式。

大、小鼠灌胃法操作方法：双手法捉拿保定动物，左手仰持动物，头颈部充分伸直，头部固

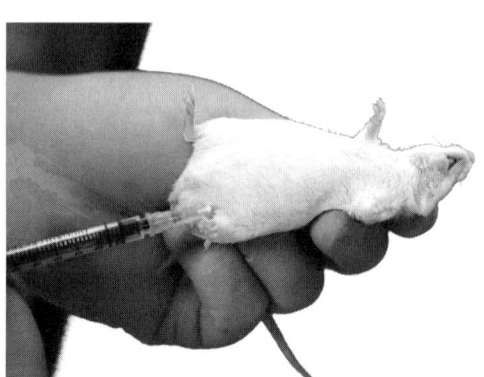

图 4-8　小鼠腹腔注射法

定使其不能晃动，但不宜抓得太紧，以防窒息。右手持注射器，注射器的刻度朝前。灌胃针头从动物嘴角进入，压住舌头，抵住上颚，轻轻向内推进，灌胃针到达咽后壁时（明显感到较大阻力），将灌胃针向后上方压迫小鼠头部，使口腔与食管成一直线，然后将灌胃针沿咽后壁慢慢插入食管，回抽注射器无空气逆流方可注入药液（图4-9）。观察鼠的反应，如无过度挣扎，可尝试推注药物，如阻力较小可推注所有药物，如阻力过大或动物反应剧烈，呼吸受阻，可退针后插入。松开鼠，观察呼吸，如无呼吸异常，可确定灌胃成功。小鼠灌胃针长 4~5 cm，直径约 1.0 mm；大鼠灌胃针长 6~8 cm，直径约 1.2 mm。灌胃针进入不宜过深，一般灌胃针插入深度为：小鼠 2~3 cm，大鼠 4~6 cm。一次灌注液量，小鼠一般为 0.1~0.25 mL/10 g，大鼠 1~2 mL/100 g。

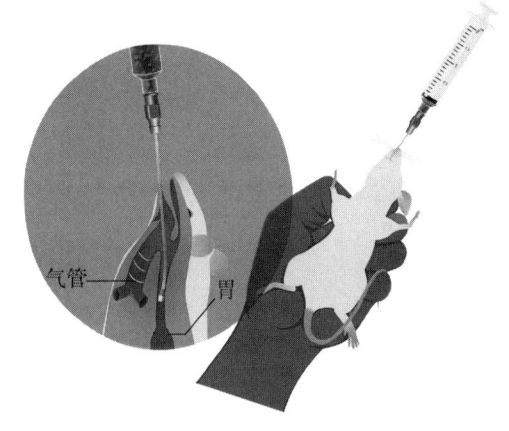

图 4-9　小鼠灌胃法

（四）肌内注射给药法

因小鼠肌肉较少，一般不采用肌内注射（intramuscular injection，im），若需要可注射于股部肌肉，多选后腿上部外侧。

助手保定实验动物，操作人员左手抓住小鼠一侧后肢，于小鼠大腿外侧肌肉部位用75%乙醇棉球消毒皮肤表面。操作人员右手持注射器（大鼠5号针头，小鼠4号或以下针头），与肌肉呈60°，快速刺入肌肉，推注药液。注射完毕，用干棉球按压注射部位后抽出针头。一次用药量：小鼠一般不超过 0.1 mL/10 g，大鼠一般不超过 0.5 mL。

（五）皮内注射给药法

皮内注射（intradermal injection）给药是将药液注入皮肤的表皮和真皮之间，用于观察皮肤血管的通透性变化或皮内反应，如接种、过敏实验等。皮内注射吸收较慢，一般选用背部脊柱两侧的皮肤。

操作时，助手保定实验动物，剪去注射区域皮肤被毛，用75%乙醇棉球擦拭消毒。左手拇指和示指按住皮肤使之绷紧，在两指之间，用卡介苗注射器（大鼠 $4^{1/2}$ 针头，小鼠4号针头）紧贴指间皮肤皮层刺入，然后将针头向上并稍刺入皮肤真皮层，注入药液（注射后可见皮肤表面鼓起一白色小皮丘）。注射完毕后等待片刻，随后旋转拔出针头，用干棉球轻压针口，防止注射液从针口漏出。一次注射量：大、小鼠均不超过 0.05 mL。

（六）皮下注射给药法

皮下注射（subcutaneous injection，sc）给药的主要目的是将药物注入皮下结缔组织，通过毛细血管和淋巴管吸收进入血液循环，从而发挥药效。这种方法适用于需要迅速达到药效且不能或不宜经口服给药的情形，例如胰岛素，口服会被胃肠道内的消化酶破坏而失去作用，而皮下注射可以迅速被吸收。

操作时，用左手拇指与示指捏起小鼠背部皮肤，右手持注射器（大鼠 $4^{1/2}$ 针头，小鼠4号针头），针头斜面朝上与皮肤呈 30°~45° 刺入皮肤；将注射针沿皮肤推进 5~10 mm，针头可轻松左右摆动，确认针头在皮下，然后缓慢注入药物。注射过程中可观察到注射部位鼓起一个小包。

注射完毕后，用无菌棉签压住进针部位片刻，防止药物外漏。小鼠注射部位通常在背部皮肤，大鼠可选择背部或大腿外侧皮下。一次注射剂量：小鼠 0.05 mL，大鼠小于 0.1 mL。

（七）舌下静脉给药法

当实验动物不能进行其他静脉注射给药时，可进行舌下静脉给药。

将大、小鼠麻醉后仰卧固定于鼠台上，用眼科弯镊将舌头拉出并拉到一侧，可见从舌尖向舌根走行的两条浅表舌静脉。固定舌尖部，将舌头擦干，针尖斜面朝上，右手持注射器（$4^{1/2}$ 针头）与舌面呈 15° 夹角刺入舌下静脉，轻轻推注药液，若发现舌头有鼓起，则是注射失败。若见药液在静脉中流过，表示针尖已进入舌静脉。注射完毕后退出针头，先用拇指压迫注射部位止血，然后以合适大小的干棉球填塞在舌下止血（连同干棉球一起将舌头推回口腔中）。动物清醒后，棉球自动掉出。

（范小芳）

第四节　实验动物的常用采血方法

一、大鼠和小鼠的采血方法

1. 割（剪）尾尖采血　将动物保定后，用温水擦拭（45~50℃）使鼠尾血管扩张，在采血部位涂上凡士林，用手术刀割破尾动脉或尾静脉，血液即可自行流出。也可在麻醉后，将尾尖剪去 1~2 mm（小鼠）或 5~10 mm（大鼠），然后自尾部向尾尖部按摩，使血液从断端流出。如不麻醉，采血量较小。用此法每只鼠可采血 10 余次。小鼠可每次采血约 0.1 mL，大鼠约 0.4 mL。

2. 鼠尾静脉采血　先将鼠尾用温水擦拭，消毒，使鼠尾充血。用 7 号或 8 号注射针头，刺入鼠尾静脉采血。每次采血后，应逐渐向近心端进针以再次采血。

3. 球后静脉窦（post-glomus venous sinus）采血　左手抓紧动物头颈部皮肤并轻轻向下压迫颈背部两侧，示指按在眼后致静脉回流受阻，使眼眶静脉窦充血，眼球充分外突。右手持配有磨钝的 7 号针头的 1 mL 注射器（或内径 0.6 mm 左右的硬质毛细玻管），沿内眦眼眶后壁向喉头方向刺入（深度为小鼠 2~3 mm，大鼠 4~5 mm），当感到有阻力时稍后退，边退边抽。采血毕，拔出针头。若技术熟练，短期内可重复采血。左、右两眼轮换更好。体重 20~25 g 的小鼠每次可采血 0.2~0.3 mL，体重 200~300 g 的大鼠每次可采血 0.5~1.0 mL。

4. 颈外静脉（external jugular vein）或颈总动脉（common carotid artery）采血　颈部手术与颈外静脉或颈总动脉分离术参见本章第六节。分离血管后，可用注射器穿刺采血或行插管取血。

5. 股静脉（femoral vein）或股动脉（femoral artery）采血　股部手术与股静脉或股动脉分离术参见本章第六节。分离血管后，可用注射器直接抽出所需血量，或行插管取血。

6. 后腔静脉（posterior vena cava）采血　供一次大量采血用。动物麻醉后仰卧位固定，在耻骨联合上方 1~2 cm 腹中线剪一小切口，再向腋中线方向剪"V"形切口，切开腹壁肌肉层后，将肠袢推向动物左侧，暴露后腔静脉，用盛有抗凝剂的注射器直接穿刺取血，也可事先肝素化后（大鼠仰卧时，切开小腿前部皮肤，暴露皮下静脉，由此注入肝素）采血。大鼠约可采血 10 mL，小鼠约可采血 1 mL。

7. 腹主动脉（abdominal aorta）采血　动物麻醉后仰卧位固定，在耻骨联合上方 1~2 cm 腹中线剪一小切口，再向腋中线方向剪"V"形切口，切开腹壁肌肉层后，将肠袢推向动物左侧，暴露腹主动脉。用注射器抽取血液，防止溶血。或用无齿镊子剥离结缔组织，夹住动脉近心端，剪断动脉，使血液喷入盛器。

视频 4-15
小鼠腹主动脉采血法

8. 摘眼球采血　此法常用于鼠类大量采血。采血时，用左手固定动物，压迫眼球，尽量使眼球突出，右手用镊子或止血钳迅速摘除眼球，眼眶内会很快流出血液。

9. 断头采血　紧握住大（小）鼠的颈部皮肤，并作动物头朝下倾的姿势。用剪刀迅速剪掉动物头部，让血自由滴入盛器。小鼠可采血 0.8~1.2 mL，大鼠 5~10 mL。

10. 心脏采血　鼠类的心脏较小，且心率较快，心脏采血比较困难，故少用。一般在终末实验时，采取开胸采血。动物深度麻醉后，打开胸腔，暴露心脏，用针头刺入右心室，抽取血液。小鼠可采血 0.5~0.6 mL，大鼠 0.8~1.2 mL。

二、豚鼠的采血方法

1. 耳缘剪口采血　将豚鼠耳消毒，用刀片沿血管方向割破耳缘，在切口边缘涂抹 20% 枸橼酸钠溶液，防止凝血，则血可自动流出。操作时，使耳充血效果较好。此法能采血 0.5 mL 左右。

2. 背中足静脉采血　保定豚鼠，将其右或左后肢膝关节伸直，足背消毒后，找出足静脉，左手拉住豚鼠的趾端，右手将注射针刺入静脉，拔针后立即出血，呈半球状隆起。若反复采血时，两后肢可交替使用。

3. 股动脉采血　将豚鼠麻醉后仰卧位固定，行股部手术，分离股动脉后，可用注射器直接抽出所需血量，或行插管取血。一次可采血 10~20 mL。

4. 心脏采血　手指触摸，选择心脏搏动最强部位，把注射针刺入心脏，血液即可流入针管。心脏采血时所用的针头应细长些，以免发生采血后穿刺孔出血。成年豚鼠每周采血应不超过 10 mL。

三、兔的采血方法

1. 耳缘静脉采血　为最常用的取血法之一，可多次反复取血用。因此，保护耳缘静脉，防止发生栓塞特别重要。将兔保定，拔去耳缘静脉局部的被毛，消毒，用手指轻弹兔耳，使静脉扩张，用针头刺耳缘静脉末端，或用刀片沿血管方向割破一小切口，血液即流出。此种采血法一次最多可采血 5~10 mL。

2. 耳中央动脉采血　兔耳中央有一条较粗的、颜色较鲜红的中央动脉。用左手固定兔耳，右手持注射器，在中央动脉的末端，沿着与动脉平行的向心方向刺入动脉，即可见血液进入针管。由于兔耳中央动脉容易痉挛，故抽血前必须让兔耳充分充血，采血时动作要迅速。采血所用针头不要太细，一般用 6 号针头。针刺部位从动脉末端开始，不要在近耳根部采血。此法一次抽血可达 15 mL。

3. 后肢胫部皮下静脉采血　兔固定后，在胫部外侧浅表皮下，可清楚见到皮下静脉。用左手两指固定好静脉，右手取带有 $5^{1/2}$ 号针头的注射器与皮下静脉平行方向刺入血管，即可取血。一次可取 2~5 mL。

4. 股静脉、颈静脉采血　做股静脉和颈静脉暴露分离手术。

（1）股静脉取血：注射器平行于血管，从股静脉下端向心方向刺入，即可取血。若连续多次取血，取血部位宜尽量选择靠离心端。

（2）颈外静脉取血：注射器由近心端（距颈静脉分支 2~3 cm 处）向头侧端顺血管平行方向刺入，一直延伸至颈静脉分支处即可取血。此处血管较粗，易取血，取血量也较多，一次可取 10 mL 以上。兔急性实验的静脉取血，用此法较方便。

5. 心脏取血　兔麻醉后仰卧位固定，在第 3 肋间胸骨左缘 3 mm 处注射针垂直刺入心脏，血液随即进入针管。

注意：①取血动作应迅速，缩短在心脏内的留针时间和防止血液凝固。②如针头已进入心脏但抽不出血，可以前后进退调节针头的位置。③不可使针头在胸腔内左右摆动，以防伤及心、肺。一次可取血 20~25 mL。

采血时要注意：①采血用的注射器和试管必须保持清洁、干燥。②若需抗凝全血，在注射器或试管内需预先加入抗凝剂。

不同动物采血部位与采血量的关系见表 4-1。

表 4-1　不同动物采血部位与采血量的关系

采血量	采血部位	动物名称
取少量血	尾静脉	大鼠、小鼠
	耳静脉	兔、犬、猫、猪、山羊、绵羊
	眼底静脉丛	兔、大鼠、小鼠
	舌下静脉	兔
	腹壁静脉	牛蛙、蟾蜍
	冠、脚蹼皮下静脉	鸡、鸭、鹅
取中量血	后肢外侧皮下小隐静脉	犬、猴、猫
	前肢内侧皮下头静脉	犬、猴、猫
	耳中央动脉	兔
	颈静脉	犬、猫、兔
	心脏	豚鼠、大鼠、小鼠
	断头	大鼠、小鼠
	翼下静脉	鸡、鸭、鸽、鹅
取大量血	颈动脉	鸡、鸭、鸽、鹅
	股动脉、颈动脉	犬、猴、猫、兔
	心脏	犬、猴、猫、兔
	颈静脉	马、牛、山羊、绵羊
	摘眼球	大鼠、小鼠

常用实验动物的最大安全采血量与最小致死采血量见表 4-2。

表4-2　常用实验动物的最大安全采血量与最小致死采血量

动物名称	最大安全采血量（mL）	最小致死采血量（mL）
小鼠	0.2	0.3
大鼠	1	2
豚鼠	5	10
兔	10	40
狼犬	100	500
猎犬	50	200
猴	15	60

（范小芳）

第五节　实验动物安死术

安死术或安乐死（euthanasia）一词源于希腊语，原意是指"没有痛苦的死亡"。实验动物安死术是指在动物实验中，动物被例行淘汰、动物无法承受持续痛苦、实验完结之后处死实验动物的一种手段。从实验动物伦理角度出发，在不影响实验结果的同时，应尽快让动物没有惊恐或焦虑而安静地、无痛苦地死去。

虽然安死术的整个过程很难做到完全没有疼痛和痛苦，但可以通过改进设施设备、提高技术水平来减少动物的痛苦。实施安死术应在实验动物医师的指导下进行。应合理选择安死术的时机，同时注意保证实验人员的安全，通过观察心跳、呼吸、神经反射、肌肉松弛等生命体征确认实验动物已经死亡之后，要妥善处理好尸体，避免污染环境，防止生物安全事故的发生。

实验动物安死术的方法有三类：药物吸入法（二氧化碳、氮气、一氧化碳、乙醚、氟烷等），药物注射法（巴比妥类、乌拉坦类、氯化钾、硫酸镁等药物），物理方法（颈椎脱臼、断头、放血、枪击、电击等）。具体实施安死术时，应根据动物种类、年龄、体重、数量等因素，以及动物的温驯度、健康状态、保定方法、对疼痛的感受等综合因素来选择合适方法。

一、蟾蜍的处死方法

常用金属探针经枕骨大孔破坏脑和脊髓的方法处死牛蛙或蟾蜍，也可用断头法。操作时，先将蛙用湿的纱布包裹，露出头部，左手持蛙，用示指按压头部前端，拇指按压背部，使头部朝前俯屈；右手持金属探针沿正中线由蛙头前端向尾方刺触，至耳鼓膜后缘连线前约3 mm处时，可触及一凹陷处，此时再将探针垂直刺入，刺破皮肤即入枕骨大孔。然后，将探针尖端转向头方，朝前深入颅腔后，左右搅动，以破坏脑组织。再将探针退回枕骨大孔后，将探针尖端转向尾方，与脊柱平行刺入椎管，反复提插以破坏脊髓。检查蟾蜍的四肢肌肉是否松弛，以查看脑和脊髓是否完全破坏。拔出探针后，用一小干棉球将针孔堵住，以防止其出血。

操作时要防止毒腺分泌物射入操作人员的眼内。万一眼睛内被射入，应立即用医用生理盐水或清水反复冲洗。

二、大鼠和小鼠的安死术

（一）气体窒息法

将动物放入密闭空间并充入二氧化碳、一氧化碳或氮气，让动物逐渐失去知觉，直至昏迷死亡。该法适合快速批量处死大鼠、小鼠，也可用于犬、兔、猴。现在一般采用二氧化碳麻醉机，可控制二氧化碳浓度、充盈速率。该法安全可靠。

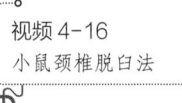
视频 4-16
小鼠颈椎脱臼法

（二）颈椎脱臼法

动物麻醉后，操作者右手抓住鼠尾并将其提起，放在粗糙平面上，用左手拇指、示指用力向下按压鼠头及颈部，右手抓住鼠尾用力向后上方拉拽，造成鼠颈椎脱臼，脊髓与脑干断离，动物立即死亡（图4-10）。颈椎脱臼为大鼠、小鼠常用的处死方法，但体重200 g以上的大鼠不建议使用该方法。

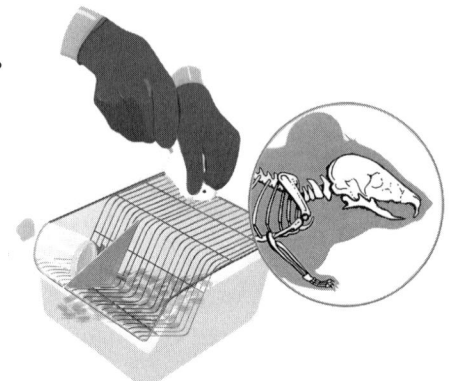
图 4-10　小鼠颈椎脱臼法

（三）断头法

先将动物麻醉，实验人员用左手按住实验动物的背部，拇指夹住实验动物右腋窝，示指和中指夹住左前肢，露出颈部，右手用剪刀在颈部垂直将鼠头剪断，使实验动物因脑脊髓断离且大量出血死亡。

（四）急性失血法

将已麻醉动物的颈动脉或股动脉或腹主动脉剪断或剪破，也可以穿刺动物的心脏放血，导致急性大出血、休克、死亡。

三、犬、兔、猫、豚鼠的安死术

（一）空气栓塞法

向动物静脉注入一定量的空气，使之形成肺动脉或冠状动脉的空气栓塞，或导致心腔内充满气泡，影响回心血液量和心输出量，引起循环障碍、休克、死亡。兔、猫的空气注入量为20~40 mL，犬为80~150 mL。此法可能导致动物痉挛、角弓反张或哀叫，因此操作前动物需处于深度麻醉状态。

（二）过量麻醉法

快速注射过量非挥发性麻醉药（给药量为深度麻醉的2~20倍），使动物中枢神经过度抑制而死亡。豚鼠、兔常用巴比妥类麻醉药通过静脉或心脏注射，也可腹腔注射。犬主要采用静脉或腹腔注射巴比妥类麻醉药、静脉注射水合氯醛、肌内注射氯胺酮的方法。

（三）急性失血法

动物麻醉后，切断颈动脉或股动脉或腹主动脉快速放血致死，也可刺穿动物心脏放血，其间要保持切口部位的血流通畅（可用湿纱布擦去切口周围的血液和血凝块）。此法因动物处于麻醉安静状态，对脏器无损伤，故对于采集病理标本或保留新鲜器官是一种较好的方法。

（谭　毅　范小芳）

第六节　急性动物实验的常用手术操作技术

动物手术操作质量的好坏直接影响实验的成败和数据的可靠性，故应熟练掌握动物手术的基本方法和技术。急性动物实验中常以血压、呼吸等作为观察指标，以静脉给药、放血等为实验方法，手术主要集中在颈部及腹部。本节以兔为实验对象，将常用手术操作技术分述如下。

一、备皮

备皮前，一般应将麻醉动物固定于手术台上。用粗剪刀或小动物剃毛器剃毛，鼠类可采用脱毛剂脱毛。剪毛时应绷紧动物的皮肤，并且尽量贴紧皮肤剪毛，逆着毛的朝向剪，切忌用手提起被毛，以免剪破皮肤。备皮范围应大于皮肤切口的长度。剪下的毛放入盛水的容器中，以免乱飞。

视频4-17
兔备皮及颈部切口术

二、切口和止血

根据实验的要求选定切口部位，必要时做出标志，切口的方向最好与血管或器官走向平行。切口的大小，既要便于深部手术操作，又不可过大。如颈部手术，在喉头（甲状软骨）与胸骨上缘沿颈部正中线作切口，一般狗为10 cm，兔、猫为5～7 cm，大鼠或豚鼠为2.5～4 cm。

常用的皮肤切开方法有剪口法和切口法。

（一）剪口法

剪口法是用止血钳分别提起待剪处两侧的皮肤，用剪刀垂直剪开一口子，然后用止血钳紧贴皮肤内侧上下、左右进行钝性分离。最后再用剪刀于垂直切口的方向，向上、向下分别进行剪切，直至所需长度。

（二）切口法

切口法是术者用左手拇指和示指向两侧将预定切口部位皮肤绷紧，右手持手术刀，以适宜的力度顺着切口的方向，一次性切开皮肤、皮下组织，直至浅筋膜。

术中应注意及时止血。常用的止血方法有湿温盐水纱布压迫止血、结扎止血等。微血管渗血，可用湿温盐水纱布压迫止血；较大血管出血时，先用纱布压迫，然后看准出血点用止血钳快速夹住出血点，进行结扎止血。需要注意的是，术中用到的是湿温盐水纱布，切不可用干纱布来揩擦组织，以免损伤组织或把刚形成的血凝块擦去，引起更多出血。

三、气管分离和插管术

将麻醉状态下的兔仰卧位固定，自甲状软骨下缘，沿正中做一长 5～7 cm 的皮肤切口，用止血钳钝性分离皮下筋膜、肌肉，即可看到气管，用弯头止血钳将气管与背后的结缔组织分开，穿粗线备用。

提起结扎线，在甲状软骨下 2～3 cm 处两个气管软骨环之间，用手术刀或手术剪横向剪开气管前壁（横切口不宜超过气管直径的 1/3），再在剪口处向头侧剪一 0.5 cm 的纵向切口，即在气管上作"⊥"形切口，如气管内有血液或分泌物，用小棉球擦净，保证呼吸道通畅，将"Y"形气管插管沿胸部方向插入气管腔内，用备好的粗线将其固定结扎，并将线绕过气管插管分叉处后再次结扎，以防插管脱出（图 4-11）。

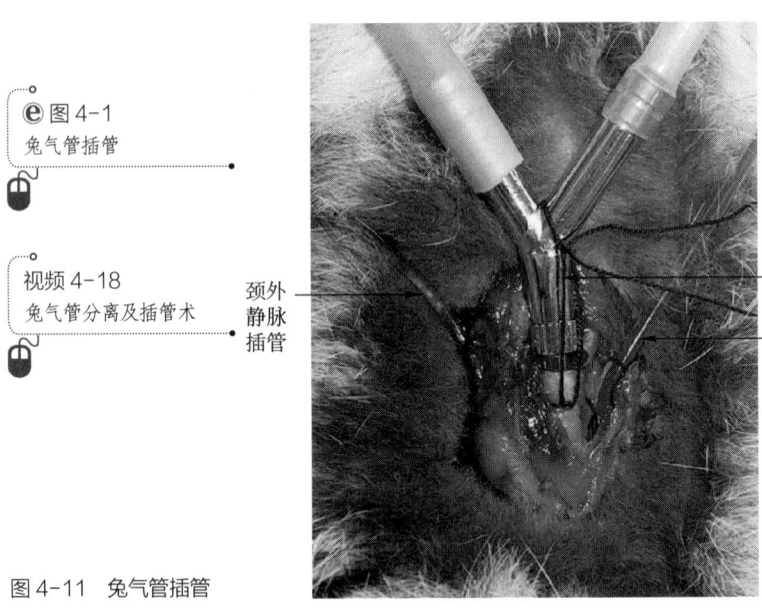

图 4-11　兔气管插管

四、颈部和股部神经分离术

分离神经与血管应遵循先辨认后分离、先神经后血管、先细后粗的原则。动作轻柔，尽量减少神经、血管的损伤。

（一）颈部神经分离

颈总动脉、迷走神经、交感神经和减压神经均位于颈总动脉鞘内、气管两侧。操作时，用左手拇指和示指捏住一侧的颈部皮肤和肌肉，其余三指从皮肤的外面顶起并略向外翻，便可见到与气管平行的颈总动脉鞘。分离颈总动脉鞘膜前，先仔细辨认鞘内的三根神经。其中最粗的是迷走神经，交感神经其次，减压神经最细（约头发丝粗细）。减压神经一般位于迷走神经和交感神经之间，常与交感神经紧贴在一起，但位置变异率较大。用浸湿生理盐水的棉球顺着血管走向轻轻拭去血液后分开鞘膜，用玻璃分针逐一分离各条神经 2～3 cm（图 4-12）。分离后，穿线备用，线须用生理盐水浸湿。分离过程中不可用手术刀、剪刀等锐利器械，以免损伤血管、神经。

（二）股部神经分离

股三角部位的血管和神经主要有股动脉、股静脉和股神经。在腹股沟处股动脉搏动最明显的地方切开皮肤，用止血钳钝性分离筋膜、肌肉，即可看到股静脉、股动脉和股神经在一鞘膜内，分离股神经 2～3 cm 长即可。

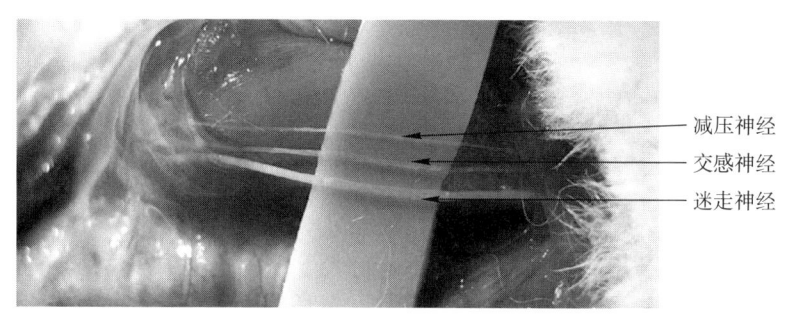

图 4-12 兔的迷走神经、交感神经及减压神经

五、颈外静脉、右心及肺动脉插管术

（一）颈外静脉分离

兔颈外静脉管径较粗、颜色较深，位于颈部左、右两侧皮下，较浅表。沿颈正中线切开颈部皮肤后，用左手拇指和示指提起切开的一侧皮肤，其余手指从皮肤的外面向上顶起，将皮肤外翻，即可看到呈暗紫红色的静脉。由于静脉壁比较薄，分离时应尽量用玻璃分针或钝性止血钳轻轻分离，不可用力牵拉或者用剪刀分离，分离长度大约 2 cm 即可，穿两根细线备用。

（二）颈外静脉插管

常用的静脉插管导管为软硬适中、无毒的聚氯乙烯软管，长约 10 cm，与三通阀相连接。导管内预先充满 125 U/mL 肝素生理盐水，并将三通阀开关置于 45° 角的关闭状态。

动脉夹夹闭静脉游离段的近心端，待血管充盈后结扎静脉的远心端。在离远心端结扎处约 0.5 cm 处的近心端静脉壁上用眼科剪呈 45° 角剪一"V"形小口，将静脉导管向心脏方向插入 1~2 cm，放开动脉夹。用细丝线将血管和导管一起结扎固定，用远心端的丝线再次结扎固定导管。

注意事项：静脉剪口不宜过大，一般约为静脉管径的 1/3 或者 1/2，否则血管易插断。导管顶部宜光滑，不要过尖，避免插管时刺破血管壁，导致大出血；插管时用力要轻柔，不要盲目用力，以免撕裂血管导致出血；对于血管分支可采用两端结扎，中间剪断的方法处理。

（三）右心插管

右心插管术可用于中心静脉压的测量。右心导管通过三通阀连接压力换能器，导管内预先充满 125 U/mL 肝素生理盐水。

在导管上作一长 5~8 cm 的记号。动脉夹夹闭静脉游离段的近心端，待血管充盈后结扎静脉的远心端。在远心端结扎线约 0.5 cm 处的近心端静脉壁上剪一"V"形小口，导管向近心端插入 1~2 cm 后，去掉动脉夹，然后一边拉结扎线头使颈外静脉与颈矢状面、冠状面各呈 45° 角，一边轻柔地往向心端缓慢插入，遇有阻力即退回改变角度重插，切不可硬插（易插破静脉进入胸腔），一般达导管上记号为止，此时导管插的位置几乎到达上腔静脉近右心房入口处。将静脉与导管结扎固定，防止导管脱落。此时即可检测到中心静脉压。

导管插入静脉后，根据生物信号采集与分析系统上记录的波形，将导管缓慢向近心端推送。在锁骨位置时会遇到较大阻力，此时可将导管稍向后退并缓慢旋转推进，切不可硬推，大鼠一般 2~3 cm。在接近右心房入口处时，会遇到第二个阻力，此时轻轻旋转并向前推进，出现"落空"感时，表明导管已进入右心房，此时生物信号采集与分析系统显示右心房压力波

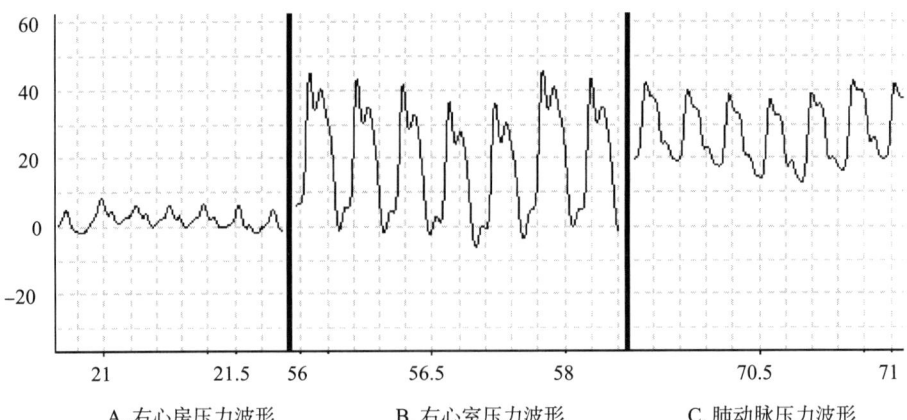

图 4-13 右心各部位压力波形图
A. 右心房压力波形 B. 右心室压力波形 C. 肺动脉压力波形

形图（图 4-13A）。接近右心室入口处时，会遇到第三个阻力，调整导管尖端方向，边转边进，在房室瓣开放时，将导管推入右心室，此时生物信号采集与分析系统显示右心室压力波形图（图 4-13B）。

（四）肺动脉插管

导管进入心室后，可稍作停顿，借助血流方向将导管导向右心室流出道，轻推导管便可进入肺动脉，此时生物信号采集与分析系统显示肺动脉压力波形图（图 4-13C）。

注意：测各类压力前，应先记录"0线"（压力传感器与大气相通时的压力信号），并保持压力传感器与动物心脏在同一水平线上。

六、颈总动脉和左心室插管术

（一）颈总动脉分离

在颈动脉鞘内，粉红色较粗大、触之有搏动感的血管即为颈总动脉。分离颈总动脉时须注意其在甲状腺附近有一较大分支为甲状腺前动脉，故分离时应选在距甲状腺以下较远的部位开始，防止将该分支切断引起出血。用蚊式止血钳或玻璃分针顺着血管走向小心地钝性分离颈总动脉 3~4 cm，在其下穿两条细丝线备用。

视频 4-21 兔颈总动脉分离和插管术

（二）颈总动脉插管

颈总动脉插管主要用于测量颈动脉压。常用的动脉导管插管为聚乙烯（PE）导管，与压力换能器的三通阀相连接。插管前导管内须预先充满 125 U/mL 肝素，并将三通阀置于 45°角的关闭状态。

结扎颈总动脉远心端，用动脉夹夹闭近心端，以左手小指从血管背后轻扶血管。右手持眼科剪，在距远心端结扎处 0.5 cm 的动脉壁上以 45°角剪一"V"形小口（约剪开动脉壁管径 1/3），然后持动脉导管插管，以其尖端斜面与动脉平行地向心方向插入动脉内约 2 cm，用近心端丝线将血管与导管一起结扎固定，然后用远心端的丝线再次结扎固定导管。

（三）左心室插管

导管插入动脉后，边松开动脉夹边结扎血管和插管（该结既要使血管切口处无渗血，又要让心导管可以继续顺利插入）。根据生物信号采集与分析系统上记录的波形，将导管缓慢向近心端推送。当导管到达主动脉入口处时，可感觉到很大阻力并明显感觉到脉搏搏动，此时切勿强行推入，可将导管略微提起，在主动脉瓣膜开放时，顺势将导管送入心室（力量可稍大）。当出现明显的"落空"感时，表明导管已进入左心室，此时生物信号采集与分析系统显示左心室压力波形图（图4-14）。

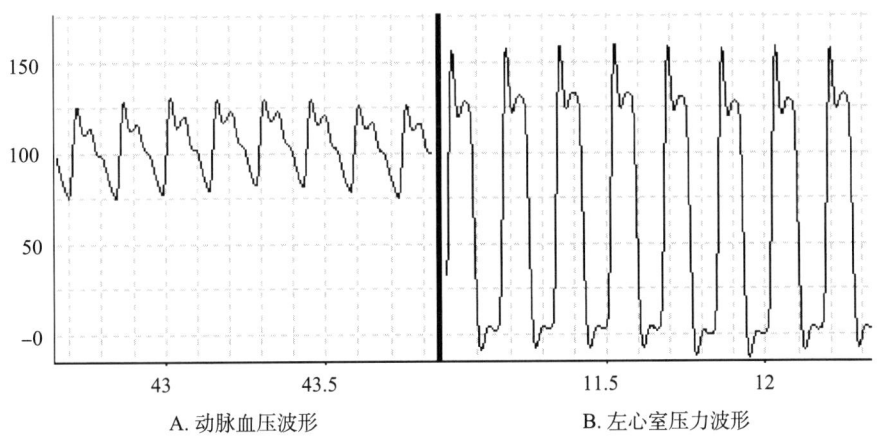

图4-14 动脉血压和左心室压力波形图

七、股动脉插管术

（一）股动脉分离

将麻醉状态下的兔仰卧位固定，先用手指在后肢根部触及动脉搏动部位，减去该部被毛。用手术刀沿血管走行方向做一切口，长4~5 cm，止血钳分离皮下结缔组织，并将切开的皮肤向外侧拉开，即可见股部内侧面的浅层肌肉。股三角处用蚊式止血钳分离一段股动脉，在其下方穿两根线备用。

视频4-22
兔股动脉分离插管术

（二）股动脉插管

远心端结扎股动脉，近心端用动脉夹夹闭，插管方法同"颈总动脉插管"。

八、输尿管、膀胱插管术

输尿管插管、膀胱插管是引流、收集尿液的方法，由此可以观察神经、体液、药物对尿量和尿液成分的影响。

（一）输尿管分离

兔常规麻醉、仰卧位固定后，下腹部备皮（耻骨联合上），于耻骨联合上缘沿腹正中线做4~6 cm切口。再沿腹白线切开腹壁肌层组织，暴露膀胱。轻轻将膀胱拉出腹腔，于膀胱三角仔细辨清输尿管（注意与输精管、输卵管区别），用玻璃分针将输尿管周围组织分离干净，分离输尿管约2 cm。

(二)输尿管插管

在输尿管下方穿两根线备用,用其中一根线将输尿管近膀胱端结扎。左手小指垫在输尿管下,用眼科剪在结扎线处稍靠上剪开输尿管管径的 1/3~1/2,切口呈"V"形,将充满生理盐水的插管向肾方向插入输尿管,用另一根线结扎固定,调整插管位置,使其与输尿管保持同一走向,防止插管尖端翘起与输尿管形成夹角,影响尿液顺利流出。术毕,用 38℃左右生理盐水浸湿的纱布覆盖腹部切口,以保持腹腔温度。若需长时间收集尿液,可用血管钳夹住腹腔切口(双侧)关闭腹腔。

(三)膀胱插管

如前述打开腹腔暴露膀胱,看到膀胱后,用止血钳轻轻提起膀胱移至腹外(不可过度牵拉膀胱,以免诱发排尿反射),在膀胱顶部血管较少处用两把止血钳相距 0.5 cm 对称地夹住膀胱提起,以手术剪在膀胱顶部剪一纵行小口,插入膀胱插管,将膀胱壁与插管结扎固定。膀胱插管插入不宜过深,以免管壁堵塞输尿管入口。完成上述操作后,将膀胱插管平放在耻骨处,使引流管自然下垂,肾形盘收集尿液。手术完毕后,用温热生理盐水纱布覆盖腹部切口。

(范小芳 马建设)

第七节 离体标本的制备方法

一、蟾蜍坐骨神经-腓肠肌标本的制备

1. **破坏脑和脊髓** 取蟾蜍一只,用自来水冲洗干净。左手握住蟾蜍,用示指压住其头部前端使头前俯,拇指按住其背部。右手持金属探针,沿蟾蜍颅骨中线向后划,至略感凹陷处,即为枕骨大孔部位(近头后缘处)(图 4-15)。垂直刺入椎管,先左右摆动,离断脊髓,再将探针折向前刺入颅腔,左右搅动数次,捣毁全部脑组织(如探针确已刺入颅腔,则向各方向搅动时,有触及颅骨的感觉)。然后将探针退出至枕骨大孔处,但不拔出皮肤,转向后刺入脊椎管,直达骶部,左右捻动探针,捣毁脊髓,颈膨大和腰膨大处因椎管变粗可能破坏不完全,可将探针退至

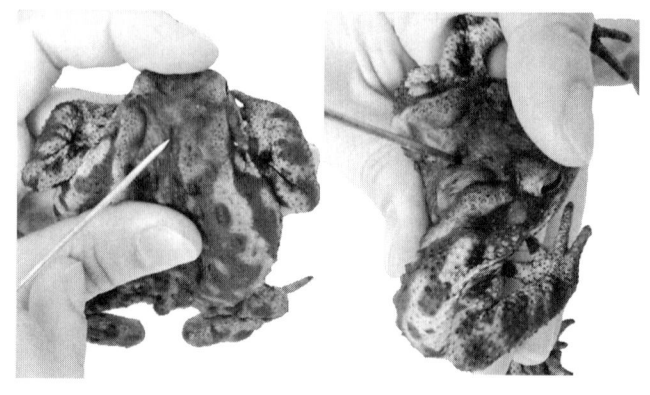

图 4-15 捣毁脑和脊髓的方法

这两个部位，重复破坏一次。拔出探针后，用一干棉球压迫针孔，以防止其出血。蟾蜍失去一切反射活动，四肢肌肉松软，呼吸消失，表示脑脊髓已完全破坏，否则应按上法再行捣毁。另一种方法是去头后再捣毁脊髓。

2. 剪除躯干上部及内脏　用粗剪刀在骶髂关节水平前 1~1.5 cm 处剪断脊柱。左手握住蟾蜍后肢，用拇指压住骶骨，使蟾蜍头与内脏自然下垂，右手持粗剪刀，沿骶骨两侧剪开腹壁，剪除全部躯干及内脏组织，注意勿损伤坐骨神经，仅保留一段腰骶脊柱及后肢（图 4-16A）。在腹侧脊柱的两旁可看到坐骨神经丛。

3. 剥皮　剪去肛周皮肤。用圆头镊子垂直夹住脊柱边缘（注意不要接触坐骨神经），右手捏住其上的皮肤边缘，逐步向下牵拉剥掉全部皮肤，将标本放在盛有任氏液的培养皿中（图 4-16B）。

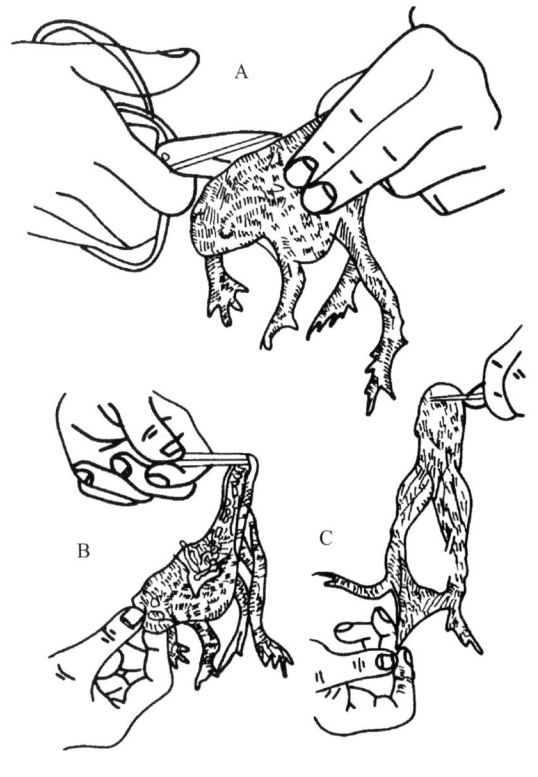

图 4-16　剪除蟾蜍躯干上部、内脏和剥皮的方法

4. 清洗　将手及用过的剪子、镊子等全部手术器械洗净，再进行下述步骤。

5. 分离双后肢　用粗剪刀沿脊柱和骨盆的正中线将脊柱分为两半，并从耻骨联合中央剪开两侧大腿，然后将分离的双后肢浸于盛有任氏液的培养皿中备用（图 4-16C）。

6. 制备坐骨神经-腓肠肌标本

（1）分离坐骨神经：取一后肢放置在蛙板上的玻璃片上，用一蛙钉将标本的脊柱固定在蛙板上（腹面朝上），将下肢拉直并向外旋转使趾蹼朝上，蛙钉固定（图 4-17A）。用玻璃针沿脊柱侧游离坐骨神经腹腔部；沿坐骨神经沟（股二头肌及半膜肌之间的裂缝处），找出坐骨神经，用玻璃针小心剥离坐骨神经大腿部，向上把梨状肌及其附近的结缔组织剪断和坐骨神经腹腔部汇合，向下分离至腘窝（图 4-17B）。

视频 4-25
坐骨神经-腓肠肌标本的制备

（2）分离腓肠肌：用玻璃分针或镊子将腓肠肌跟腱分离，穿线结扎（图 4-17C）。在结扎远

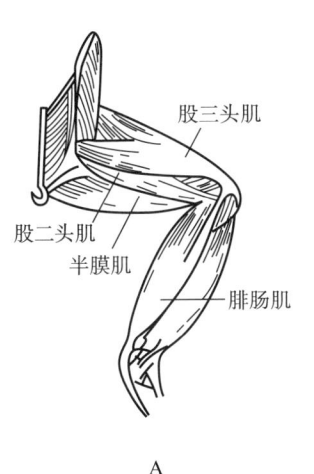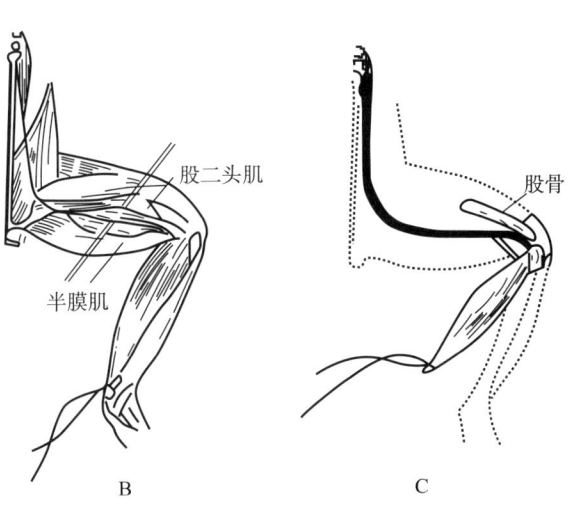

图 4-17　分离坐骨神经、腓肠肌

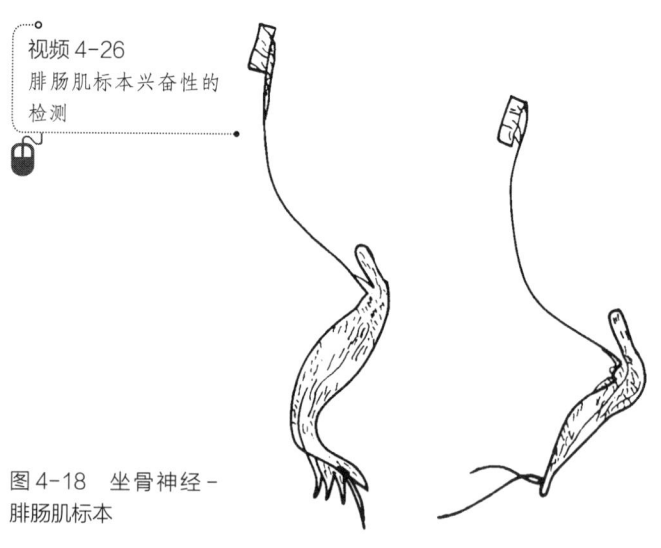

视频 4-26 腓肠肌标本兴奋性的检测

图 4-18 坐骨神经 - 腓肠肌标本

端用粗剪刀剪断跟腱，左手执线提起腓肠肌，用手术剪剪去其周围组织，但保留腓肠肌起始点与骨的联系，注意勿损伤支配该肌的神经分支。

（3）游离坐骨神经 - 腓肠肌标本：近脊柱处穿线结扎坐骨神经，结扎线以上切断坐骨神经，手执结扎神经的线将神经轻轻提起，剪断坐骨神经的所有分支，并将神经一直游离至膝关节处，游离好的神经放置在腓肠肌上。将该后肢股部所有肌肉从膝关节起沿股骨剥离并剪去，以粗剪刀在股骨上中 1/3 处剪断股骨，在膝关节下将小腿剪掉，留下的即为坐骨神经 - 腓肠肌标本，置于任氏液中浸泡 10～15 min（图 4-18）。

7. 检测标本兴奋性　用沾有任氏液的锌铜弓刺激坐骨神经，如腓肠肌发生迅速而明显的收缩，说明标本的兴奋性良好。标本浸入盛有任氏液的培养皿中备用。

8. 注意事项

（1）为了避免蟾酥溅入眼内，在破坏脑和脊髓时，先用纱布盖住位于眼睛后方的酥囊，使其不外溅。若不慎溅入眼内，可立即用生理盐水冲洗数次。

（2）沿脊柱中央把左、右后肢剪开时，要居中剪，否则会损伤坐骨神经。

（3）神经分离需用玻璃分针，分离过程中操作必须精细，避免用金属镊子钳夹神经，并尽量避免过度牵拉。

（4）结扎线应扎紧，以免实验过程中滑脱。

（5）神经标本要求分离干净，但剪除神经分支时不能损伤坐骨神经主干。

（6）坐骨神经 - 腓肠肌标本置于任氏液中浸泡 10～15 min 后再进行实验。

（7）应经常用任氏液湿润标本，以保持良好的兴奋性。

二、蟾蜍坐骨神经 - 腓神经标本的制备

按上述坐骨神经 - 腓肠肌标本的制备方法分离坐骨神经，剪除分支直至腘窝处（坐骨神经干在此分为外侧的胫神经和内侧的腓神经），沿内侧往下分离腓神经直至踝关节处，尽量于远端剪断神经干，并于近腘窝处剪断胫神经（如分离腓神经失败，可沿外侧分离胫神经至踝关节处而于近腘窝处剪断腓神经，做成坐骨神经 - 胫神经标本），从上端提起结扎线，用玻璃分针反复穿通梨状孔，轻轻提拉结扎线，即把坐骨神经 - 腓神经标本提离出来，浸入盛有任氏液的培养皿中备用。

三、蟾蜍坐骨神经 - 缝匠肌标本的制备

1. 破坏蟾蜍脑和脊髓。
2. 识别解剖部位。缝匠肌位于蟾蜍股部的腹内侧面，起于耻骨联合，止于胫骨，为一肌纤维平行排列的长条肌肉（图 4-19）。缝匠肌受坐骨神经的分支支配。此神经起于梨状肌的尾骨侧下面，沿途又向半膜肌、半腱肌等发出分支，并由内大收肌和股内直肌之间穿过，到达股部腹

面。在缝匠肌内侧面下 1/3 处进入肌肉。由于该神经在走行途中一再有多个分支，到达缝匠肌时已很纤细，故解剖时需加倍小心以免伤及神经。

3. 取一侧下肢，腹面向上置于蛙板上。找到梨状肌，将其在尾骨的附着处剪断。小心分离其下的坐骨神经，认清坐骨神经再次发出的 3 个分支。在分支的中枢端结扎坐骨神经，并在结扎线的中枢端以及 3 个分支的外周端剪断坐骨神经。轻轻提起结扎线，仔细地对 3 个分支略加分离，确认沿途较长那支，此分支是从内直肌和半腱肌之间进入大腿腹面的一支，为支配缝匠肌的神经。再将其他两个分支自坐骨神经起始处剪断，将保留的一支神经置于由任氏液湿润的棉球下以保护之。

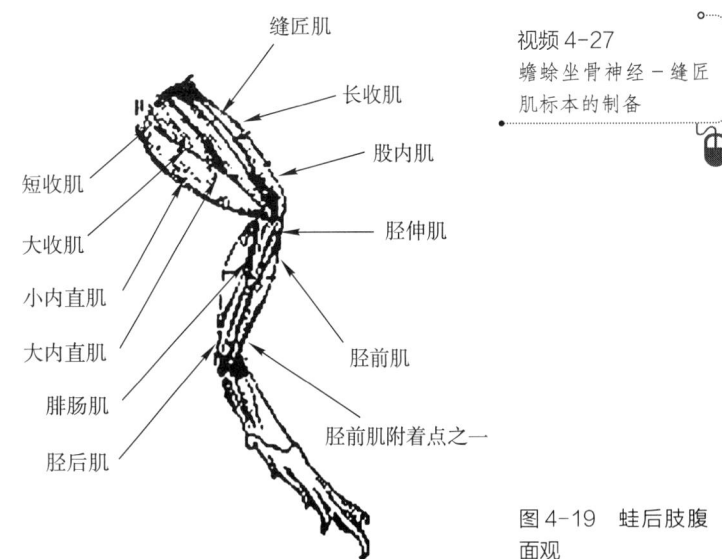

图 4-19　蛙后肢腹面观

4. 小心分离后，将支配缝匠肌的神经分支由背侧穿过肌群拉到腹侧（此步骤也可以稍后再操作，先做第 5 步再做第 6 步）。

5. 翻转下肢标本，将其背位置于蛙板上，找到缝匠肌。用尖镊子在其胫骨附着点腱膜下开一小孔，穿结扎线。提起结扎线，用手术剪将结扎线外侧的腱膜剪断。

6. 轻轻提起结扎线，用眼科剪沿缝匠肌外侧缘仔细剪开肌膜，直至缝匠肌在耻骨联合的附着处。为保护肌纤维，在附着处剪下少量耻骨。

7. 用玻璃分针将缝匠肌以内侧缘为轴翻转 180° 使其内表面向上，即可清楚地看到支配肌肉的神经在其下 1/3 的内侧缘进入肌肉。随后将肌肉翻正复原，用眼科剪沿内缘由前向后剪开肌膜。留下约 2 mm 神经进入处的肌膜，以便在下一步操作中保护神经不被牵拉。

8. 用玻璃分针分离大收肌和股内直肌，将在背面已分离的神经由分离处穿至腹面（此步骤即第 4 步，可提前操作）。在此过程中需将支配其他肌肉的神经分支一一剪断。勿伤及支配缝匠肌的神经，这样即可把坐骨神经 - 缝匠肌标本分离出来（图 4-20）。

9. 用镊子分别夹住耻骨和结扎线。将标本移至盛有任氏液的培养皿里，用锌铜弓检查标本。

10. 注意事项：辨认坐骨神经支配缝匠肌的分支，此分支沿缝匠肌内表面下 1/3 的内侧缘处进入肌肉。小心分离，保护神经避免过度牵拉，防止神经与肌肉离断，是成功分离此标本的关键。

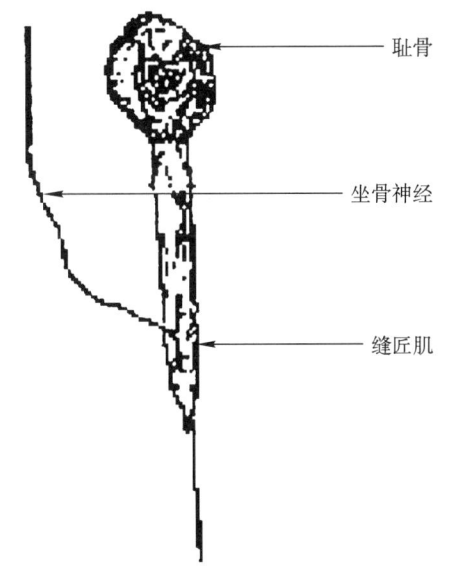

图 4-20　坐骨神经 - 缝匠肌标本

四、离体蛙心灌流标本的制备

1. 取蟾蜍（或牛蛙）一只，用金属探针破坏其脑和脊髓，仰卧位固定于蛙板上。
2. 由剑突处向两锁骨肩峰端呈三角形剪开皮肤，然后沿胸骨打开胸腔，剪开心包，充分暴露心脏，观察蛙心的解剖结构（图 4-21）。

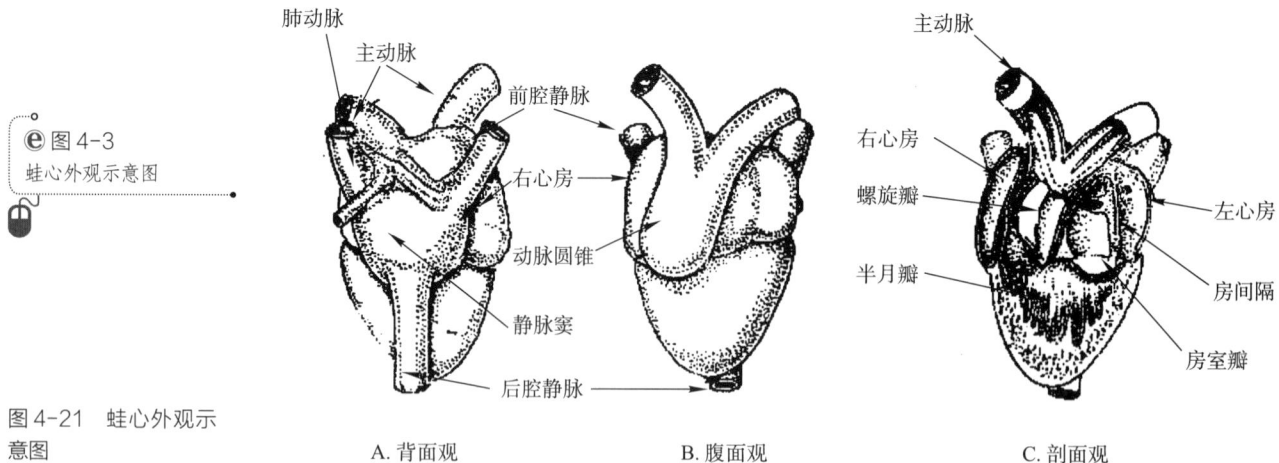

图 4-3
蛙心外观示意图

图 4-21 蛙心外观示意图

A. 背面观　　B. 腹面观　　C. 剖面观

视频 4-28
离体蛙心灌流标本的制备

3. 将心脏上翻，仔细识别心房、心室、动脉圆锥、主动脉、静脉窦、前后腔静脉等。用连有细线的蛙心夹在心脏舒张期夹住心尖部。

4. 在主动脉干下穿两根线，其中一根打活结备用。将心脏用玻璃分针向上翻至背面，将主动脉干下的另一根线向下拉，在静脉窦远端做一结扎（注意勿扎住静脉窦）。

5. 将心脏恢复至原位，用眼科剪在左主动脉上靠近动脉圆锥处剪一斜口，将盛有少量任氏液的蛙心插管由切口插入主动脉，插至动脉圆锥时略向后退，尖端转向蟾蜍的背侧及左下方于心脏收缩期插入心室内（不可插入过深，以免心室壁堵住插管下口）。插管若成功进入心室，管内液面会随着心室搏动而上下波动。此时可将预置线的活结扎紧，并固定于插管侧面的小突起上（图4-22）。

6. 提起插管，在结扎线远端分别剪断左主动脉和右主动脉，在窦房结远端剪断左右肺静脉和前后腔静脉，将心脏离体。用滴管吸净插管内余血，加入新鲜任氏液。反复换洗数次，直至液体完全澄清。保持灌流液面高度恒定（1~2 cm），即可进行实验。

7. 注意事项

（1）蛙心插管时，勿损伤心肌，尤其静脉窦。结扎静脉时，线结应尽量靠下，切勿伤及静脉窦（起搏点在该处），以免心脏停搏。

（2）蛙心夹应一次就夹住心尖，不宜夹多次，以免损伤心脏。

图4-22 蛙心套管的插入
A. 蛙心的纵剖面（1. 颈动脉球 2. 大动脉 3. 肺皮动脉 4. 舌动脉 5. 颈动脉 6. 螺旋瓣 7. 半月瓣 8. 心室 9. 左心房 10. 右心房 11. 三尖瓣）；B. 心脏——示主动脉上所剪的切口；C. 蛙心套管；D. 套管已插入心脏

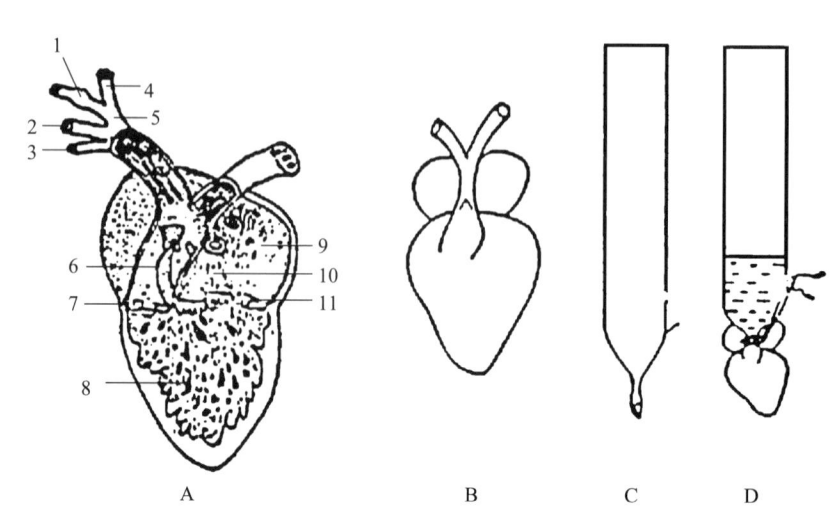

（3）蛙心插管内任氏液保持在 2 mL，维持液面恒定，以免影响结果。
（4）注意滴加任氏液于心脏表面使之保持湿润。

五、蟾蜍腹直肌标本的制备

将蟾蜍破坏大脑与脊髓，仰卧位固定于蛙板上，剪开腹部皮肤，在耻骨上端以镊子分别穿线结扎左、右腹直肌的肌腱，于结扎的下方剪断肌腱，沿腹白线向上剪开（应注意避免剪断腹壁内侧的腹壁静脉）以分离左、右腹直肌，再沿腹直肌外缘向上剪开，在第二腱划高度分别用线结扎两侧腹直肌，并在结扎线上方剪断肌肉。标本制成后，用任氏液洗净，放入置有任氏液的培养皿内备用。

视频 4-29
蟾蜍腹直肌标本的制备

（徐　静）

第八节　手术的打结方法

手术打结是动物实验中常用的技术，对初学者来说，首先必须掌握正确的打结方法，学会方结和外科结的打法，避免打成不牢固的假结或滑结。具体的打结手法有器械打结和徒手打结两种方式，而徒手打结又可根据个人习惯分成左手、右手或者双手打结几种手法。

一、结扎的种类

1. 单结　是外科结扣的基本组成部分，易松脱、解开，仅用于暂时阻断，如胆囊逆行切除暂时阻断胆囊管，而永久结扎时不能单独使用单结。

2. 方结　因其结扎后较为牢固而成为外科手术中最常使用的结扣。它由两个相反方向的单结扣重叠而成，适用于较少的组织或较小的血管以及各种缝合的结扎。

3. 三重结或多重结　是在完成方结之后再重复一个或多个单结，使结扣更加牢固。适用于较重要的血管、张力较大的组织间缝合后的结扎。使用肠线或化学合成线等易于松脱的线打结时，通常需要作多重结。

4. 外科结　是在做第一个结时结扎线穿绕两次以增加线间的接触面积与摩擦力，以便在做第二个结时不易松动或滑脱。因打此种结扣比较费时，仅适用于结扎大血管。

5. 假结　由同一方向的两个单结组成，结扎后易于滑脱而不应采用。

6. 滑结　尽管其结扣的构成类似方结，但是由于操作者在打结拉线时双手用力不均，一紧一松甚或只拉紧一侧线头而用另外一侧线头打结，所以完成的结扣并非方结而是极易松脱的滑结，术中尤其要注意避免。

结的种类见图 4-23。

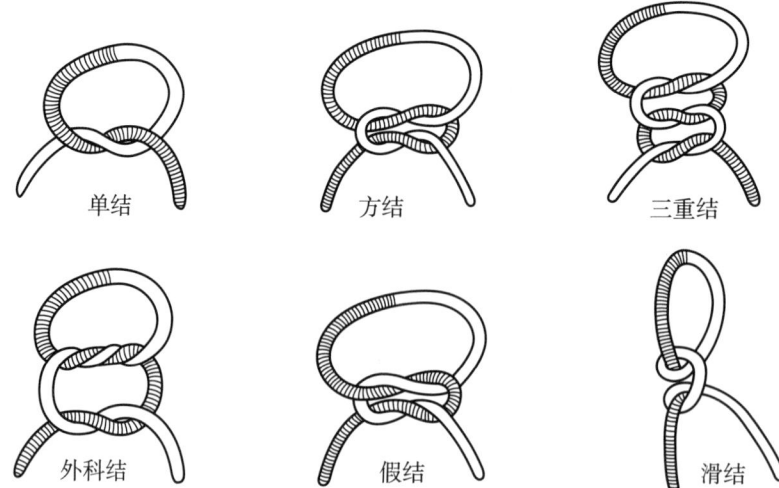

图 4-23　结的种类

二、打结方法

1. 单手打结法　为最常用的一种方法，简便迅速，左、右手均可打结，虽然各人打结习惯不同，但基本动作是一致的。左手打结手法见图 4-24。

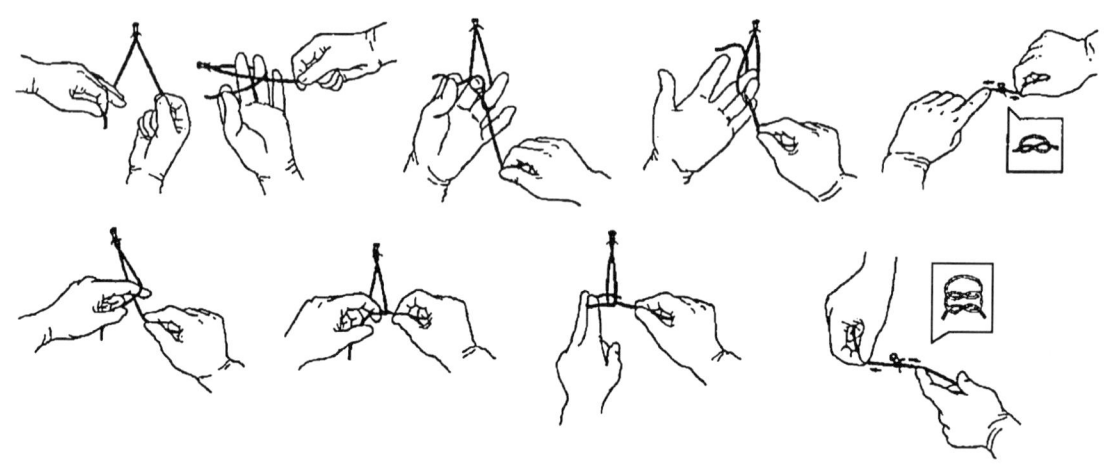

图 4-24　左手打结手法

2. 双手打结法　除用于一般结扎外，对深部或组织能力较大的缝合结扎较为方便可靠。双手打结便于作外科结。

3. 器械打结法　用持针钳或血管钳打结，方便易行，用于深部结扎或线头较短用手打结有困难，或为节省用线。此法缺点是缝合有张力时不易扎紧。

三、打结注意事项

1. 无论用何种方法打结，相邻两个单结的方向必须相反，否则易打成假结而松动。
2. 打结时，两手用力点和结扎点三点应在一条直线上，如果三点连线成一定的夹角，在用力拉紧时易使结扎线脱落。在收紧线结时，两手用力要均匀，如果一手紧一手松，则易成滑结而滑脱。注意被结扎的组织不应被过度牵拉和撕扯，以免损伤周围组织。

3. 深部打结时，因空间狭小而使两手难以同时靠近结扎处，此时可以在打结后以一手拉住线的一端，另一线端可用另外一只手的示指在近结扣处反向推移，均匀用力收紧结扣。遇张力较大的组织结扎时，往往在打第二结时第一结扣已松开，此时可在收紧第一结扣以后，助手用一把无齿镊夹住结扣，待收紧第二结扣时再移除镊子。

（范小芳）

思考题

1. 如何正确捉拿与保定兔？
2. 实验动物的染色标记法是如何进行的？
3. 实验前为何需对实验动物实施麻醉？
4. 用氨基甲酸乙酯麻醉兔的给药途径有哪些？麻醉过程中应注意哪些事项？如何判断麻醉的深度？
5. 实验动物麻醉过程中可能会出现哪些异常情况？如何处理？
6. 如何正确进行小鼠腹腔注射？
7. 实验动物采血时需注意哪些事项？
8. 实验动物的安死术原则是什么？

网上更多……

 自测题    教学 PPT

第二部分 医学机能学实验各论

第五章 神经与骨骼肌实验
第六章 血液系统实验
第七章 循环系统实验
第八章 呼吸系统实验
第九章 消化系统实验
第十章 泌尿系统实验
第十一章 人体机能实验
第十二章 药物作用及其机制

第五章
神经与骨骼肌实验

关键词

反射弧　　阈刺激　　强直收缩　　不应期　　动作电位

在机能学实验中，神经与骨骼肌的相关实验是重要的一部分，包括反射弧的观察、骨骼肌收缩形式与刺激频率的关系、神经干动作电位的测定，以及去大脑僵直、去小脑动物、大脑皮质运动机能定位等实验项目。通过这些实验，能够对上述生理过程或异常状态建立感性认识，并且能对理论课学习的骨骼肌收缩功能与神经系统的功能进行有机结合，增强综合分析能力。同时在一些动物实验的操作过程中，锻炼学生的实际动手能力，加深学生对生理过程的理解，加强理论知识的学习和临床技能的培养。

实验 1　反射弧的观察与分析

【临床案例】

患者，男性，45 岁，因交通事故致腰部脊髓损伤 3 h。

现病史：入院时意识清醒，主诉腰部以下感觉丧失，双下肢自主运动功能完全消失。

神经功能评估：膝跳反射显示双侧股四头肌无收缩（反射消失），跟腱反射显示双侧腓肠肌 – 比目鱼肌复合体无收缩（反射消失），屈曲反射显示以钝器轻划足底，未见下肢屈曲回缩（反射消失）。

影像学检查：MRI 显示第 12 胸椎至第 1 腰椎水平脊髓横断性损伤。

临床诊断：胸腰段脊髓完全性损伤，累及脊髓反射中枢，推测反射弧传入 / 传出通路中断。

【分析与讨论】

1. 若本例患者损伤部位为脊髓背根神经节（仅传入通路中断），其反射测试结果与当前诊断有何差异？

2. 如何利用实验中"抑制现象"的机制，解释脊髓损伤患者早期出现的脊髓休克期（反射全面抑制）？

3. 基于反射弧理论，设计一项康复训练方案，以促进患者残余神经功能代偿。

拓展阅读 5-1
关于反射弧的最新科研进展

【实验目的】

1. 解析反射弧的解剖与功能构成，理解反射弧结构完整性对神经反射活动的调控机制。

2. 探究反射活动的生理特性（中枢延搁、总和效应、后发放等），通过定量分析反射时与刺激参数的关系，建立神经电生理数据与临床神经功能评估的关联思维。

3. 验证反射弧完整性对运动功能的影响，以屈曲反射为模型，模拟脊髓损伤后反射弧传入 / 传出通路中断的病理状态，观察运动功能丧失的神经学现象，强化"结构 – 功能 – 疾病"三位一体的医学认知框架。

4. 通过分工完成标本制备、数据记录、结果统计等实验环节，提升团队协作效率与数据可靠性。结合临床案例讨论神经损伤修复的挑战，培养科学研究的使命感。

【实验原理】

反射是神经系统调控机体适应环境的核心机制，其结构基础为反射弧，由感受器、传入神经、中枢、传出神经和效应器五部分构成（图 5-1）。反射弧任一环节的结构或功能损伤将导致反射活动丧失。两栖类动物（如蟾蜍）脊髓反射模型因脊休克期短、操作简便，广泛应用于反射特性研究。动物断头后，脑组织被完全破坏，仅保留脊髓反射活动，排除了高位中枢的调控，故有利于观察和分析反射活动的某些特征。

反射特性包括中枢延搁（突触传递耗时导致反射时延长）、总和效应（阈下刺激通过空间或时间叠加触发动作电位）、后发放（神经元环路维持反射活动的持续性）、扩散与抑制（刺激强度改变引发反应范围或强度的动态变化）。反射弧完整性检测是神经系统疾病（如脊髓损伤、多发性硬化症）诊断的重要依据，例如膝跳反射消失提示传入或传出通路损伤。

硫酸或者电刺激对皮肤的伤害性刺激可以引起受刺激肢体的反射性屈曲，本实验以此屈曲反射来分析反射的特性。

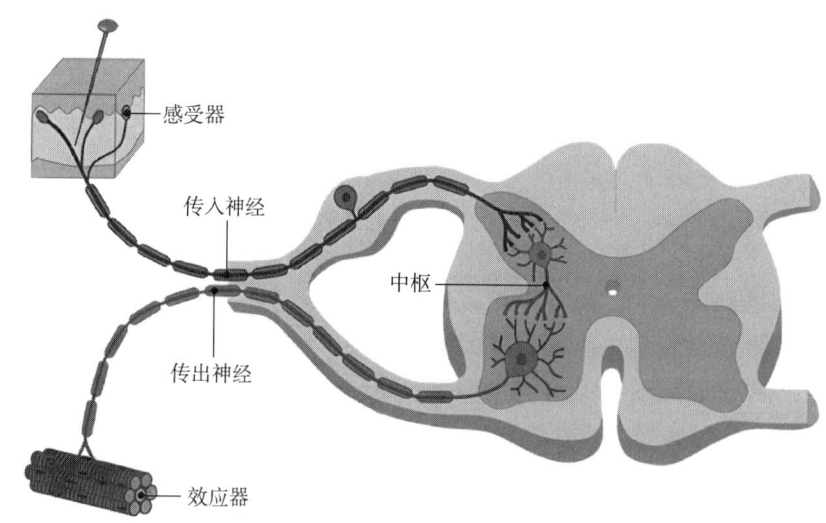

图 5-1 反射弧结构示意图

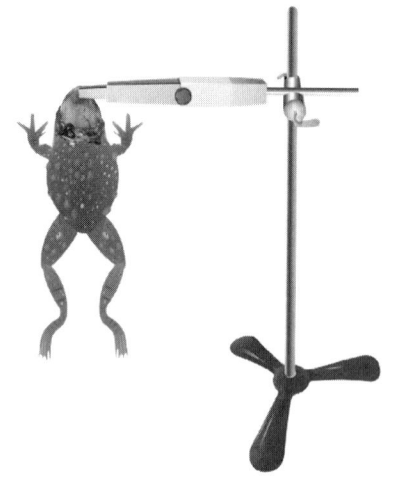

图 5-2 脊髓反射实验装置图

【实验材料】

1. 实验对象 蟾蜍或牛蛙。
2. 试剂与药品 1% 硫酸溶液、生理盐水。
3. 仪器与材料 生物信号采集与分析系统、刺激电极。蛙类手术器械 1 套、肌夹、滤纸、烧杯、细线、纱布、秒表。

【实验方法】

1. 制备脊蟾蜍 用探针从枕骨大孔插入，彻底破坏脑组织，确保脑功能完全丧失。将蟾蜍俯卧位固定于蛙板上，四肢用大头针固定，确保蟾蜍稳定不动。于蟾蜍右侧大腿背侧纵行剪开皮肤，在股二头肌和半膜肌之间的沟内找到坐骨神经干，在神经干下穿一根细线备用。

2. 脊髓反射实验装置 手术完成后，用肌夹夹住蟾蜍下颌，悬挂于铁支柱上（图 5-2）。

【观察项目】

1. 反射活动的特性

（1）反射时测定：用小培养皿盛 1% 硫酸溶液，将蟾蜍一侧后肢的足趾尖浸入硫酸溶液中，用秒表记录从浸入时起到后肢开始屈曲为止的时间。之后立即用清水冲洗皮肤，并用纱布拭干（以下步骤同此处理）。重复记录 3 次，求其平均值，此值即为反射时。

（2）空间总和：双电极阈下刺激同步施加，观察反射触发。将两个刺激电极分别放置于蟾蜍同一后肢的皮肤，相互靠近，用单刺激分别找出略低于阈值的阈下电刺激强度。分别进行单个电刺激，观察是否出现屈曲反射。刺激强度和部位不变，用两个电极同时进行刺激，观察屈曲反射，记录反射的强度和反应时间。

（3）时间总和：装置同空间总和，单电极连续电刺激并逐渐增加刺激频率，观察屈曲反射，记录反射的强度和反应时间。

（4）后发放与扩散现象：用适宜强度的重复电刺激，刺激蟾蜍后肢的皮肤，引起腿屈曲反射。观察每次电刺激停止后，反射活动是否立即停止。用秒表记录自刺激停止时起到反射活动结束所持续的时间。在刺激停止后，反射活动仍然能够维持一段时间，即反射的后发放现象。比较强刺激与弱刺激的后发放时间有何不同。

（5）扩散现象：先以弱的重复电刺激刺激蟾蜍的前肢，观察前肢的屈曲反射。逐渐加大刺激强度，观察肢体的屈曲反射活动较弱刺激时有何不同。

（6）抑制现象：用1%硫酸刺激蟾蜍一侧足趾，测定蟾蜍的反射时。然后用血管钳夹住该侧前肢的皮肤，待动物安静后，重复用1%硫酸测定该侧后肢的反射时，观察反射时是否有延长。

2. 反射弧分析

（1）传入/传出通路阻断：将浸以1%硫酸溶液的小纸片贴在蟾蜍腹部皮肤上，观察蟾蜍的反射活动。由于硫酸的刺激，蟾蜍四肢都向腹部贴有纸片的部位搔扒，直到将纸片除去为止。用清水冲洗皮肤，并用纱布拭干。用浸有1%硫酸溶液的小滤纸片贴在下腹部。观察双后肢有何反应，待出现反应后，将动物浸于烧杯的清水内洗掉滤纸片和硫酸，用纱布擦干皮肤，提起穿在右侧坐骨神经下的细线，剪断坐骨神经。再重复上述实验，比较两次结果有何不同。

（2）感受器破坏：分别将蟾蜍左、右后肢趾尖浸入盛存1%硫酸溶液的小培养皿内（两侧浸没的范围应相等，且仅限于趾尖），观察双侧后肢是否都发生反应。沿蟾蜍左后肢趾关节上做一环形皮肤切口，将切口以下的皮肤全部剥脱（趾尖皮肤一定要剥干净），再用1%硫酸溶液浸泡该趾尖（切不可将其他趾尖浸入），观察该侧后肢的反应。将一硫酸滤纸片贴于蟾蜍左后肢切口上方的皮肤，观察引起的反应。用烧杯中的清水洗掉纸片及硫酸，擦干皮肤后，将探针插入脊髓腔内反复捣毁脊髓，再重复刚才的实验，观察结果。

（3）中枢破坏：捣毁脊髓后重复实验，分析反射弧中枢的必要性。

【数据记录与分析】

1. 记录每种反射的反应时间、强度和持续时间，填写入表5-1中。

表5-1 反射弧观察实验数据记录表

蟾蜍体重：_____ g

观察项目	反射时（s）	刺激强度（V）	反应类型	备注
正常（未破坏）				重复3次，均值稳定
坐骨神经切断 （传入/传出阻断）				双侧反射对比验证
皮肤剥脱 （感受器破坏）				反应范围扩展至对侧后肢
脊髓捣毁 （中枢破坏）				验证中枢整合必要性

技术路线图5-1 反射弧的观察与分析实验流程

2. 比较不同反射的反应时间和强度，分析反射弧的功能状态。

3. 绘制反射弧示意图，标注感受器、传入神经、中枢、传出神经和效应器。

【注意事项】

1. 蟾蜍足趾每次浸入硫酸的面积应当相同，部位应限于趾尖，每次浸泡范围也应恒定，以保持刺激强度一致。

2. 硫酸刺激后立即冲洗，避免组织损伤；电极接触需稳定，减少实验干扰。

3. 电刺激引起反射时要注意区分是通过皮肤刺激传出神经或肌肉引起的局部反应，还是引起的反射性反应。

【思考题】

1. 左、右后肢的反射时是否相等？反射时的长短与哪些体内外因素有关？若左后肢反射时显著长于右侧，可能涉及哪些突触或分子机制？
2. 剥去趾关节以下皮肤，是损伤了反射弧的哪一部分？若临床患者出现类似症状，需排查哪些神经系统结构？
3. 剪断右侧坐骨神经后，动物的反射活动发生了什么变化？这是损伤了反射弧的哪一部分？
4. 捣毁脊髓后，反射活动有何不同？结合痉挛性截瘫患者的肌张力增高现象，分析脊髓上位中枢（如大脑皮质、脑干）对反射活动的调控作用。
5. 基于 3R 原则，如何利用计算机仿真技术替代部分动物实验？

（陈同生　范小芳）

实验 2　不同刺激强度与频率对骨骼肌收缩的调控作用

拓展阅读 5-2
遗传性压力易感性神经病研究进展

【临床案例】

患者，男性，38 岁，因"右足下垂伴背屈无力 1 天"就诊。患者长时间保持"跷二郎腿"姿势观看球赛后突发右足尖无法抬起，行走呈跨阈步态，无疼痛或麻木。

查体：右足背屈、内翻肌力 3 级（MRC 分级），腓骨小头处 Tinel 征阳性，双下肢腱反射减弱（＋），病理征未引出。

辅助检查：神经电生理检查显示右侧腓总神经末端运动潜伏期（DML）延长至 6.8 ms（正常 < 4.2 ms），运动传导速度（MCV）下降至 28 m/s（正常 > 45 m/s），腓骨小头上下节段见明确传导阻滞。

临床诊断：结合基因检测（*PMP22* 基因重复突变），确诊为遗传性压力易感性神经病（HNPP）。

治疗：经口服 B 族维生素及康复训练 1 个月后，右足功能完全恢复。

【分析与讨论】

1. 若本例患者腓总神经损伤仅累及传入纤维，其足下垂症状是否仍会出现？请结合反射弧结构分析。
2. "强直收缩"现象能否解释 HNPP 患者康复后肌力恢复的机制？试从突触可塑性角度论述。
3. 设计一个离体坐骨神经 - 腓肠肌标本实验，模拟本例患者腓总神经的传导阻滞（如延长潜伏期、降低传导速度），分析不同刺激强度（阈刺激、最大刺激）对腓肠肌收缩张力的影响。

【实验目的】

1. 阐明骨骼肌收缩的细胞生理学基础，探究刺激强度（阈刺激、最大刺激）与频率（单收缩、强直收缩）对收缩特性的调控规律。
2. 通过学习蟾蜍坐骨神经 - 腓肠肌标本的制备方法，观察刺激强度和刺激频率对骨骼肌收缩的影响，提高动手操作能力。
3. 掌握阈刺激、阈上刺激、最大刺激等概念，了解单收缩、强直收缩的产生机制及其意义，提高分析问题及解决问题的能力。

【实验原理】

肌肉组织属于可兴奋组织，在受到适宜刺激时可产生收缩反应。当刺激坐骨神经－腓肠肌标本时，由于坐骨神经由大量兴奋性各异的神经纤维构成，不同刺激强度会引发差异化的收缩表现。

在刺激强度维度上，存在三种典型状态。①阈刺激：当刺激强度达到阈值时，仅能激活兴奋性最高的神经纤维，使其支配的少量肌纤维收缩，此为肌肉收缩的临界点。②最大刺激：当强度增至所有神经纤维均被激活时，肌肉达到最大收缩幅度。③阈上刺激：介于上述两者之间的刺激强度，随着强度递增，被激活的神经纤维数量及其支配的肌纤维同步增加，形成收缩反应的梯度增强。

在刺激频率维度上，收缩形态呈现三种模式。①单收缩：低频刺激（间隔＞单次收缩总时长）引发分离的独立收缩波形。②不完全强直收缩：较高频率刺激使后续收缩波与前次舒张期重叠，形成锯齿状复合波形。③完全强直收缩：高频刺激导致收缩波完全融合，产生平滑的强直曲线。这种肌肉收缩波形的部分或全部重合，又称为复合收缩。因此，有效刺激的频率决定了肌肉收缩的形式。通常所说的强直收缩是指完全强直收缩，在正常机体内骨骼肌的收缩几乎全是强直收缩。

【实验材料】

1. 实验对象　蟾蜍或牛蛙。
2. 试剂与药品　任氏液。
3. 仪器与材料　生物信号采集与分析系统（含张力换能器、刺激电极）、蛙类手术器械1套（含锌铜弓）、铁架台、丝线、神经屏蔽盒、移液器、滴管。

【实验方法】

1. 制备坐骨神经－腓肠肌标本　蟾蜍快速断髓后，制备坐骨神经－腓肠肌离体标本（操作步骤详见第四章第七节）。
2. 标本与装置连接　将标本的股骨固定在神经屏蔽盒上，坐骨神经轻放在神经屏蔽盒电极上，并注意保持湿润，腓肠肌跟腱用细丝线扎紧并与张力换能器相连（图5-3），调整换能器高度，使肌肉处于自然拉伸状态，初始张力可设为1.0～2.0 g。
3. 仪器调试　打开计算机，进入生物信号采集与分析系统操作界面，点击"实验项目"→"肌肉－神经实验"。

【观察项目】

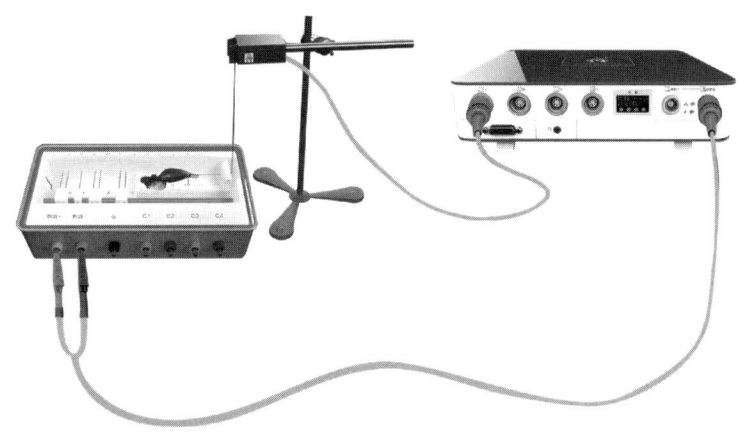

图5-3　离体坐骨神经－腓肠肌标本连接装置示意图

1. 刺激强度与收缩幅度之间的关系　选择"刺激强度与反应的关系",系统进入信号记录状态,刺激模式可采用自动幅度调节。

（1）阈刺激测定：单脉冲刺激方式刺激坐骨神经,波宽设定为 0.1 ms,刺激强度从 0 mV 开始逐渐增加,记录首次引发肌肉收缩的最小刺激强度（阈刺激）,此即阈强度。

（2）最大刺激确定：持续增加刺激强度,观察肌肉收缩强度与刺激强度的关系,直到至少 3~4 个肌肉收缩曲线的幅度不再随着刺激强度的增大而增高为止,找出刚能引起肌肉出现最大收缩的最小的刺激强度,即最大刺激强度,记录此时强度与收缩幅值（图 5-4）。

2. 刺激频率与肌肉收缩形式之间的关系　选择"刺激频率与反应的关系",系统进入信号记录状态,刺激模式可采用自动频率调节。选用最大刺激强度的连续刺激,频率按 1 Hz、5 Hz、10 Hz、20 Hz、30 Hz 等逐渐增加,分别记录不同频率时的肌肉收缩曲线（图 5-5）。

（1）单收缩：记录独立收缩波形,测量潜伏期（刺激至收缩起始时间）及持续时间。

（2）不完全强直收缩：记录收缩波部分叠加形成的锯齿状曲线,表现为前一次收缩的舒张尚未完全结束,后一次收缩的升支即开始出现,形成阶梯式张力上升。测量相邻收缩波峰间隔时间（反映刺激间隔与收缩周期的匹配关系）、观察舒张期残余张力水平。

（3）完全强直收缩：记录平滑的平台期张力曲线,各次收缩的升支完全融合,无可见舒张间隙,张力维持于最大值水平。测定平台期张力峰值（反映最大收缩效能）、记录张力维持时间

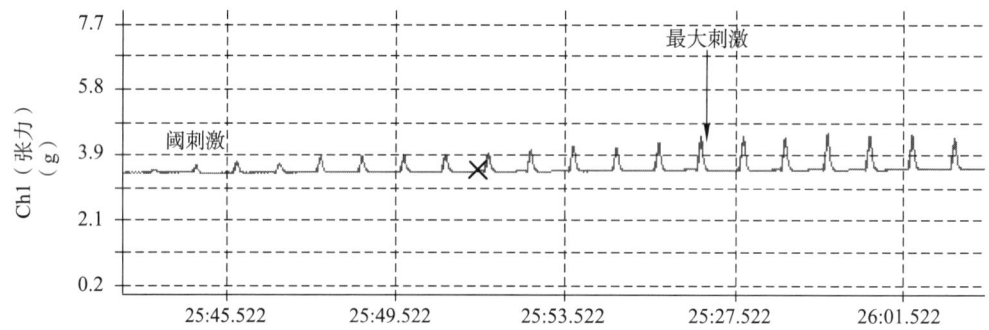

图 5-4　刺激强度对骨骼肌收缩的影响

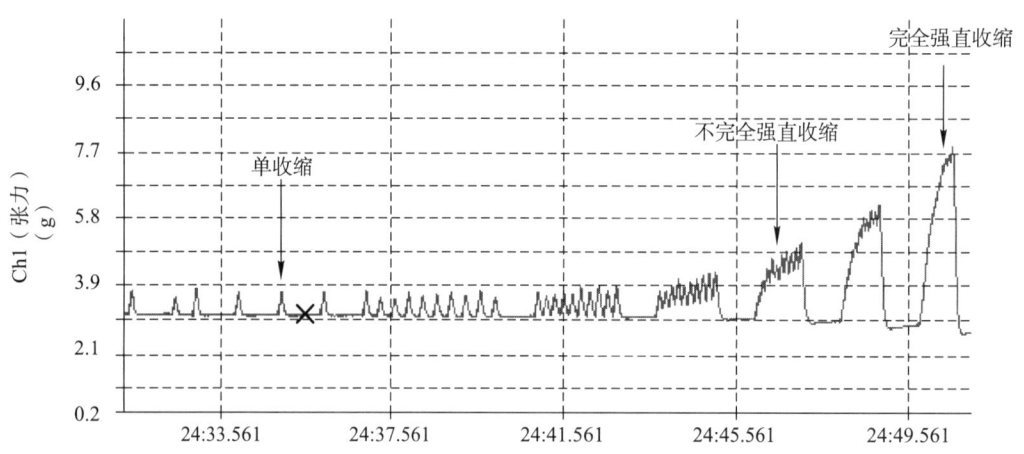

图 5-5　刺激频率对骨骼肌收缩的影响

（与刺激持续时间正相关）。

【数据记录与分析】

1. 绘制强度 - 收缩幅值曲线,标注阈刺激、最大刺激及募集曲线平台期。

2. 将实验结果填写入表 5-2 中。

表 5-2 不同刺激强度与频率对骨骼肌收缩实验数据记录表

蟾蜍体重：_____ g

观察项目	刺激强度（V）	刺激频率（Hz）	收缩幅值（g）	收缩形式
阈刺激				
最大刺激				
刺激频率				
梯度实验				

技术路线图 5-2
不同刺激强度与频率对骨骼肌收缩的调控作用实验流程图

【注意事项】

1. 实验过程中经常用任氏液湿润标本，以保持标本良好的兴奋性，但要注意两刺激电极间不要留存液体，以免短路。

2. 操作过程中应避免强力牵拉或夹伤神经、肌肉，实验过程中保持张力换能器与标本连线的张力不变。

3. 刺激间隔≥30 s，而且每次连续刺激一般不超过 5 s，避免肌肉疲劳（ATP 耗竭）。

【思考题】

1. 复合收缩是如何产生的？什么是不完全强直收缩和完全强直收缩？

2. 兴奋是如何通过神经肌肉接头处的？如果刺激直接施加在肌肉上会出现什么现象？

3. 结合肌质网钙泵（SERCA）功能，解释不完全强直收缩中"锯齿状"曲线的形成机制。

4. 若患者腓总神经 MCV 下降但感觉传导正常，其骨骼肌收缩形式可能发生何种改变？试结合本实验数据解释。

（何永文　陈同生）

实验 3　神经干动作电位、传导速度与不应期测定及药物影响

【临床案例】

患者，男性，17 岁。既往无病史。弥漫性肌肉跳动偶发痛性痉挛 1 年，近 3 个月抽筋加重。

查体：神清、简易精神状态检查（mini-mental state examination，MMSE）30/30，脑神经（−）。运动系统：肌容积正常，张力正常。上下肢可见弥漫性的肌肉 rippling 运动，以远端大片肌肉为著。右手较左手稍强直。大鱼际叩击无肌球，双三角肌、髂腰肌、踝肌、趾肌 4+ 级，余 5 级。感觉：正常，Romberg 征（−）。反射：四肢腱反射一个 +，双侧 Babinski 征（−）。

辅助检查：肌电图（EMG）显示持续的运动活动，自发的、节律性放电的束颤现象。

临床诊断：神经性肌强直。

治疗：给予苯妥英钠药物治疗，血浆置换术和肌力训练。

【分析与讨论】

1. 若本例患者 EMG 显示运动传导速度减慢（如 $v = 28$ m/s），需优先排除哪类神经系统疾

病？结合实验传导速度测定机制分析。

2. 神经性肌强直肌电图表现有哪些？为什么骨骼肌强直收缩的曲线高度高于单收缩？

3. 普鲁卡因可抑制动作电位（action potential，AP）幅值，试从钠通道动力学角度解释苯妥英钠缓解神经性肌强直的药理学机制。

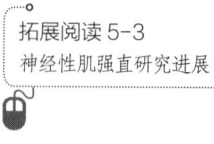
拓展阅读 5-3
神经性肌强直研究进展

【实验目的】

1. 掌握蟾蜍坐骨神经 – 腓神经标本制备技术，定量分析传导速度与不应期，锻炼"结构 – 功能 – 疾病"整合性思维。

2. 掌握双相/单相动作电位的产生机制及细胞外记录原理，阐明神经干复合动作电位幅度与刺激强度的关系，结合临床神经传导速度检测理解兴奋传导异常的病理机制。

3. 验证神经兴奋性的周期性变化规律（绝对不应期、相对不应期），探究药物（如局部麻醉剂）对动作电位传导的抑制作用，为临床神经阻滞治疗提供实验依据。

【实验原理】

可兴奋细胞受阈上刺激时，电压门控钠通道快速激活引发去极化，随后钾通道延迟开放介导复极化，引发跨膜电位快速翻转，形成 AP。神经干作为混合神经纤维束（含 Aα、Aβ 等不同直径的纤维），其复合动作电位幅度随刺激强度增加呈分级变化，反映不同阈值纤维的逐步激活。当兴奋波依次通过两个记录电极（R_1、R_2）时，细胞外记录显示先正后负的双相波形；若两电极间神经损伤导致兴奋单向传导，则记录为单相动作电位。根据公式，速度 = 距离/时间（$v = s/t$），通过测量动作电位在神经干上的传播距离（Δs）与时间差（Δt），可计算 AP 传导速度。髓鞘厚度与轴突直径是影响传导速度的主要因素，临床中传导速度下降常见于脱髓鞘疾病（如多发性硬化）。利用双脉冲刺激，逐步缩短刺激间隔，观察第二个 AP 的幅值变化，可确定绝对不应期（无 AP 产生）与相对不应期（AP 幅值降低）；此特性是神经元信息编码的重要基础，与癫痫异常放电等病理现象密切相关。

【实验材料】

1. 实验对象　蟾蜍或牛蛙。

2. 试剂与药品　任氏液、0.1% 普鲁卡因。

3. 仪器与材料　生物信号采集与分析系统、神经屏蔽盒。蛙类手术器械 1 套、显微剪、刺激电极（铂金材质，阻抗≤1 kΩ）、刻度尺（精度 0.1 mm）、滴管。

【实验方法】

1. 坐骨神经 – 腓神经标本制备　蟾蜍快速断髓后，制备坐骨神经 – 腓神经标本，操作步骤详见第四章第七节，分离后的神经干置于预冷任氏液中。

2. 连接实验装置　将神经干平铺于神经屏蔽盒电极槽，刺激电极（S_1、S_2）与记录电极（$R_1 \sim R_4$）按图 5-6 连接，确保神经干与电极紧密接触。接地电极消除环境噪声，信号采样率设为 20 kHz（满足动作电位时程分辨率）。

3. 仪器准备　开启计算机，启动生物信号采集与分析系统，开始实验。

【观察项目】

1. 动作电位特性分析（阈值与最大刺激）　调节刺激强度，逐步增加刺激强度（0.1 V 递进），记录 AP 幅值变化曲线（动作电位刚出现时的刺激强度为阈值，相应的刺激即为阈刺激；当动作电位增到最大且不再随刺激强度而增大，该刺激强度即为最大刺激强度，相应的刺激为最大刺激），明确神经干内纤维募集规律。

2. 极性反转效应　改变刺激极性，S_1 和 S_2 调换，分析刺激伪迹方向与 AP 波形相位关系。

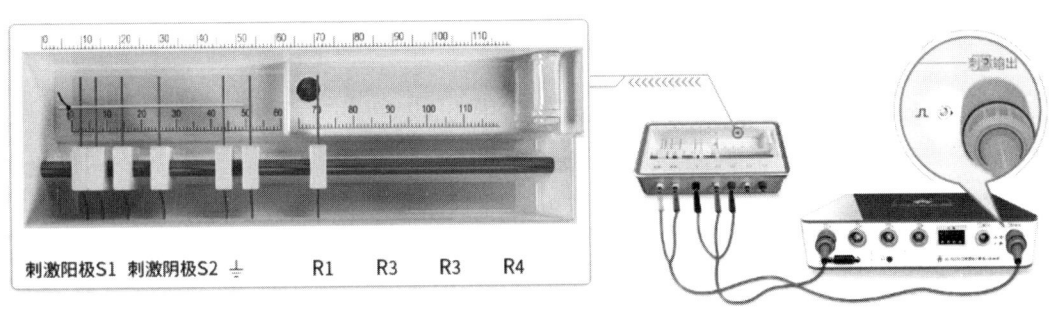

图 5-6 动作电位实验装置连接示意图

3. 传导速度计算　使用双通道同步记录，测量 R_1–R_3 间距（Δs，单位 mm）及动作电位传导时差（Δt，单位 ms），按 $v = s/t$ 计算传导速度。

4. 不应期测定　采用双脉冲刺激模式（间隔从 10 ms 逐步缩短），观察第二个 AP 幅值衰减至消失的过程，确定绝对不应期（无 AP）与相对不应期（AP 幅值降低 50%）。

5. 观察单相动作电位　用眼科镊于 R_1、R_2 或 R_3、R_4 电极之间夹伤神经干，观察动作电位的变化。

6. 药物干预实验　于神经干中段滴加 0.1% 普鲁卡因，5 min 后重复刺激，记录 AP 幅值及传导速度下降率，模拟临床神经阻滞术的分子机制（钠通道可逆性抑制）。

【数据记录与分析】

将实验结果填写入表 5-3 中。

表 5-3　坐骨神经干动作电位及其传导速度和不应期测定数据记录表

蟾蜍体重：_____ g

观察项目	刺激强度（V）	AP 幅值（mV）	传导速度（m/s）	不应期（ms）
正常神经干				
夹伤神经干				
普鲁卡因处理后				

技术路线图 5-3　神经干动作电位、传导速度与不应期测定实验流程图

【注意事项】

1. 操作全程标本用任氏液湿润，避免干燥或机械损伤。
2. 神经屏蔽盒需接地良好，避免电磁干扰导致波形失真。

【思考题】

1. 复合动作电位幅度呈分级变化，而单纤维动作电位遵循"全或无"定律，试从离子通道动力学角度解释二者差异。
2. 随着刺激强度的增加，神经干动作电位的幅度有何变化？为什么？
3. 若临床肌电图显示感觉神经传导速度正常而运动传导速度减慢，可能损伤反射弧的哪一环节？
4. 局部麻醉药如何影响钠通道功能？结合本实验结果讨论硬膜外麻醉的机制。

（连　芳　徐　静　范小芳）

实验 4　神经干、骨骼肌肌膜动作电位及骨骼肌收缩的同步观察

【临床案例】

患者，女性，48岁，因"进行性双下肢无力伴肌肉萎缩7年"就诊。

现病史：初始表现为左下肢行走无力，1年后进展至左小腿萎缩伴肉跳感，右下肢随后出现类似症状；近6年双下肢无力显著加重，肉跳感扩展至大腿肌群。

查体：双下肢近端肌力4级，远端背屈/跖屈肌力4级；双下肢肌张力减低，肌肉萎缩（以小腿为著）；双上肢腱反射对称（++），双下肢膝反射活跃；双侧Hoffman征（+），右侧掌颌反射（+），Babinski征及Chaddock征（+）。四肢深、浅感觉正常，无脑神经受累征象（舌肌无萎缩及颤动）。

辅助检查：神经传导测定提示上、下肢周围神经运动和感觉传导均正常，针极肌电图示双下肢神经源性损害（自发电位、运动单位电位时限增宽）。

临床诊断：肌萎缩侧索硬化（ALS）。

治疗：利鲁唑（谷氨酸释放抑制剂）延缓进展，巴氯芬缓解痉挛，个体化康复训练维持肌力。

【分析与讨论】

1. 连续电刺激神经，容易产生肌肉疲劳的现象，为什么？

2. 运动神经元退变如何导致肌萎缩侧索硬化的特征性临床表现？请结合运动神经元的功能解剖与神经肌肉接头传递机制进行分析。

3. 若本例患者神经传导速度正常但存在神经源性损害，如何通过设计实验解释运动神经元退变与周围神经功能的矛盾？

【实验目的】

1. 通过制备蟾蜍坐骨神经-腓肠肌标本，同步记录神经干动作电位、肌膜动作电位及肌肉收缩张力，分析三者波形特征（如动作电位幅度、时程及收缩曲线形态），建立电信号与机械输出的关联性。

2. 通过定量分析刺激强度与反应幅度的关系，探究刺激强度与反应幅度的定量关系，理解运动单位空间总和效应在收缩调控中的作用。

3. 通过夹伤神经干阻断动作电位传导，观察神经干动作电位消失后肌膜电位与收缩张力同步缺失的现象，验证神经传导完整性对兴奋-收缩耦联的必要性，强化评判性思维训练。

【实验原理】

骨骼肌是随意肌，每次收缩都由控制它的运动神经纤维的动作电位经神经肌肉接头，将兴奋传递到骨骼肌后，再通过兴奋-收缩耦联引起肌肉收缩。当运动神经动作电位（AP）传导至末梢时，触发突触前膜电压门控钙通道开放，促使乙酰胆碱（ACh）量子化释放；ACh与肌膜烟碱型受体结合后，引发钠离子内流并形成肌膜AP，完成电信号的跨突触传递。通过同步记录神经干AP（反映轴突传导）、肌膜AP（反映接头传递）及收缩张力（反映兴奋-收缩耦联），可定量评估传递效率与耦联时程。肌膜AP通过横管系统（T管）传导至肌纤维深部，激活L型钙通道并触发肌质网钙离子释放，进而启动肌丝滑行过程。其中，耦联时间延迟（肌膜AP至收缩起

拓展阅读5-4 肌萎缩侧索硬化研究进展

始）是反映钙离子动员与横桥循环动力学特性的关键参数。在刺激强度 – 反应关系中，阈刺激可激活最低阈值运动单位，而最大刺激则通过空间总和效应募集全部运动单位，使收缩张力达到峰值。

【实验材料】

1. 实验对象　蟾蜍或牛蛙。
2. 试剂与药品　任氏液。
3. 仪器与材料　生物信号采集与分析系统（含张力换能器）、神经屏蔽盒。蛙类手术器械1套、铂金刺激电极（阻抗≤1 kΩ）、铁架台、丝线、滴管。

【实验方法】

1. 制备坐骨神经 – 腓肠肌标本　蟾蜍快速断髓后，制备坐骨神经 – 腓肠肌标本（操作步骤详见第四章第七节）。操作全程以任氏液润湿，避免机械牵拉损伤。
2. 标本固定与设备连接

（1）软件操作：打开计算机，启动生物信号采集与分析系统，1通道选择动作电位，2通道选择肌电，3通道选择肌张力。

（2）标本固定：将坐骨神经 – 腓肠肌标本置于神经屏蔽盒内，固定股骨；将肌肉置于第6、7电极上，此对电极连接2通道引导肌电；将神经干置于第1、2、3、4、5电极上，第1、2电极连接计算机的刺激输出，第3电极连接地线，第4、5电极连接1通道引导神经干动作电位；张力换能器连接3通道测量肌张力。将标本连线经滑轮挂于张力换能器（标签面朝上）的受力片钩上，调节换能器至连线稍绷紧以给标本一定量的前负荷（操作应极为柔和）。连接示意图见图5-7。

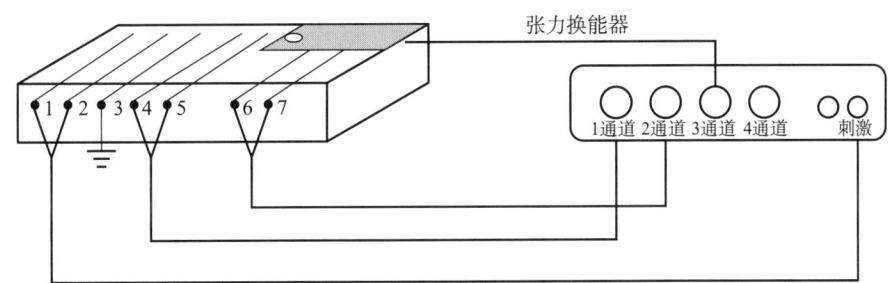

图5-7　标本放置与连线图

（3）刺激参数设置：细电压，单次刺激，延时10 ms，波宽：0.05 ms，强度（阈上刺激）：1~2 V。

（4）增益（G）、时间常数（T）、滤波（F）、走纸速率（V）设置见表5-4。

表5-4　G、T、F、V设置

通道	信号	G	T	F	V
1	动作电位	20 mV	0.01 s	10 kHz	2.5 ms/div
2	肌电	10 mV	0.01 s	1 kHz	2.5 ms/div
3	肌张力	10 mV	DC	20 Hz	2.5 ms/div

【观察项目】

1. 观察神经干动作电位、肌膜动作电位及肌肉收缩的图形　启动刺激，观察神经干动作电位、腓肠肌肌电及肌肉收缩的正常曲线，通过图形扩展分析动作电位的图形及肌肉收缩的图形。

2. 观察神经干动作电位、肌膜动作电位和肌肉收缩间的相互关系　启动刺激，观察神经干动作电位、肌膜动作电位和肌肉收缩出现的先后次序，掌握它们的相互关系。测量动作电位传导到肌肉引起肌膜动作电位及肌膜动作电位引起肌肉收缩所需的时间。

按鼠标右键弹出菜单，选择"比较显示"，使几个通道记录的信号重叠，然后鼠标点击"区间测量"，在动作电位开始处点一下，移动至肌电起始处点一下，测量动作电位从神经传导到肌肉的时间，同理，测量从肌膜产生动作电位到肌肉产生收缩所需要的时间。

3. 观察刺激强度与反应的关系　逐步增加刺激强度（0.1~2.0 V），观察刺激强度与反应（神经干动作电位、肌电及肌肉收缩）的关系及神经干-肌肉的兴奋阈值及最大刺激值。

4. 神经干-肌肉动作电位传导的中断验证　在电极5下方用小镊子夹伤神经干，观察AP传导阻断（通道1信号消失）、肌膜AP及收缩张力消失，验证兴奋传递的依赖性。

【数据记录与分析】

1. 将实验结果填写入表5-5中。

2. 描绘对应的神经动作电位、肌膜动作电位、肌肉收缩的时间关系图。

表5-5　神经干、骨骼肌肌膜动作电位及骨骼肌收缩的同步观察实验记录表

蟾蜍体重：_____g

观察项目	刺激强度（V）	神经AP幅值（mV）	肌膜AP幅值（mV）	收缩张力（g）	耦联延迟（ms）
正常标本					
神经损伤后					

注：耦联延迟时间即肌膜动作电位起始至肌肉收缩起始的时间间隔。

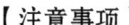

技术路线图5-4　神经干、骨骼肌肌膜动作电位及骨骼肌收缩的同步观察实验流程图

【注意事项】

1. 在实验过程中注意保护标本的兴奋性，在操作过程中经常用任氏液湿润标本，避免干燥或机械损伤导致兴奋性丧失。

2. 神经屏蔽盒接地良好，避免50 Hz频率干扰；根据不同情况可适当调节参数设置，并选择合适接地点，以使基线平滑，反应波形明显。

3. 观察三个通道的对应关系时，应选择适宜速度（扩展）而使图像较清晰。

【思考题】

1. 若实验中肌膜AP存在但收缩张力缺失，可能损伤兴奋-收缩耦联的哪一环节？

2. 神经干动作电位传导速度与肌膜AP幅值是否存在相关性？试从离子通道密度与纤维直径角度解释。

3. 如何通过本实验模型验证胆碱酯酶抑制剂（如新斯的明）对神经肌肉接头传递的增强效应？

（连　芳　徐　静）

实验 5　应激性胃溃疡模型的建立与发生机制分析

【临床案例】

患者，男性，46 岁。因"全身多处沸水烫伤（总面积 45%）后 14 天，突发呕血、便血"急诊入院。

现病史：烫伤后持续疼痛，活动受限，入院第 3 天出现胃部不适、呕吐黄色胃内容物，次日进展为全腹剧痛伴暗红色血便。查体：体温 38.5℃，脉搏 114 次 / 分，腹肌紧张，右上腹压痛及反跳痛（+），Murphy 征（+）。胃镜示十二指肠溃疡出血，无法内镜下止血。

诊断：应激性胃溃疡并发消化道穿孔。

治疗：急诊手术修补穿孔，术后予质子泵抑制剂（奥美拉唑）联合黏膜保护剂（硫糖铝）治疗。

【分析与讨论】

1. 烫伤后，交感 – 肾上腺髓质系统（SAM）和下丘脑 – 垂体 – 肾上腺轴（HPA）如何被激活？

2. 在严重烫伤应激下，交感兴奋和糖皮质激素如何协同作用，导致胃黏膜血流减少、黏液分泌抑制及细胞再生障碍？

3. 设计大鼠应激性胃溃疡模型的实验方案，探讨药物预处理对应激性胃溃疡的预防作用及保护机制。

> 拓展阅读 5-5
> 应激性溃疡模型的制备及应激性溃疡临床预防

【实验目的】

1. 通过分析应激原，能够设计实验方案，选择合适的预处理方法，探讨不同预处理因素对应激性胃溃疡的影响。

2. 通过对病理学检查结果的解读，正确评估应激的效果，深入分析与理解应激性胃溃疡的发病机制，主动思考应激性胃溃疡的预防及治疗原则。

3. 通过完成大鼠应激性胃溃疡模型的构建和实验操作，培养实验操作能力。在实验过程中，注重对实验动物的伦理关怀，减少动物的痛苦。

【实验原理】

应激是指机体在受到一定强度的应激原作用时所出现的全身性非特异性适应反应。适度的应激可使机体迅速适应内外环境变化，对机体起保护作用。过度应激反应可经神经、体液、细胞及分子机制导致代谢异常和器官功能紊乱，甚至发生疾病。应激性溃疡是指机体在遭受严重应激时，胃、十二指肠黏膜出现糜烂、浅溃疡、渗血等病变。束缚、倒置、低温等非损伤性神经刺激类应激原引起机体发生神经内分泌失调，胃肠血流减少，加之胃黏膜屏障保护功能减弱以及胃黏膜损伤性因素的作用相对增强，可导致应激性胃溃疡的发生。

【实验材料】

1. 实验对象　SD 大鼠（体重 200～250 g）。

2. 试剂与药品　4% 多聚甲醛、ELISA 试剂盒（检测血清皮质酮、胃泌素）、异氟烷。

3. 仪器与材料　恒温水浴锅、小动物吸入麻醉机、鼠板、标本缸、哺乳动物手术器械、注射器（5 mL、10 mL）、格尺、放大镜、玻璃板、棉线、分离胶离心管（5 mL）。

【实验方法】

1. 预处理　大鼠禁食 24 h（自由饮水），单笼饲养防止互咬。
2. 模型构建与分组

（1）麻醉与保定：3.5% 异氟烷诱导麻醉后，背卧位固定于大鼠手术板上，用棉线固定门齿。

（2）分组及应激处理（任选其一）

1）对照组：大鼠不经水浴、倒置或冷贮处理。

2）水浴组：固定的大鼠头部向上置于 23℃恒温水浴中，大鼠剑突位置与水面平行放置 18 h。

3）倒置组：头低位倒置 2 h。

4）冷贮组：固定的大鼠平放于 4℃冰箱内冷藏室 2 h。

【观察项目】

1. 样本采集与处理

（1）血液采集：异氟烷维持麻醉状态下行腹部纵向切口，打开腹腔，腹主动脉取血，800 g 离心力离心 10 min，分离血清，−80℃保存备用。

（2）胃组织处理：结扎贲门/幽门，注入 4% 多聚甲醛固定，沿胃大弯剖开，铺平于玻璃板；用放大镜观察胃黏膜溃疡的大小及数目，记录胃溃疡程度，溃疡指数量化表见表 5-6。

表 5-6　溃疡指数量化表

分级	标准描述	对应临床分期
0 度	黏膜完整无损伤	正常黏膜
Ⅰ度	点状出血或充血	应激性黏膜病变（SML）
Ⅱ度	线性糜烂（＜1 mm）	急性糜烂性胃炎
Ⅲ度	溃疡直径 1~2 mm（≤5 个）	浅溃疡期
Ⅳ度	溃疡直径＞2 mm 或融合性溃疡	深溃疡/穿孔前期

技术路线图 5-5　应激性胃溃疡模型的建立与发生机制分析实验流程图

2. 激素水平分析（选做项目）　参照试剂盒说明，完成肾上腺皮激素检测。
3. 病理学观察（选做项目）　胃组织经石蜡包埋、切片及 HE 染色，显微镜观察病理学改变（光镜观察：黏膜上皮脱落、腺体结构破坏、炎细胞浸润）、电镜观察超微结构（紧密连接断裂、线粒体肿胀）。

【注意事项】

1. 剖取胃组织时避免钳夹损伤，固定液注入量需均匀（每个胃 10 mL）。
2. 溃疡分级由双人盲法评估，减少主观偏差。
3. 实验大鼠禁食是为确保排空胃内容物，同时应避免大鼠吃粪粒与垫料。
4. 实验动物尸体及废弃物送到规定的存放处统一管理、处理。

【思考题】

1. 若持续麻醉状态下，受束缚大鼠是否会发生胃溃疡？
2. 强迫大鼠游泳是否可导致大鼠发生胃溃疡？
3. 若在应激处理前予奥美拉唑预处理，溃疡指数将如何变化？试从胃酸分泌机制角度解释。
4. 复合应激（冷贮+倒置）是否较单一应激更易诱导重度溃疡？结合神经内分泌叠加效

应分析。

5. 如何通过本模型验证"迷走神经兴奋-胃黏膜血流调控"假说？设计实验方案并说明预期结果。

（李洪岩　何永文）

网上更多……

　自测题　　　教学PPT

第六章
血液系统实验

关键词

血型　　血液凝固　　弥散性血管内凝血　　凝血　　红细胞渗透脆性

> 血液在维持人体正常生命活动和内环境稳态中具有重要的作用。血液中的红细胞能够运输 O_2 和 CO_2，血浆能够运输各种营养物质和代谢废物。血浆中含有多种缓冲对，它们能够调节体内酸碱平衡。血液中的白细胞参与机体的防御功能，抵御和消除伤害性的刺激。除此之外，血液还具有维持体温恒定、调节水和电解质的平衡等功能。血液理化特性、血浆成分和血细胞异常，均可导致人体的组织和器官出现损伤。本章实验包括血液凝固的观察和DIC模型的构建等。通过这些实验，掌握常规手术操作、实验动物模型的建立及观察相应的实验现象，加深对理论知识的理解。

实验 6 影响血液凝固的因素

【临床案例】

患者，男性，45 岁，因"全身多发皮肤瘀斑伴鼻出血 1 周"入院。

现病史：长期酗酒（乙醇摄入量 > 80 g/d）合并慢性乙型肝炎病史，近 1 周无明显诱因出现四肢皮肤瘀斑，鼻出血每日 2～3 次，每次持续 >15 min。无发热、关节肿痛及消化道出血。

查体：四肢散在瘀斑（直径 2～5 cm），鼻腔活动性渗血，肝掌（+），余无特殊。

实验室检查：血红蛋白（Hb）100 g/L（↓），血小板计数（PLT）80×10^9/L（↓）；凝血酶原时间（PT）18 s（↑），活化部分凝血活酶时间（APTT）45 s（↑），凝血酶时间（TT）16 s，凝血因子活性（FⅧ）12%（↓），血管性血友病因子（vWF）抗原正常。

诊断：酒精性肝病继发获得性血友病 A（凝血因子Ⅷ抑制物阳性）。

治疗：给予输注重组 FⅧ制剂（联合免疫抑制剂）、维生素 K_1 补充，戒酒干预。

拓展阅读 6-1
认识血友病 – 守护玻璃人

【分析与讨论】

1. 血液凝固的分子机制涉及哪些关键步骤？为何内源性凝血途径与外源性凝血途径的激活时程存在显著差异？

2. 除凝血因子外，哪些因素可调控血液凝固进程？试从血小板功能、血管内皮损伤及抗凝系统失衡角度，分析本例患者鼻出血难以止血的病理生理机制。

3. 结合凝血因子合成与清除的生理学特点，探讨慢性肝炎与长期酗酒如何通过肝功能损伤导致凝血障碍？

拓展阅读 6-2
抗凝伟大发现——肝素

【实验目的】

1. 观察兔内源性/外源性凝血途径的动态特征，解析凝血级联反应机制。

2. 分析温度、接触面、抗凝剂等因素对凝血时间的影响，建立"理化因素 – 凝血酶生成"关系模型，理解抗凝治疗的实验依据。

3. 通过比较肝素与草酸钾的抗凝机制，阐释其在血栓性疾病与血液标本保存中的差异化应用，提升"机制 – 应用"整合性思维。

4. 通过分析血液凝固影响因素和两种凝血过程，准确记录和分析数据，得出科学结论，锻炼逻辑思维能力、归纳总结和推理判断能力。

【实验原理】

血液凝固是发生在血浆中的一系列连锁反应，其结果是血液由流动状态变成不能流动的凝胶状态。血液凝固过程分为凝血酶原激活物的形成、凝血酶原激活成凝血酶和纤维蛋白原激活成纤维蛋白三个阶段。根据凝血酶原激活物形成的途径不同，血液凝固可分为内源性凝血途径和外源性凝血途径。内源性凝血是指参与凝血的所有物质均来源于血浆，而外源性凝血是指在血液凝固过程中有来源于血管外的组织因子参与。

本实验通过改变接触面粗糙度、温度、抗凝剂及血小板数量，观察其对凝血时间的影响，并利用肺组织悬液（富含组织因子）对比内源性和外源性凝血途径的差异。

【实验材料】

1. 实验对象 兔（体重 2.0～3.0 kg）。

2. 试剂与药品　麻醉药（20% 氨基甲酸乙酯）、肝素钠（100 U/mL）、草酸钾、1% $CaCl_2$ 溶液、肺组织悬液、富血小板血浆（PRP）、乏血小板血浆（PPP）、液状石蜡、生理盐水等。

3. 仪器与设备　恒温水浴箱、兔手术台、婴儿秤。哺乳动物手术器械 1 套、颈总动脉 PE 导管、气管插管、注射器（10 mL、20 mL）、医用三通阀、棉花、竹签、试管（10 mL，10 支）、小烧杯、计时器。

【实验方法】

1. 手术操作

（1）麻醉与固定：兔用 20% 氨基甲酸乙酯（5 mL/kg）耳缘静脉注射麻醉后，仰卧位固定于手术台上。

（2）颈部手术：从甲状软骨向下做 5 cm 长的颈正中切口，分离气管穿 1-0 丝线备用，分离左侧颈总动脉穿 3-0 丝线备用。

（3）气管插管：在气管上做一倒"T"形切口，插入气管插管保障通气。

（4）颈总动脉插管：左侧颈总动脉远心端结扎，近心端用动脉夹夹闭后插入 PE 导管，PE 导管连接医用三通阀以备取血。

2. 试管准备　取试管 10 支，分别标记 1~10 管。1~7 号试管按表 6-1 做不同的因素处理，加入相应的药品、试剂备用；8~10 号试管按表 6-2 做不同因素处理。

【观察项目】

1. 观察纤维蛋白原在凝血过程中的作用　从颈总动脉取血 10 mL 分装两烧杯，一杯静置，一杯用竹签不断搅拌，搅拌 5 min 后用水冲洗竹签，观察竹签上缠绕的固态纤维蛋白丝，比较两个烧杯血液的凝血状态。

2. 各种理化因素对血液凝固的影响　按表 6-1 设为 7 组，在 1~7 号试管中分别加入全血各 1 mL，然后每隔 15 s 倾斜试管一次，直到血液凝固不再流动为止，记录凝血时间（s）。在本实验条件下，若超过 15 min 血液未凝固可视为"不凝"。

表 6-1　影响血液凝固的理化因素

兔体重：_____kg　　麻醉药：_____　　麻醉药用量：_____mL

编号	组别	处理因素	凝血时间（s）	机制
1	对照组	不处理		
2	粗糙面组	棉花少许		
3	光滑面组	液状石蜡涂内壁		
4	高温度组	置 37℃水浴中		
5	低温度组	置冰水中		
6	肝素组	肝素 8 U		
7	草酸钾组	草酸钾 1~2 mg		

3. 血小板对血液凝固的影响及内源性和外源性凝血途径的观察　按表 6-2 设为 3 组，在 8~10 号试管中分别加入 PRP+生理盐水、PPP+生理盐水、PPP+肺组织悬液各 0.2 mL，最后加入 1% $CaCl_2$ 溶液 0.2 mL 后摇匀静置并开始计时，每隔 10~15 s 倾斜试管一次，直到血浆凝固，记录凝固的时间（s）。比较血浆凝固时间，分析内源性与外源性途径的差异。

表 6-2　血小板对血液凝固的影响及内源性和外源性凝血的观察

编号	组别	处理因素					凝血时间（s）	机制
		PRP	PPP	生理盐水	肺组织悬液	CaCl$_2$ 溶液		
8	PRP+生理盐水	0.2 mL		0.2 mL		0.2 mL		
9	PPP+生理盐水		0.2 mL	0.2 mL		0.2 mL		
10	PPP+肺组织悬液		0.2 mL		0.2 mL	0.2 mL		

技术路线图 6-1
影响血液凝固的因素
实验流程图

【注意事项】

1. 麻醉深度需实时监测，术毕实施安死术。动物尸体按生物危害废物处理。

2. 采血的过程尽量要快，以减少计时的误差；每支试管采血量要相对一致，采血时避免气泡混入，防止凝血因子异常激活。

3. 一般以每隔 10~15 s 倾斜试管达 45° 时，试管内血液不见流动为凝固标准。判断凝血的标准要一致，凝血时间由双人独立记录，差异 >10% 需重复实验。

【思考题】

1. 温度如何通过影响酶活性调控凝血速度？试从凝血因子的动力学特性分析低温导致凝血时间延长的机制。

2. 肝素与草酸钾的抗凝机制有何本质区别？结合其分子靶点，探讨二者在临床输血与体外循环中的应用场景。

3. 若患者 PT 延长而 APTT 正常，提示何种凝血途径异常？如何设计实验验证这一假设？

（杨卫东　胡　浩　范小芳）

【附】

1. 肺组织浸液制备　取新鲜兔肺组织，洗净血液，剪成小碎块置于烧杯中。在烧杯中加入 3~4 倍生理盐水混匀，保存于 4℃冰箱中备用。

2. 富血小板血浆（PRP）制备　采集全血室温 400 g 下离心 15~20 min；离心后，可分为 3 个部分，上层为富血小板血浆，中层为白细胞血浆，下层为红细胞；将上层的 PRP 轻轻吸出，收集到无菌离心管中（此法可收集约 70% 血小板）。将制备好的 PRP 储存于 –20℃或更低的温度，并在使用前用 37℃水浴快速复溶。

3. 乏血小板血浆（PPP）制备　将采集的全血在 4℃ 2000 g 下离心 10 min。离心后，收集上层亮黄色清液即为乏血小板血浆（注意勿吸取中层黄色清液）。制备好的 PPP 储存于 –20℃或更低的温度，并在使用前用 37℃水浴快速复溶。

实验 7　DIC 模型构建及凝血功能异常分析

【临床案例】

患者，男性，42 岁，因"车祸致多发伤术后 12 h，意识模糊伴广泛瘀斑"入院。

现病史：车祸致肝脾破裂、骨盆骨折，急诊行剖腹探查+脾切除术，术中输注红细胞6 U、血浆800 mL。术后6 h出现伤口渗血、注射部位瘀斑及血尿。

查体：血压85/50 mmHg，心率125次/分，呼吸急促，皮肤黏膜广泛瘀点、瘀斑，腹腔引流出血性液体>200 mL/h。

辅助检查：血常规显示血小板（PLT）$35×10^9$/L（↓），血红蛋白（Hb）70 g/L（↓），网织红细胞（Ret）5%（↑）。凝血功能：凝血酶原时间（PT）18 s（↑），活化部分凝血活酶时间（APTT）65 s（↑），纤维蛋白原（Fib）1.2 g/L（↓），D-二聚体>20μg/mL（↑）。外周血涂片：破碎红细胞>2%。

诊断：创伤性弥散性血管内凝血（DIC）。

治疗：输注血小板、冷沉淀，肝素抗凝，维持血流动力学稳定。

【分析与讨论】

1. 结合组织因子释放、凝血瀑布激活及继发性纤溶亢进，阐释微血栓形成与消耗性凝血病的动态平衡。

2. 从凝血酶原时间（PT）、活化部分凝血活酶时间（APTT）、纤维蛋白原（Fib）及D-二聚体的病理意义，解析DIC的分期诊断标准。

3. 讨论肝素抗凝与替代治疗的协同策略，以及其在抑制微血栓形成与纠正出血倾向中的平衡点。

【实验目的】

1. 通过静脉注射兔脑组织浸液诱导兔DIC，掌握创伤性凝血病的实验模拟方法。

2. 通过测定凝血功能指标（PT、APTT、Fib、PLT、3P试验），分析DIC进程中凝血-纤溶系统的动态变化。

3. 结合实验室数据与临床诊断标准，培养综合研判能力，深化对DIC病理生理机制的理解。

【实验原理】

弥散性血管内凝血（DIC）是凝血与抗凝系统失衡的病理过程，其核心机制为病理性凝血激活伴随继发性纤溶亢进。本实验通过静脉注射兔脑组织浸液建立DIC模型，兔脑组织富含组织因子（tissue factor，TF）。作为外源性凝血途径的强效激活剂，TF与血液中的凝血因子Ⅶ结合形成复合物，触发凝血级联反应（凝血"瀑布"效应），导致凝血酶（Ⅱa因子）大量生成。凝血酶一方面催化纤维蛋白原（Fib）转化为纤维蛋白，形成广泛微血栓，造成微循环障碍；另一方面，过度凝血过程导致凝血因子（如Ⅴ、Ⅷ、纤维蛋白原等）和血小板大量消耗，形成"消耗性低凝"状态。随着病程进展，继发性纤溶系统被激活，纤溶酶原转化为纤溶酶，降解纤维蛋白（原）生成纤维蛋白降解产物（FDP），进一步加剧出血倾向。

凝血功能检测指标有PT［反映外源性凝血途径（Ⅶ、Ⅹ、Ⅴ、Ⅱ、Ⅰ因子）功能］、APTT［评估内源性凝血途径（Ⅻ、Ⅺ、Ⅸ、Ⅷ、Ⅹ、Ⅴ、Ⅱ、Ⅰ因子）活性］、Fib含量（直接提示纤维蛋白原消耗程度）及血浆鱼精蛋白副凝试验［plasma protamine paracoagulation test（3P试验），检测纤维蛋白单体与FDP复合物，特异性提示纤溶是否亢进］。

【实验材料】

1. 实验对象　兔（体重2.0~3.0 kg）

2. 试剂与药品　20%氨基甲酸乙酯、2%兔脑组织浸液（37℃预活化）、3.8%枸橼酸钠、APTT/PT试剂盒、1%鱼精蛋白溶液（4℃保存），生理盐水，血小板稀释液。

3. 仪器与材料　全自动或半自动凝血分析仪、4℃离心机、恒温水浴锅、分光光度计。兔手术台、婴儿秤、哺乳动物手术器械 1 套、静脉导管、EP 管（2 mL）、玻璃注射器（1 mL、10 mL、50 mL）、离心管（15 mL×4 支）、试管（10 mL×2 支）、移液器及吸头（10 μL、1 mL）、血球计数板、棉球、纱布、医用三通阀。

【实验方法】

1. DIC 模型构建及血液采集

（1）麻醉与手术准备：兔耳缘静脉注射 20% 氨基甲酸乙酯（5 mL/kg），麻醉深度以角膜反射消失、肌张力松弛为判定标准。仰卧位固定，颈部备皮。

（2）颈外静脉分离、插管：颈正中切口分离一侧颈外静脉，结扎远心端后将静脉导管插至右心房入口处，静脉导管连接医用三通阀以备取血。

（3）基线血标本采集

1）从颈外静脉导管中放血，用 1 mL 的注射器抽取静脉血弃去，然后用 10 mL 的玻璃注射器取 9 mL 血液至事先加入 1 mL 3.8% 枸橼酸钠溶液的 15 mL 离心管内，立即混匀（动作轻柔，切忌振荡混匀，以免溶血），做好标记，低温离心（3 000 r/min，15 min），分离血浆备用。

2）用 1 mL 的注射器抽取静脉血 0.5 mL，用 10 μL 移液器吸取 10 μL 血液迅速吹入置有 2 mL 血小板稀释液的 EP 管中，充分混匀待计数。

3）静脉导管内及时注入生理盐水，确保导管内无血液，关闭三通阀。

（4）DIC 模型复制：从耳缘静脉缓慢注射 2% 兔脑浸液（按 60 mg/kg 计算，将总量用生理盐水稀释至 30 mL，在 15 min 内注射完毕）。推注速度为：第一个 5 min 以 1 mL/min 注入，第二个 5 min 以 2 mL/min 注入，第三个 5 min 以 3 mL/min 注入。密切观察兔的反应，如出现呼吸急促、躁动不安、剧烈挣扎等濒死现象，立即停止注射。

（5）DIC 血标本采集：注射后 15 min 或出现濒死症状时，同法采集抗凝血，做好标记，分离血浆备用。

（6）假手术组：设立"假手术组"（仅注射生理盐水）作为对照，注入途径、液体总量、注射速率和采血时间点、采血方法与实验组兔相同。

2. 凝血功能检测

（1）APTT 与 PT 测定：采用凝血仪磁珠法，分别加入 APTT/PT 试剂，记录凝固时间（详见试剂盒说明书）。

（2）纤维蛋白原（Fib）定量：用凝血仪磁珠法检测（详见试剂盒说明书）。

（3）3P 试验：血浆与鱼精蛋白混合，37℃孵育 15 min，观察絮状沉淀（阳性提示纤维蛋白单体存在）。

原理：DIC 时血浆中纤维蛋白单体（FM）和 FDP（主要为 X 碎片）增多并形成可溶性复合物，在该血浆中加入鱼精蛋白，可使复合物解离，游离出的 FM 便会相互聚合形成肉眼可见的颗粒状、絮状或胶冻状沉淀。这种无需酶而引起纤维蛋白凝固的作用称为副凝现象，此即为 3P 试验阳性。

1）吸 0.5 mL 血浆加入洁净试管中，加入 1% 鱼精度蛋白溶液 50 μL，轻轻摇匀，置 37℃水浴。

2）15 min 后取出观察，溶液清澈者为阴性，出现絮状沉淀或胶冻状物为阳性。

（4）血小板计数：血球计数板高倍镜下计数中央大方格内血小板，换算为每 mm^3 血小板数。

1）充分混匀血液 - 血小板稀释液，用毛细滴管吸取少许加到血球计数板的计数池内，放在平皿内加盖静置 15 min（平皿内放一湿棉球，以防水分蒸发）。

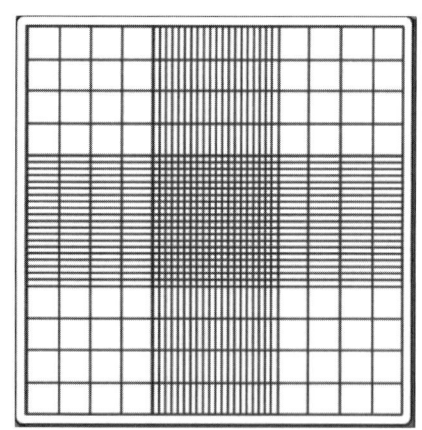

图 6-1 血球计数板示意图

2）在高倍镜下计数中央大方格（即 25 个中方格，400 个小方格，如图 6-1）内血小板数，压线者取上左，弃下右。血小板体积极小，为红细胞的 1/5～1/3，呈圆形或不规则形，染成淡黄色，有轻度折光性。所得数乘以 2 000 即为每 mm^3 血小板数。

【观察项目】

1. 观察兔注射兔脑组织浸液后出现黏膜出血、呼吸窘迫等 DIC 特征。
2. 检测 PT、APTT、Fib、PLT、3P 试验等凝血指标。
3. 血小板计数。

【数据记录与分析】

将实验结果记入表 6-3 中。

表 6-3 DIC 模型凝血功能检测记录表

兔体重：_____ kg　　　麻醉药：_____　　　麻醉药用量：_____ mL

检测指标	基线值	DIC 后值	假手术组	临床意义
PT（s）				
APTT（s）				
Fib（g/L）				
PLT（×10^9/L）				
3P 试验				
血小板计数（mm^3）				

技术路线图 6-2　DIC 模型构建及凝血功能异常分析实验流程图

【注意事项】

1. 采集抗凝血需准确掌握血液与抗凝剂之比例为 9∶1，若采集血液过多，须相应增补抗凝剂。
2. 兔脑组织浸液注射速度需按照要求精准控制，并密切注意家兔反应。
3. 收集的血浆需在 2 h 内进行实验。
4. 濒死动物及时实施安死术，遵循实验动物福利准则。

【思考题】

1. 为何兔脑组织浸液静脉注射可特异性激活外源性凝血途径？试述 TF 在 DIC 启动中的作用。
2. DIC 进程中 3P 试验从阳性转为阴性的病理意义是什么？
3. 结合实验结果，阐述肝素治疗 DIC 的药理学依据及监测要点。

（严钰锋　范小芳）

实验 8　红细胞渗透脆性及药物溶血反应

一、红细胞渗透脆性

【临床案例】

患者，女性，25 岁，因 "反复乏力、皮肤黄染半年，加重 1 个月" 就诊。

现病史：半年前出现乏力伴皮肤黄染，近 1 个月症状加重，伴头晕、心慌。无腹痛、黑便，体重稳定。

查体：体温 36.7℃，脉搏 90 次 / 分，呼吸 18 次 / 分，血压 110/70 mmHg；皮肤、巩膜轻度黄染，余无特殊。

辅助检查：血常规显示 Hb 85 g/L（↓），RBC $3.0×10^{12}$/L（↓），Ret 12%（↑），WBC 及 PLT 正常。血涂片显示红细胞大小不均，球形红细胞增多，中心淡染区消失。染色体检查发现 8 号染色体短臂缺失。

诊断：遗传性球形红细胞增多症（HS）。

治疗：脾切除术（延缓溶血），补充叶酸，定期监测血红蛋白及网织红细胞。

【分析与讨论】

1. 从渗透脆性、可塑性变形能力、膜脂流动性等角度，阐述红细胞维持正常功能的结构基础。

2. 从膜脂流动性与表面积 / 体积比（S/V）的关系，分析红细胞如何通过离子泵（如 Na^+-K^+ 泵、钙泵）调节维持渗透平衡，抵抗低渗环境。

3. 根据本例血涂片 "球形红细胞增多、中心淡染区消失" 的表现，阐述膜骨架缺陷如何导致 S/V 下降，进而引发渗透脆性增高和脾滞留破坏。

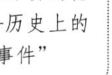

拓展阅读 6-3
药物安全性评价的伦理责任——历史上的 "磺胺酏剂事件"

【实验目的】

1. 掌握红细胞渗透脆性测定方法，探究渗透压梯度下红细胞溶血特征，结合遗传性球形红细胞增多症（HS）病理机制，理解膜稳定性与溶血的内在联系。

2. 通过绘制渗透脆性曲线，分析正常与异常红细胞的渗透抵抗力差异，掌握实验室数据与临床诊断的关联逻辑。

3. 通过实验操作中的生物样本合规处理，强化 "生命伦理与科学责任" 意识。

【实验原理】

正常红细胞双凹圆盘形特征由其精密的结构与功能协同维持，其膜骨架由膜蛋白、带 3 蛋白及血影蛋白构成的网状结构支撑，通过垂直连接固定脂质双层以保障机械稳定性。这一独特形态赋予红细胞较高的表面积 / 体积比（S/V），使其在低渗环境中可通过可塑性变形（如膨胀为球形）延缓破裂。同时，红细胞通过 Na^+-K^+ 泵、钙泵等离子泵动态调节胞内渗透压，与血浆渗透压（约 300 mOsm/L）形成平衡，共同维系细胞形态与功能完整性。

将红细胞悬浮于梯度浓度 NaCl 溶液（0.3%～0.9%），模拟不同渗透压环境，可见到在等渗溶液中红细胞形态保持双凹圆盘状；低渗溶液（渗透压 < 300 mOsm/L）中，水分子顺渗透梯度进入红细胞，细胞膨胀。正常红细胞通过可塑性变形（S/V 降低但未达临界值）暂时耐受膨胀，

直至达到溶血阈值（体积增加60%~70%时破裂）。红细胞的最小和最大渗透抵抗力分别用开始出现溶血与刚达到完全溶血时其所处的NaCl溶液的浓度来表示，最小抵抗力（最大脆性）为开始溶血时的NaCl浓度（0.45%~0.50%），最大抵抗力（最小脆性）为完全溶血时的NaCl浓度（0.30%~0.35%）。遗传性球形红细胞增多症（HS）患者因膜骨架蛋白缺陷导致S/V降低，渗透脆性显著增高（曲线左移），在低渗溶液中更易破裂。

【实验材料】

1. 实验对象　兔（体重2.0~3.0 kg）。
2. 试剂与药品　1%NaCl溶液、2%乙酰苯肼（APH）、生理盐水、1%肝素钠溶液、蒸馏水、麻醉剂（20%氨基甲酸乙酯或异氟烷）、血红蛋白测定试剂盒、瑞氏染色液。
3. 仪器与材料　低温离心机、分光光度计、水浴箱、显微镜。兔手术台、婴儿秤、哺乳动物手术器械、颈总动脉PE导管、载玻片、EP管（2.5 mL）、离心管（10 mL）、玻璃注射器（10 mL、20 mL）、试管架、移液器及吸头（200 μL、1 mL）、棉球、纱布。

【实验方法】

1. 实验分组　实验可分为对照组（正常兔抗凝血，N组）与模型组（溶血性贫血动物模型，H组）。

模型组溶血性贫血动物模型的制备：以2%乙酰苯肼（APH）生理盐水在兔颈背部皮下或后肢股四头肌肌内注射，剂量为40 mg/kg（即2 mL/kg），每日1次，连续3日。注射第7天后造成模型，溶血性贫血可持续2~3周。

2. 溶液配制　按0.05%梯度配制NaCl溶液（0.3%~0.9%），每个浓度2 mL分装至标记的EP管中（N1~N13号，H1~H13号），不同浓度NaCl溶液的配置方法见表6-4。

表6-4　不同浓度NaCl溶液的配置

NaCl溶液	1% NaCl（mL）	蒸馏水（mL）
0.9	1.8	0.2
0.85	1.7	0.3
0.8	1.6	0.4
0.75	1.5	0.5
0.7	1.4	0.6
0.65	1.3	0.7
0.6	1.2	0.8
0.55	1.1	0.9
0.5	1.0	1
0.45	0.9	1.1
0.4	0.8	1.2
0.35	0.7	1.3
0.3	0.6	1.4

3. 血样采集与处理

（1）采血：兔腹腔注射20%氨基甲酸乙酯（7 mL/kg）麻醉，仰卧位固定，行颈总动脉插管，用 10 mL 玻璃注射器取血 5 mL（玻璃注射器内事先吸入 1% 肝素，1% 肝素与血液的容积比为 1∶4）加入到 10 mL 离心管中，立即颠倒混匀（动作轻柔，切忌振荡混匀，以免溶血）。

（2）全血离心分离红细胞：以 400~500 g 离心力离心 10 min［离心后分三层：上层血浆、中层白细胞/血小板（灰白层）、下层红细胞］，用移液器小心吸弃上层血浆及灰白层（避免扰动红细胞层）。

（3）生理盐水洗涤红细胞：向红细胞沉淀中加入 3 倍体积生理盐水（如红细胞体积 1 mL，加 3 mL 生理盐水），轻柔吹打混匀。以 400 g 离心力离心 5 min，弃上清。重复上述步骤 2~3 次，直至上清液透明（去除残留血浆蛋白及抗凝剂）。

（4）配制 50% 红细胞悬液：用移液枪吸取洗涤后的血细胞，加入等体积生理盐水，即得到 50% 红细胞悬液（用移液枪轻柔吹打混匀）。

模型组（H 组）与对照组（N 组）血样采集与处理条件相同。

4. 渗透脆性测定　在 2 mL 梯度浓度 NaCl 溶液的 EP 管（N1~N13 号）及 N14 号蒸馏水（2 mL）的 EP 管中各加入 50 μL 红细胞悬液，轻轻混匀。在室温下放置 40~60 min 或者 37℃ 水浴 30 min 后离心 5 min（500 RCF 离心力）。

模型组 EP 管标记为 H1~H14 号。

【观察项目】

1. 观察上清液颜色（溶血程度），记录最小溶血浓度（开始溶血）与完全溶血浓度，寻找最大渗透脆性和最小渗透脆性。

渗透脆性结果判定：

无溶血：液体分层，下层混浊（未破裂红细胞），上层清亮。

不完全溶血：下层混浊，上层透明红色（部分破裂）。

完全溶血：液体均一透明红色，管底无沉淀。

2. 取沉淀红细胞制片，瑞氏染色后显微镜下观察形态（双凹盘状→球形或碎片）。

3. 定量检测　取上清液 200 μL，按血红蛋白试剂盒说明书操作，用分光光度计测定 540 nm 吸光度（OD 值），计算溶血率。

$$溶血率 \% = \frac{测定管\ OD - 空白管\ OD}{完全溶血管\ OD - 空白管\ OD} \times 100\%$$

【数据记录与分析】

1. 定性观察　记录各浓度管上清液颜色（透明→浅红→深红），确定开始溶血（浅红）、不完全溶血和完全溶血（深红）的 NaCl 浓度，将观察到的渗透脆性结果记入表 6-5 中。

表 6-5　不同组别的红细胞渗透脆性实验结果

兔体重：＿＿＿＿kg　　　麻醉药：＿＿＿＿　　　麻醉药用量：＿＿＿＿mL

组别	EP 管号（溶血程度、渗透脆性评价）													
	1	2	3	4	5	6	7	8	9	10	11	12	13	14
	NaCl 溶液浓度（%）													蒸馏水
	0.9	0.85	0.8	0.75	0.7	0.65	0.6	0.55	0.5	0.45	0.4	0.35	0.3	
N 组														
H 组														

技术路线图6-3
红细胞渗透脆性实验流程

2. 形态学观察 显微镜下对比模型组与对照组的形态（双凹盘状与球形）。

3. 定量分析 以NaCl浓度为横坐标、溶血率为纵坐标，绘制渗透脆性曲线，计算模型组与对照组的最小/最大抵抗力，分析脆性指数（曲线左移程度）。

【注意事项】

1. 机械振荡、反复冻融或抗凝剂不当（如肝素过量）可能导致人为溶血，需规范操作以排除干扰；静置或离心时间需严格统一，温度保持$25 \pm 1℃$。

2. 梯度NaCl溶液浓度需精确配制，误差$\leq \pm 0.02\%$。

3. 离心前平衡试管重量，避免离心机损坏。

4. 分光光度计检测前需用蒸馏水校零，空白管为等渗盐水+红细胞悬液。

5. 观察实验结果时勿将试管从试管架上拿出，应水平端起试管架进行观察。

6. 减少不必要的动物使用，对照组可利用实验动物基本操作中保存的血液样本。

【思考题】

1. 为何实验中需使用梯度浓度的低渗盐水（如0.3%~0.9% NaCl）？如何通过溶血百分比曲线判断红细胞的渗透抵抗力？

2. 若某试管出现部分溶血，其NaCl浓度能否反映红细胞群体的异质性？

3. 为何遗传性球形红细胞增多症患者的红细胞在低渗溶液中更易溶血？患者血涂片（球形红细胞）与渗透脆性曲线左移，讨论脾切除术的病理生理学依据。

4. 设计添加氧化剂（如乙酰苯肼）的实验组，探究氧化应激对红细胞膜稳定性的影响。

5. 若某药物在体外实验中显著增加红细胞渗透脆性，其临床应用需关注哪些不良反应？如何通过动物实验验证其安全性？

二、药物溶血反应

【实验目的】

1. 掌握药物溶血反应的基本原理及评价方法，理解药物对红细胞膜的潜在损伤机制。

2. 熟悉溶血反应的临床意义，认识药物研发中溶血性评估的重要性。

3. 能规范操作分光光度计、离心机等仪器，独立完成溶血率的测定与计算。

4. 强化实验操作中的生物安全意识与伦理责任，树立"生命至上、科学严谨"的职业态度。

【实验原理】

红细胞膜结构由脂质双层、膜骨架蛋白（如带3蛋白、血影蛋白）及糖蛋白共同构成，稳定性依赖于膜脂的流动性、离子泵（如Na^+-K^+泵）的调控功能，以及抗氧化系统［如谷胱甘肽（GSH）］的防御能力。药物引发的溶血反应可通过多重机制破坏这一平衡：氧化损伤（如磺胺类药物产生活性氧攻击膜脂及血红蛋白，形成变性沉淀物Heinz小体，削弱红细胞变形能力）、膜脂溶解（如两性霉素B破坏脂质排列，导致膜通透性异常）或免疫介导（如青霉素与膜蛋白结合触发补体活化，形成膜穿孔）。溶血后，红细胞内容物释放至血浆，可通过检测游离血红蛋白（分光光度法测定540 nm吸光度）及乳酸脱氢酶（LDH，反映膜完整性丧失）等指标定量评估损伤程度，为药物安全性评价提供关键依据。

【实验材料】

1. 实验对象 肝素抗凝兔全血。

2. 试剂与药品 生理盐水、蒸馏水、待测药物（如0.1%乙酰水杨酸）、阳性对照（0.1%

皂苷）。

3. 仪器与材料　离心机、分光光度计、显微镜、恒温水浴箱。EP 管（2.5 mL）、EP 管架、移液枪及吸头（200 μL、1 mL）、血红蛋白测定试剂盒。

【实验方法】

1. 实验分组　实验分为：阴性对照组（红细胞悬液 + 生理盐水）、阳性对照组（红细胞悬液 + 0.1% 皂苷）、实验组（红细胞悬液 + 不同浓度待测药物）。

2. 红细胞悬液制备　取抗凝兔全血 5 mL，500 g 离心力离心 10 min，弃血浆及白细胞层。红细胞沉淀用生理盐水洗涤 3 次（500 g 离心力 ×5 min），配成 5% 红细胞悬液。具体操作方法见红细胞渗透脆性实验。

3. 药物处理

（1）取 4 支 EP 管，分别标记为：阴性对照、阳性对照、实验组 1（低浓度药物）、实验组 2（高浓度药物）。

（2）按表 6-6 加入试剂，混匀后 37℃水浴孵育 1 h，其间轻柔摇动 2～3 次。

表 6-6　药物溶血反应实验

组别	5% 红细胞悬液（mL）	药物
阴性对照	1 mL	1 mL 生理盐水
阳性对照	1 mL	1 mL 0.1% 皂苷
实验组 1	1 mL	1 mL 低浓度药物
实验组 2	1 mL	1 mL 高浓度药物

【观察项目】

1. 溶血检测　37℃水浴孵育 1 h 后，2 500 r/min 离心 5 min，观察各 EP 管中上清液颜色（溶血越重，红色越深）。取上清液测定 600～700 nm 吸光度（OD 值）。

2. 血红蛋白测定　取上清液 200 μL，按血红蛋白试剂盒说明书操作，测定 540 nm 吸光度（OD 值），计算溶血率。

$$溶血率 \% = \frac{实验组 OD - 阴性对照 OD}{阳性对照 OD - 阴性对照 OD} \times 100\%$$

3. 形态学观察　取沉淀红细胞制片，瑞氏染色后显微镜观察形态（正常双凹盘状→球形或碎片），绘图或拍照记录。

【数据记录与分析】

将实验结果填写入表 6-7。

表 6-7　药物溶血反应实验结果

组别	上清液颜色	OD 值	溶血率	形态学观察（如球形、碎片红细胞）
阴性对照				
阳性对照				
实验组 1				
实验组 2				

技术路线图 6-4　药物溶血反应实验流程

【注意事项】

1. 皂苷等有毒试剂需戴手套操作。
2. 血液样本应新鲜，避免反复冻融；避免剧烈震荡红细胞悬液，防止人为溶血。
3. 离心前平衡试管，避免损坏离心机。
4. 平行实验至少重复3次，取均值减少误差。

【思考题】

1. 阳性对照为何选择蒸馏水而非高渗溶液？
2. 若某药物组的溶血率显著高于阴性对照但低于阳性对照，可能通过何种机制引起溶血？
3. 为何皂苷作为阳性对照能快速导致溶血？
4. 结合本实验，讨论临床输液时为何需严格控制药物浓度及输注速度。
5. 若某中药提取物在本实验中显示溶血毒性，下一步应如何设计实验评估其临床安全性？
6. 动物实验应遵循哪些伦理原则？如何减少实验动物的使用量？

（范小芳　杨卫东　胡　浩）

网上更多……

 自测题　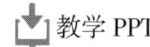 教学PPT

第七章
循环系统实验

关键词

期前收缩　　减压神经　　失血性休克　　中心静脉压　　心脏前后负荷

心血管系统是一个封闭的管道系统，由心脏和血管组成。心脏是动力器官，血管是运输血液的管道。心脏有节律地收缩与舒张，推动血液在血管中按照一定的方向不停地循环流动，称为血液循环。血液循环的主要功能是完成体内的物质运输，并随时调整分配血量，以适应器官、组织的需要，从而保证机体内环境的相对恒定和新陈代谢的正常进行。循环一旦停止，生命活动就不能正常进行，最后将导致机体的死亡。因此，循环系统实验在机能学实验中一直占有重要地位。循环系统实验通过观察神经、体液因素及药物等对心脏和血管活动的作用及影响，加深理解心脏的正常功能及动脉血压的相对稳定对机体的重要意义。

实验 9 蛙心起搏点观察及自律性分析

【临床案例】

患者，男性，68 岁，因"反复晕厥 3 个月"就诊。

现病史：3 个月前突发意识丧失，持续 1 min 自行缓解，无抽搐及大小便失禁。近 1 个月发作频率增加至每周 2 次。

查体：心率 45 次/分，律齐，心音低钝。

辅助检查：心电图显示窦性心动过缓，窦房传导阻滞。动态心电图显示最长 R-R 间期 4.2 s，伴交界性逸搏心律。

诊断：病态窦房结综合征（SSS）。

治疗：植入永久性心脏起搏器，术后未再发晕厥。

【分析与讨论】

1. 该患者出现交界性逸搏而非室性逸搏的病理生理学意义是什么？
2. 低温治疗中为何需警惕心律失常？该患者晕厥发作是否与环境温度相关？
3. 设计蛙心实验观察不同部位起搏频率，如何通过结扎法验证自律性等级？预期窦房结功能障碍时会出现什么现象？

【实验目的】

1. 通过心脏暴露与结构辨识，明确静脉窦、心房、心室及传导系统的解剖位置与功能特征，理解心脏自律性的起源与传导路径。
2. 学会离体蛙心制备及斯氏结扎（Stannius ligature）操作方法，定量分析心脏各部位节律变化，理解自律性细胞的电生理特性与临床心律失常的病理联系。
3. 通过热/冷刺激干预静脉窦、心房及心室，记录温度变化对搏动频率的影响，揭示温度敏感离子通道（如 I_f 通道）在心脏节律调节中的作用。
4. 通过分析心脏节律的精密调控机制，感悟生命系统的复杂性与稳定性，增强学生探索生命奥秘的责任感，树立"科技报国"的理想信念。

【实验原理】

心脏特殊传导系统（静脉窦、心房、房室结等）的自律性源于动作电位 4 期自动去极化过程。静脉窦（两栖类）或窦房结（哺乳类）因 I_f 通道表达量最高，自律性最强，为正常起搏点；房室交界、心室递减，为潜在起搏点。

通过斯氏第一结扎（窦房沟结扎）可阻断静脉窦与心房间的兴奋传导，此时心房和心室因失去高位起搏点的驱动而停搏。随后，房室交界作为次级起搏点被激活，以低于静脉窦的频率重新引发心房和心室节律。斯氏第二结扎（房室沟结扎）进一步阻断心房与心室的传导，心室因自律性最低需经历更长时间的延迟后，由浦肯野纤维以更低频率恢复自主节律。

本实验通过结扎技术分离不同传导环节，直观展示心脏起搏点的层级关系与自律性特征，为理解心脏电生理机制提供实验依据。

【实验材料】

1. 实验对象 蟾蜍或牛蛙。

2. 试剂与药品　任氏液、35～40℃温水、冰块。
3. 仪器与材料　水浴箱、制冰机。蛙类手术器械1套、丝线（4-0）、试管、秒表。

【实验方法】

1. 心脏暴露与结构辨识

（1）暴露心脏：用探针捣毁脑和脊髓，将其仰卧位固定于蛙板上；用镊子提起剑突下的皮肤，向左上方和右上方"V"形剪开皮肤，提起剑突下腹肌，作一小切口，手术剪紧贴胸壁（注意刀尖上挑，以免损伤心脏和血管），同皮肤切口"V"形剪开胸壁，剪断左右锁骨，使创口成一个倒三角形，以眼科镊小心提起心包膜后用眼科剪剪开，暴露心脏。

（2）解剖辨识：在腹面观察识别心室、心房、房室沟、动脉圆锥及主动脉分支；持玻璃分针轻柔翻转心室，识别背面的静脉窦、窦房沟及腔静脉入口。

2. 预置斯氏结扎线　用小镊子在主动脉干下穿一线备用，将心尖翻向头端，暴露心脏背面，在静脉窦和心房交界的半月形白线（窦房沟）处穿丝线备用（即斯氏第一结扎点）。在心脏的背面沿着房室沟再放一条丝线备用（即斯氏第二结扎点）。

【观察项目】

1. 观测基础节律　观察蛙心各部位的搏动顺序并记录各部位搏动频率。
2. 自律性干预实验

（1）热刺激：将预热至35～40℃的试管底部依次接触静脉窦、心房、心室，记录各部位频率变化。

（2）冷刺激：冰试管重复上述操作，观察记录各部位频率变化。

3. 斯氏结扎实验

（1）第一结扎（窦房沟）：紧贴静脉窦结扎丝线，阻断高位传导，观察并记录心房、心室节律变化及恢复时间。

（2）第二结扎（房室沟）：解除第一结扎，重新记录正常节律。在心脏的腹面沿房室沟作结扎，阻断心房-心室传导，观察并记录心室停搏至逸搏出现的时间差及心脏各部位搏动频率及节律的变化。

（3）结扎后腔静脉：在静脉窦与后腔静脉分界处结扎，观察并记录心脏各部位搏动频率及节律的变化。

【数据记录与分析】

1. 基础节律　观察静脉窦、心房、心室收缩顺序及频率，计数30 s的搏动次数，计算平均值。
2. 温度效应　热/冷刺激后各部位频率变化。
3. 结扎效应　第一结扎后心房停搏时间、逸搏频率，第二结扎后心室逸搏潜伏期及节律稳定性。

将以上数据填入表7-1中。

表7-1　蛙心节律及自律性记录表

蟾蜍或牛蛙体重：_____g

观察条件	静脉 （次/分）	心房 （次/分）	心房恢复搏动时间（s）	心室 （次/分）	心室恢复搏动时间（s）
正常状态			–		–
热刺激静脉窦			–		–

续表

观察条件	静脉 （次/分）	心房 （次/分）	心房恢复搏动时间（s）	心室 （次/分）	心室恢复搏动时间（s）
冷刺激静脉窦			—		—
第一结扎后					
第二结扎后					
结扎后腔静脉					

技术路线图 7-1 蛙心起搏点观察及自律性分析实验路线图

【注意事项】

1. 实验过程中，经常用任氏液湿润心脏，以防干燥。
2. 结扎时力度适中，避免损伤心肌，丝线需紧贴解剖标志（窦房沟/房室沟）。
3. 温度刺激时间≤30 s，防止组织热损伤或低温坏死。
4. 双毁髓操作需彻底，确保动物无痛觉反射。

【思考题】

1. 斯氏结扎后，心房和心室的收缩频率为何低于静脉窦？
2. 如何通过本实验说明"异位起搏点"引发心律失常的机制？

（陈同生　范小芳）

实验 10　期前收缩与代偿间歇

【临床案例】

患者，男性，58 岁，因"心悸伴胸闷 3 天"就诊。既往高血压病史 5 年，规律服用氨氯地平。

查体：BP 145/90 mmHg，心率 88 次/分，律不齐，可闻及期间收缩（10~12 次/分）。

辅助检查：动态心电图示频发室性期前收缩（PVC），联律间期 400 ms，代偿间歇完全；偶发 3~5 次室性心动过速。心脏超声显示左室射血分数（LVEF）55%，室壁运动正常，无瓣膜病变。

临床诊断：室性期前收缩，高血压。

治疗：给予美托洛尔缓释片、门冬氨酸钾镁片，1 周后复诊期前收缩减少至 3~5 次/分。

【分析与讨论】

1. 患者动态心电图显示室性期前收缩（PVC）后出现完全性代偿间歇，而房性期前收缩（PAC）常表现为不完全性代偿间歇。请结合心脏传导系统的解剖特点与电生理机制，解释这一差异的原因，并说明室性期前收缩联律间期（400 ms）与心肌有效不应期（ERP）的关系。
2. 代偿间歇的形成机制及其对心脏节律稳定性的维持意义是什么？

拓展阅读 7-2 薪火相传，不负韶华——我国心脏电生理学的发展与成就

【实验目的】

1. 通过不同时期电刺激干预在体心脏，观察期前收缩与代偿间歇现象，验证有效不应期（ERP）的存在及其生理意义。

2. 通过对比"完全性"与"不完全性"代偿间歇，分析代偿间歇的形成机制与临床意义，增强解决实际问题的能力，并激发对医学科学探索的兴趣。

【实验原理】

心肌细胞的兴奋性呈现规律性周期变化，可分为三个特征性阶段：在有效不应期（ERP）（包括动作电位 0 相至 3 相中期的绝对不应期，以及随后的局部反应期），因钠通道完全失活，任何强度的刺激均无法引发可扩布的动作电位；随后进入相对不应期（RRP）（膜电位恢复至 $-80 \sim -60$ mV），需超阈值刺激才能产生动作电位；最后为超常期（SNP）（膜电位接近静息水平且钠通道大部分恢复），此时阈下刺激即可触发兴奋。当在 ERP 结束后、下一次窦房结正常冲动到达前施加额外刺激，可引发心室提前除极；若随后的窦性冲动恰好落入期前收缩产生的 ERP 内，则会因心室仍处于不应期而无法响应，从而形成完全性代偿间歇——即期前收缩前后两个窦性搏动的间期等于正常窦性周期的 2 倍，这一现象反映了心脏传导系统对异常电活动的代偿性节律重整能力。

【实验材料】

1. 实验对象　蟾蜍或牛蛙。
2. 试剂与药品　任氏液。
3. 器械与材料　生物信号采集与分析系统（含张力换能器）、刺激电极（双极，直径 0.5 mm）、蛙类手术器械（蛙板、眼科剪、镊子、蛙心夹）、铁支架、双凹夹、滴管等。

【实验方法】

1. 暴露心脏　蟾蜍快速断髓后，仰卧位固定于蛙板，剪开胸壁暴露心脏，避免损伤血管，滴加任氏液保持湿润。具体操作方法同实验 9。

2. 实验装置连接

（1）将张力换能器连接到生物信号采集与分析系统 1 通道，将刺激电极连接到生物信号采集与分析系统刺激输出端，打开生物信号采集与分析系统电源，打开计算机。

（2）用蛙心夹在心室舒张期夹住心尖，将蛙心夹上的连线连接到张力换能器上，调整连线高度并保持合适的张力（基线张力一般为 $1 \sim 2$ g），将刺激电极固定在铁支架上，调整位置使其两极与心室表面接触，以不影响心室正常收缩和舒张为宜（连接装置见图 7-1）。

（3）启动生物信号采集与分析系统软件，刺激参数设置：单脉冲，波宽 1 ms，强度 $3 \sim 5$ V。

图 7-1　期前收缩实验装置连接

【观察项目】

1. 观察蛙心的正常搏动曲线，分清曲线的收缩相和舒张相。
2. 用中等强度的单个阈上刺激分别在心室收缩期和舒张早期刺激心室，观察能否引起期前收缩。
3. 用同等强度的刺激在心室舒张早期之后刺激心室，观察有无期前收缩出现。
4. 刺激如能引起期前收缩，观察其后是否出现代偿间歇（图 7-2）。

【数据记录与分析】

1. 基础心搏曲线　描记蛙心的正常搏动曲线，记录基础的收缩幅度（g）、频率（次/分）、

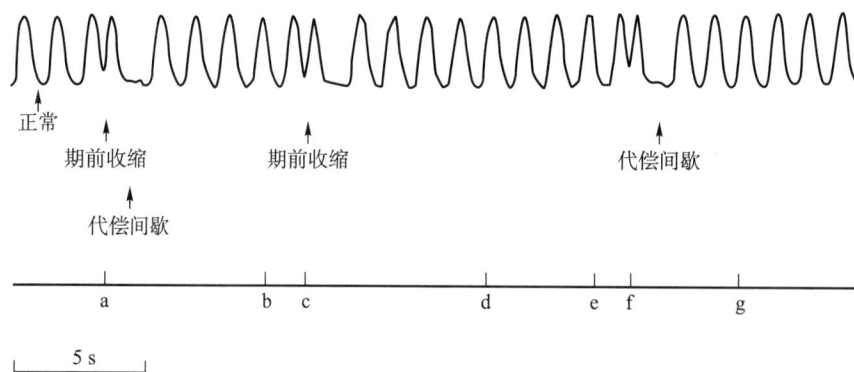

图 7-2 蛙心自律收缩及其对外来刺激的反应曲线
上线：蛙心收缩曲线；中线：刺激标记；下线：时间标记

时程（收缩期/舒张期比值），标记收缩相（上升支）与舒张相（下降支）。

2. 期前收缩特征　ERP 内刺激期前收缩出现时相与 ERP 的关系，RRP/SNP 刺激时期前收缩幅度、代偿间歇时长。将数据填入表 7-2 中。

表 7-2　不同刺激时机对心肌收缩的影响

刺激阶段	刺激时间（ms）	期前收缩出现（是/否）	代偿间歇（s）
收缩相（ERP 内）			
舒张早期（ERP 末期）			
舒张中晚期（SNP 期）			

技术路线图 7-2　期前收缩与代偿间歇实验流程图

【注意事项】

1. 全程滴加任氏液，防止心脏干燥；环境温度控制在 20～25℃。
2. 根据基线收缩幅度调整刺激强度，避免过强刺激损伤心肌。
3. 确保机械收缩曲线与电刺激标记同步记录，便于时序分析。

【思考题】

1. 为何在心室收缩期施加刺激无法引发期前收缩？结合动作电位时程与机械收缩的耦联关系解释。
2. 若期前收缩后的窦性冲动未落入其 ERP 内，心搏曲线将如何变化？试绘制理论曲线图说明。
3. 临床室性期前收缩常伴完全性代偿间歇，而房性期前收缩多为不完全性，其机制差异是什么？

（陈同生　范小芳）

实验 11　细胞外离子梯度与神经递质对蛙心节律和收缩力的调控

【临床案例】

患者，男性，58 岁，因"反复心悸、乏力 3 天"急诊就诊。

现病史：慢性肾功能不全病史 5 年，长期服用呋塞米。3 天前出现心悸、肌肉抽搐，伴恶心、呕吐。

查体：心率 52 次 / 分（窦性心动过缓），血压 90/60 mmHg，腱反射减弱。

辅助检查：血钾 6.8 mmol/L（↑），血钙 1.8 mmol/L（↓）。心电图示 T 波高尖，Q-T 间期延长。

诊断：高钾血症合并低钙血症。

治疗：静脉注射葡萄糖酸钙拮抗高钾毒性，纠正电解质紊乱。

【分析与讨论】

1. 结合 Na^+-K^+-ATP 酶及 L 型钙通道功能，解析高钾抑制心肌兴奋性、低钙减弱收缩力的机制。

2. 从肾上腺素激活 $β_1$ 受体增强心搏、乙酰胆碱激活 M 受体抑制心率的效应，探讨离子与神经递质的协同调控。

3. 设计离体蛙心模型实验，理解体外实验对临床诊疗的指导意义。

> 拓展阅读 7-3
> 人类心脏神经元的 3D 图谱的研究

【实验目的】

1. 通过斯氏（Straub）离体蛙心灌流法，学习离体器官功能维持与干预技术。

2. 通过验证离子梯度与神经递质对蛙心节律和收缩力的调控，结合临床电解质紊乱病例，培养"离子平衡 – 心肌功能 – 病理改变"的系统分析能力。

【实验原理】

离体蛙心的节律性活动由静脉窦主导，其起搏功能依赖 4 期自动去极化产生的自发性兴奋。这一过程受细胞内外离子梯度（Na^+、K^+、Ca^{2+}）的精密调控：Na^+ 内流启动去极化，Ca^{2+} 参与兴奋传导与收缩耦联，K^+ 外流介导复极化。任氏液通过模拟细胞外液环境，维持心脏正常的电生理特性与机械功能。通过改变灌流液成分可特异性干预心脏活动：低钠灌流减少细胞外 Na^+ 浓度，降低动作电位 0 期快钠通道的内流速率，导致去极化幅度下降、传导延迟，表现为心搏减弱；高钙灌流时增加 Ca^{2+} 浓度可增强 L 型钙通道电流，延长动作电位平台期，同时提升心肌细胞兴奋 – 收缩耦联效率，促使收缩力显著增强；高钾灌流时细胞外 K^+ 浓度升高使静息电位去极化，导致快钠通道稳态失活，心肌兴奋性降低甚至消失，引发心率减慢或停搏。

此外，神经递质类药物可通过受体介导的信号通路调节心脏功能，肾上腺素激活 $β_1$ 受体，经 cAMP-PKA 通路增强 I_f 电流与钙电流，加速 4 期自动去极化（正性变时作用）并强化收缩力（正性变力作用）；乙酰胆碱激动 M 受体，抑制 cAMP 生成并激活钾通道，延缓起搏点去极化（负性变时作用），同时缩短动作电位时程，减弱收缩。

本实验通过调控离子环境与药物干预，直观揭示心脏电活动与机械收缩的耦联机制，为理解心血管生理与药理学调控提供基础模型。

【实验材料】

1. 实验对象　蟾蜍或牛蛙。

2. 试剂与药品　任氏液、无钙任氏液、0.65% NaCl、3% $CaCl_2$、1% KCl、0.01% 肾上腺素、0.01% 氯化乙酰胆碱、3% 乳酸、2.5% $NaHCO_3$。

3. 仪器与材料　生物信号采集与分析系统、张力换能器、恒温水浴装置。蛙类手术器械 1 套、斯氏蛙心插管、显微手术器械、移液器及吸头（200 μL）、丝线（4-0）。

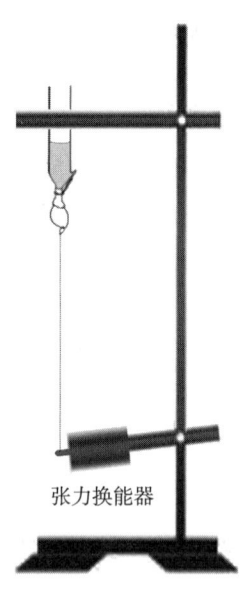

图 7-3 离体蛙心灌流连接装置

【实验方法】

1. 斯氏离体蛙心灌流

(1) 制备离体蟾蜍心脏灌流标本及插管：破坏蟾蜍脑脊髓，分离完整的蟾蜍心脏并完成心室插管，具体参见第四章第七节。

(2) 连接张力换能器：将蛙心插管固定在铁支架上，蛙心夹固定心尖，连接张力换能器，调整基线张力至 1～2 g。连线应保持垂直、松紧适当（图 7-3）。

(3) 软件运行：开启生物信号采集与分析系统，选择张力测定，采样率 1 kHz，滤波 10 Hz。

(4) 记录基础心率：记录正常蟾蜍离体心脏基础心率与幅度，心率 > 20 次/min、收缩幅度 > 1 g 作为合格标准。

2. 离子浓度干预

(1) 将插管内任氏液全部吸出，更换等量 0.65% NaCl 灌流液，描记心搏曲线，当曲线出现变化后即换新鲜等量任氏液使其恢复。

(2) 加入 3% $CaCl_2$ 100～200 μL，观察、换液同前。

(3) 加入 1% KCl 100～200 μL，观察、换液同前。

3. 药物干预

(1) 滴加 0.01% 肾上腺素 100～200 μL，观察、换液同前。

(2) 滴加 0.01% 氯化乙酰胆碱 100～200 μL，观察、换液同前。

(3) 滴加 3% 乳酸 100～200 μL，观察心搏变化，然后加入 2.5% $NaHCO_3$ 100～200 μL，观察其恢复过程，然后换液。

4. 高钾低钙环境

(1) 待心搏曲线稳定后，记录当前初始心搏幅度与频率。

(2) 将插管内任氏液全部吸出，更换等量无钙任氏液。

(3) 加入 1% KCl 100～200 μL，观察、换液同前。

【观察项目】

1. 基础心搏曲线参数　收缩幅度（g）、心率（次/分）、舒张基线稳定性。

2. 干预效应　离子/药物作用峰值变化、恢复时长，酸中毒与碱纠正的心搏变化。

3. 高钾低钙环境　观察心搏幅度与频率变化。

【数据记录与分析】

将实验结果填写入表 7-3 中。

表 7-3　离子梯度与神经递质对离体蛙心活动的影响

干预条件	收缩幅度变化（%）	心率变化（次/分）	恢复时间（min）
0.65% NaCl			
3% $CaCl_2$			
1% KCl			
0.01% 肾上腺素			
0.01% 氯化乙酰胆碱			

续表

干预条件	收缩幅度变化（%）	心率变化（次/分）	恢复时间（min）
3% 乳酸			
乳酸 + NaHCO$_3$			
高钾低钙环境			

> 技术路线图 7-3
> 细胞外离子梯度与神经递质对蛙心节律和收缩力的调控实验流程图

【注意事项】
1. 插管时避免戳穿心室壁，结扎血管需精准以减少漏液。
2. 实验中随时用任氏液润湿蛙心，灌流液温度维持 25℃ ± 1℃，液面高度恒定。
3. 每次干预后需彻底冲洗至心搏恢复基线。
4. 药物干预的剂量与插管内的任氏液总量，以心搏曲线明显变化为准。

【思考题】
1. 高钾灌流导致心搏停止的离子机制是什么？与临床高钾血症的心电图表现有何关联？
2. 肾上腺素与钙灌流均增强收缩力，其作用途径有何本质区别？
3. 为何酸中毒（乳酸）抑制心搏，而 NaHCO$_3$ 可逆转此效应？从 H$^+$ 竞争性抑制钙通道角度分析。
4. 高钾任氏液导致停搏时，补充钙剂是否可部分恢复收缩？为什么？
5. 若同时给予肾上腺素和高钾灌流，心脏反应如何？解释其矛盾性调控机制。

（严钰锋　范小芳）

实验 12　神经体液因素及药物对动脉血压的影响

【临床案例】
患者，女性，48 岁，因"突发剧烈头痛、心悸伴大汗 1 h"急诊入院。

现病史：1 h 前因与家人争吵后突发剧烈搏动性头痛，伴心悸、大汗、双手震颤，无胸痛、呼吸困难或意识丧失。

既往史：近 2 年偶有类似发作，多由情绪激动或体位改变诱发，持续 10～30 min 自行缓解，未规律诊治；否认高血压、糖尿病病史；无长期服药史。

查体：神志清楚，面色苍白，全身皮肤潮湿，双手细颤。血压 210/120 mmHg（四肢对称），心率 125 次/分（律齐），呼吸频率 22 次/分，体温 36.8℃。心尖冲动增强，心界向左下扩大，未闻及杂音。四肢肌力、肌张力正常，病理征阴性。

辅助检查：血去甲肾上腺素 1 200 pg/mL（↑，参考值 < 600 pg/mL），肾上腺素 150 pg/mL（↑，参考值 < 100 pg/mL）。24 h 尿香草扁桃酸（VMA）：35 mg/24 h（↑，参考值 < 10 mg/24 h）。肾上腺 CT 示右侧肾上腺区见一直径 2.5 cm 类圆形占位，边界清晰，增强扫描明显强化。心电图检查示窦性心动过速，左室高电压。

诊断：嗜铬细胞瘤。

治疗：急性期给予酚妥拉明（α受体阻滞剂）、美托洛尔（β受体阻滞剂），择期腹腔镜下行右侧肾上腺肿瘤切除术。

【分析与讨论】

1. 本例患者突发血压骤升至 210/120 mmHg，请从压力感受性反射的角度，解释其代偿机制为何失效，并分析此时交感神经持续激活的恶性循环机制。

2. 本例患者血儿茶酚胺显著升高，除交感神经激活外，肾上腺髓质激素也参与血压调节。试从体液调节角度，比较肾上腺素与去甲肾上腺素对α、β受体的作用差异，并解释为何两者协同导致血压急剧升高。

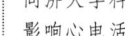
拓展阅读 7-4
同济大学科学家发现影响心电活动的"另一只手"

3. 在高血压急症或高交感神经活性状态（如嗜铬细胞瘤）中，为什么单用β受体阻滞剂可能引发严重后果（如反射性高血压或器官低灌注）？

一、神经体液因素及药物对家兔动脉血压的影响

【实验目的】

1. 学习直接测量动脉血压的技术，理解压力感受性反射（减压反射）对血压的实时调控机制。

2. 验证肾上腺素与去甲肾上腺素通过α、β受体介导的血压调节差异，结合受体分布与功能特征分析其协同效应。

3. 通过分析受体激动剂/阻滞剂的剂量–效应关系，培养实验设计与数据分析能力。

【实验原理】

正常心血管的活动在神经、体液因素的调节下保持相对稳定，动脉血压是心血管功能活动的综合指标，其相对稳定对于保持各组织、器官正常的血液供应和物质代谢极其重要。颈动脉窦与主动脉弓分布着对机械牵张敏感的压力感受器，能够实时感知血压变化。当血压升高时，这些感受器通过主动脉神经（兔中独立为减压神经）和窦神经将信号传递至延髓孤束核，进而抑制交感神经中枢、激活迷走神经中枢。交感神经活性降低导致心脏 β_1 受体激动减少，心率减慢、心肌收缩力减弱；同时，交感缩血管神经张力下降，血管平滑肌 α 受体激活减少，外周阻力降低，共同促使血压回落。反之，当血压降低时，压力感受器传入信号减弱，交感神经兴奋性增强，通过释放去甲肾上腺素作用于心脏 β_1 受体（加快心率、增强心输出量）和血管 α 受体（收缩血管、增加外周阻力），从而提升血压。这一负反馈机制在生理状态下高效维持血压稳态。

体液因素通过血液循环广泛作用于心血管系统，其中肾上腺髓质分泌的肾上腺素（E）与交感神经末梢释放的去甲肾上腺素（NE）尤为关键。NE 主要激动血管平滑肌的 α_1 受体，引发强烈的血管收缩，显著增加外周阻力；同时轻度激活心脏 β_1 受体，增强心肌收缩力。E 的作用则呈现浓度依赖性：低浓度时优先激动骨骼肌和肝血管的 β_2 受体，引起局部血管舒张；但在高浓度（如病理状态下）可强力激活 α_1 受体（血管收缩）与 β_1 受体（心输出量增加），最终导致血压急剧上升。

受体激动剂与阻滞剂通过模拟或阻断内源性物质的作用，成为研究血压调控的重要工具。

【实验材料】

1. 实验对象　兔（体重 2.0～3.0 kg）。

2. 试剂与药品　麻醉药（20% 氨基甲酸乙酯）、0.3% 肝素生理盐水、生理盐水、0.01% 氯化

乙酰胆碱溶液、1%氯化乙酰胆碱溶液、0.01%硫酸阿托品溶液、1%硫酸阿托品溶液、0.01%盐酸肾上腺素溶液、0.01%重酒石酸去甲肾上腺素溶液、0.001%硫酸异丙肾上腺素溶液、1%盐酸酚妥拉明溶液、0.1%盐酸普萘洛尔溶液。

3. 仪器与材料　生物信号采集与分析系统（含血压换能器）、刺激器、保护电极、手术灯。家兔手术器械1套、兔台、小动物剃毛器、双凹夹、铁支架、颈总动脉PE导管、无损动脉夹、注射器（1 mL、2 mL、10 mL）及注射针头、纱布、丝线（3-0）等。

【实验方法】

1. 仪器连接和调试　将充满0.3%肝素生理盐水的动脉导管与血压换能器相连，确保动脉导管中没有气泡，血压换能器与生物信号采集与分析系统主机的1通道相连接，开启生物信号采集与分析系统和计算机。

2. 手术操作

（1）麻醉与固定：兔用20%氨基甲酸乙酯（5 mL/kg）耳缘静脉注射麻醉后，仰卧位固定于手术台上。

（2）分离颈部神经、血管：颈部备皮后，沿兔颈部正中线切开皮肤6~7 cm，右侧分离出颈总动脉、减压神经（最细）、交感神经和迷走神经（最粗），左侧分离出颈总动脉，并在动脉和各神经下穿线备用。

（3）左侧颈总动脉导管插管：连接血压换能器的动脉导管往心脏方向插入左侧颈总动脉，调整换能器位置与动物心脏处于同一水平面。颈总动脉插管具体手术操作方法见第四章第六节。

【观察项目】

1. 基础指标记录　动物状态稳定后，描记正常血压、心率，辨认血压的波形（图7-4）。

一级波（心搏波）：心脏的收缩和舒张而引起的血压波动，其频率与心率一致。

二级波（呼吸波）：呼吸时肺的扩张和缩小而引起的血压波动，与呼吸周期及其节律一致。一般一个呼吸波中有3~5个心搏波。

三级波：不常出现，可能是与心血管运动中枢紧张性活动的周期变化有关。三级波历时最长，由数个呼吸波组成。

曲线类型：血压

图7-4　正常血压曲线
上图一级波、下图二级波

2. 压力感受性反射效应

（1）牵拉左侧颈总动脉：手持左侧颈总动脉远心端的结扎线，朝向心方向轻轻拉紧，然后做有节奏的往复牵拉（2~5次/秒），持续3~5 s，记录血压及心率变化。

（2）夹闭对侧颈总动脉：用动脉夹夹闭右侧颈总动脉15 s，记录血压及心率的变化；然后快速松开动脉夹，记录血压及心率变化。

3. 药物受体机制分析

（1）观察肾上腺素能药物效应

1）耳缘静脉依次注射以下药物，记录血压及心率的变化。待血压及心率恢复正常再进行下一个药物。

0.01% 肾上腺素 0.2 mL/kg。

0.01% 去甲肾上腺素 0.2 mL/kg。

0.001% 异丙肾上腺 0.2 mL/kg。

2）静脉注射肾上腺素/去甲肾上腺素混合液（模拟嗜铬细胞瘤），观察血压骤升及反射代偿失效现象。

0.01% 肾上腺素 0.1 mL/kg + 0.01% 去甲肾上腺素 0.1 mL/kg，记录血压及心率的变化。

（2）受体阻滞剂预处理

1）α 受体阻滞剂（酚妥拉明）组

耳缘静脉注射 1% 酚妥拉明 0.2 mL/kg，3 min 后给予 0.01% 肾上腺素 0.2 mL/kg。

耳缘静脉注射 1% 酚妥拉明 0.2 mL/kg，3 min 后给予 0.01% 去甲肾上腺素 0.2 mL/kg。

耳缘静脉注射 1% 酚妥拉明 0.2 mL/kg，3 min 后给予 0.001% 异丙肾上腺素 0.2 mL/kg。

2）β 受体阻滞剂（普萘洛尔）组

耳缘静脉注射 0.1% 普萘洛尔 0.3 mL/kg，3 min 后给予 0.01% 肾上腺素 0.2 mL/kg。

耳缘静脉注射 0.1% 普萘洛尔 0.3 mL/kg，3 min 后给予 0.01% 去甲肾上腺素 0.2 mL/kg。

耳缘静脉注射 0.1% 普萘洛尔 0.3 mL/kg，3 min 后给予 0.001% 异丙肾上腺素 0.2 mL/kg。

3）M 胆碱受体激动剂（氯化乙酰胆碱）和阻断剂（阿托品）组

小剂量组：

耳缘静脉注射 0.01% 氯化乙酰胆碱 0.1 mL/kg，记录血压及心率的变化。

耳缘静脉注射 0.01% 阿托品 0.1 mL/kg，记录血压及心率的变化。

耳缘静脉注射 0.01% 阿托品 0.1 mL/kg，3 min 后给予 0.01% 氯化乙酰胆碱 0.1 mL/kg，记录血压及心率的变化。

大剂量组：

耳缘静脉注射 1% 氯化乙酰胆碱 0.1 mL/kg，记录血压及心率的变化。

耳缘静脉注射 1% 阿托品 0.1 mL/kg，记录血压及心率的变化。

耳缘静脉注射 1% 阿托品 0.1 mL/kg，3 min 后给予 1% 氯化乙酰胆碱 0.1 mL/kg，记录血压及心率的变化。

4. 神经干预实验

（1）刺激迷走神经外周端：待血压基本稳定后，双重结扎右侧迷走神经，并在两结扎线中间剪断迷走神经，用双极保护电极刺激迷走神经外周端，记录血压及心率的变化。

（2）刺激右侧减压神经：待血压基本稳定后，用双极保护电极刺激右侧减压神经，观察刺激完整减压神经时血压和心率的变化；双重结扎右侧减压神经，并在两结扎线中间剪断减压神经，用双极保护电极分别刺激减压神经的中枢端和外周端，记录血压及心率的变化。

【数据记录与分析】

1. 血压动态曲线　标注药物注射时间点，将心率（HR）、收缩压（SBP）、舒张压（DBP）实验数据填写入表 7-4 中，计算 SBP/DBP 变化幅度（ΔSBP/ΔDBP）、平均动脉压（MAP），分析血压变化率。

2. 受体效应量化　对比肾上腺素/去甲肾上腺素单用于拮抗剂预处理的血压变化率，绘制剂量-效应曲线。

表 7-4 神经体液因素及药物对家兔动脉血压的影响

兔体重：_____ kg　　　　麻醉药：_____　　　　麻醉药剂量：_____

实验条件	HR（次/分）	SBP（mmHg）	DBP（mmHg）	MAP（mmHg）
正常				
牵拉左侧颈总动脉				
夹闭右侧颈总动脉				
夹闭右侧颈总动脉后快速松开				
肾上腺素				
去甲肾上腺素				
异丙肾上腺素				
肾上腺素 + 去甲肾上腺素				
酚妥拉明 + 肾上腺素				
酚妥拉明 + 去甲肾上腺素				
酚妥拉明 + 异丙肾上腺素				
普萘洛尔 + 肾上腺素				
普萘洛尔 + 去甲肾上腺素				
普萘洛尔 + 异丙肾上腺素				
0.01% 氯化乙酰胆碱				
0.01 阿托品				
0.01% 阿托品 + 0.01% 氯化乙酰胆碱				
1% 氯化乙酰胆碱				
1% 阿托品				
1% 阿托品 + 1% 氯化乙酰胆碱				
刺激迷走神经外周端				
刺激右侧减压神经中枢端				
刺激右侧减压神经外周端				

二、传出神经系统药物对大鼠动脉血压的影响

【实验材料】

1. 实验对象　大鼠（体重 250~300 g）。
2. 试剂与药品　麻醉药（20% 氨基甲酸乙酯）、0.3% 肝素生理盐水、生理盐水、0.01% 氯化

乙酰胆碱溶液、1%氯化乙酰胆碱溶液、0.01%硫酸阿托品溶液、1%硫酸阿托品溶液、0.01%盐酸肾上腺素溶液、1%盐酸肾上腺素溶液、0.01%重酒石酸去甲肾上腺素溶液、0.001%硫酸异丙肾上腺素溶液、1%盐酸酚妥拉明溶液、0.1%盐酸普萘洛尔溶液。

3. 仪器与材料　生物信号采集与分析系统（含血压换能器）。鼠台、鼠类手术器械、手术灯、PE50动脉导管、静脉导管、动脉夹、注射器（1 mL、2 mL、10 mL）及针头、木夹、纱布、医用三通阀、丝线（4-0）等。

【实验方法】

1. 仪器连接和调试　同上。

2. 手术操作

（1）麻醉与固定：大鼠用20%氨基甲酸乙酯（0.5~0.6 mL/100 g）腹腔注射麻醉后，仰卧位固定于手术台上。

（2）分离颈总动脉、颈外静脉：颈部备皮后，沿大鼠颈部正中线切开皮肤分离左侧颈总动脉、右侧颈外静脉、右侧颈总动脉，并在动脉和静脉下穿线备用（具体手术操作方法见第四章第六节）。

（3）左侧颈总动脉导管插管、右侧颈外静脉插管：左侧颈总动脉导管另一端连接至血压换能器，调整换能器位置与动物心脏处于同一水平面，用于检测血压，右侧颈外静脉插管连接三通阀用于静脉给药（具体手术操作方法见第四章第六节）。

注：右侧颈外静脉插管也可以改用股静脉插管。大鼠一侧腹股沟处备皮，在股动脉搏动明显处，顺其走向剪开皮肤3~4 cm，暴露并分离股静脉，穿4-0丝线备用。提起近心端线以阻断血流使股静脉充盈，待静脉充盈后结扎远心端，左手提起结扎线，右手持眼科剪在结扎线头侧附近与血管呈45°角将静脉管壁剪一"V"形斜口，然后将充满肝素生理盐水的股静脉导管插入管腔内，再用另一根丝线结扎固定即可。

【观察项目】

1. 基础指标记录　动物状态稳定后，描记正常血压、心率，辨认血压的波形。

2. 压力感受性反射

（1）牵拉左侧颈总动脉：手持左侧颈总动脉远心端的结扎线，朝向心方向轻轻拉紧，然后做有节奏的往复牵拉（2~5次/秒），持续3~5 s，记录血压及心率变化。

（2）夹闭右侧颈总动脉：用动脉夹夹闭右侧颈总动脉15 s，记录血压及心率的变化；然后快速松开动脉夹，记录血压及心率变化。

3. 传出神经系统药物对血压的影响　颈外静脉或股静脉依次注射以下药物，记录血压及心率的变化。待血压及心率恢复正常再进行下个药物。

（1）肾上腺素能药物对血压作用的影响：静脉依次给予0.01%肾上腺素0.03 mL/100 g，0.01%去甲肾上腺素0.03 mL/100 g，0.001%异丙肾上腺0.03 mL/100 g。

（2）α肾上腺素受体阻滞药酚妥拉明对肾上腺素等药物对血压作用的影响。

1%酚妥拉明0.03 mL/100 g缓慢注入（约2 min），3 min后再给予0.01%肾上腺素0.03 mL/100 g。

1%酚妥拉明0.03 mL/100 g缓慢注入（约2 min），3 min后再给予0.01%去甲肾上腺0.03 mL/100 g。

（3）β肾上腺素受体阻滞药普萘洛尔对肾上腺素等药物对血压作用的影响。

0.1%普萘洛尔0.03 mL/100 g缓慢注入（约2 min），5 min后再给予0.01%肾上腺素0.03 mL/100 g。

0.1%普萘洛尔0.03 mL/100 g缓慢注入（约2 min），5 min后再给予0.001%异丙肾上腺0.03 mL/100 g。

（4）M胆碱受体激动剂（氯化乙酰胆碱）和阻断剂（阿托品）对血压作用的影响。

1）小剂量乙酰胆碱等药物对血压的影响

0.01% 氯化乙酰胆碱 0.03 mL/100 g 缓慢注入，记录血压及心率的变化。

0.01% 阿托品 0.03 mL/100 g 缓慢注入，记录血压及心率的变化。

0.01% 阿托品 0.03 mL/100 g 缓慢注入 2 min 后再给予 0.01% 氯化乙酰胆碱 0.1 mL/kg，记录血压及心率的变化。

2）大剂量乙酰胆碱等药物对血压的影响

1% 氯化乙酰胆碱 0.03 mL/100 g 缓慢注入，记录血压及心率的变化。

1% 阿托品 0.03 mL/100 g 缓慢注入，记录血压及心率的变化。

1% 阿托品 0.03 mL/100 g 缓慢注入后再给予 1% 氯化乙酰胆碱 0.1 mL/kg，记录血压及心率的变化。

（5）静脉注射肾上腺素/去甲肾上腺素混合液（模拟嗜铬细胞瘤），观察血压骤升及反射代偿失效现象。

0.01% 肾上腺素 0.02 mL/100 g + 0.01% 去甲肾上腺素 0.02 mL/100 g，记录血压及心率的变化。

1% 酚妥拉明 0.03 mL/100 g 缓慢注入（约 2 min），3 min 后再给予 0.01% 肾上腺素 0.02 mL/100 g + 0.01% 去甲肾上腺素 0.02 mL/100 g，记录血压及心率的变化。

【数据记录与分析】

将实验数据填写入表 7-5 中。

表 7-5　传出神经系统药物对大鼠动脉血压的影响

大鼠体重：_____ g　　　麻醉药：_____　　　麻醉药剂量：_____

实验条件	心率（次/分）	收缩压（mmHg）	舒张压（mmHg）	平均动脉压（mmHg）
正常				
牵拉左侧颈总动脉				
夹闭右侧颈总动脉				
夹闭右侧颈总动脉后快速松开				
0.01% 肾上腺素				
0.01% 去甲肾上腺素				
0.001% 异丙肾上腺素				
1% 酚妥拉明 + 0.01% 肾上腺素				
1% 酚妥拉明 + 0.01% 去甲肾上腺素				
0.1% 普萘洛尔 + 0.01% 肾上腺素				
0.1% 普萘洛尔 + 0.001% 异丙肾上腺素				
0.01% 氯化乙酰胆碱				
0.01% 阿托品				
0.01% 阿托品 + 0.01% 氯化乙酰胆碱				

实验条件	心率 （次/分）	收缩压 （mmHg）	舒张压 （mmHg）	平均动脉压 （mmHg）
1% 氯化乙酰胆碱				
1% 阿托品				
1% 阿托品 + 1% 氯化乙酰胆碱				
0.01% 肾上腺素 + 0.01% 去甲肾上腺素				
1% 酚妥拉明 + 0.01% 肾上腺素 + 0.01% 去甲肾上腺素				

技术路线图 7-4 神经体液因素及药物对动脉血压的影响实验流程图

【注意事项】
1. 动脉插管需排尽气泡，避免压力传导损耗。
2. 夹闭颈总动脉和刺激神经，均要避免过度牵拉，应尽可能在原位置上轻柔地进行。
3. 注意麻醉的深度，若实验时间长，适时补充麻醉药，实验后实施安死术。
4. 改变实验条件必须在各观察指标处于正常水平的基础上进行。该项目实验条件比较多，同一只动物不能全部完成实验，建议分组进行实验。

【思考题】
1. 根据实验结果，分析迷走神经、减压神经和交感神经对动脉血压的作用机制。
2. 肾上腺素、去甲肾上腺素和异丙肾上腺素对动脉血压的影响有何不同？为什么？
3. 夹闭与牵拉颈总动脉分别引起动脉血压如何变化？其机制是什么？
4. 用酚妥拉明后再用拟肾上腺素药血压有何变化？说明其机制。
5. 用普萘洛尔后再用拟肾上腺素药血压有何变化？说明其机制。
6. 刺激减压神经中枢端与外周端的血压反应为何不同？结合压力感受器反射通路分析。
7. 酚妥拉明预处理后肾上腺素升压效应减弱，但心率仍增加，试从受体亚型分布解释。
8. 为何阿托品不能完全阻断高浓度乙酰胆碱的降压作用？推测可能机制。

（陶 剑 严钰锋）

实验 13 急性中等量失血性休克及救治

【临床案例】
患者，男性，35 岁，因"车祸后腹痛、意识障碍 1 h"急诊入院。
现病史：驾驶时与护栏发生正面碰撞（方向盘撞击腹部），现场无开放性伤口。伤后迅速出现全腹持续性剧痛，意识模糊，四肢湿冷。
查体：血压 70/40 mmHg，心率 140 次/分，呼吸 32 次/分，SpO_2 88%，体温 35.8℃，腹式呼吸消失，腹肌板样强直，全腹压痛（+），肠鸣音消失。
辅助检查：Hb 65 g/L（↓），Hct 25%（↓）。血气分析：pH 7.25，乳酸 5.8 mmol/L（↑），BE

–10 mmol/L（↓）。

诊断：失血性休克，闭合性腹部损伤（脾破裂待排查）。

治疗：紧急输血、限制性液体复苏，并行剖腹探查止血术，术后转入 ICU 监测微循环指标。

拓展阅读 7-5
创伤失血性休克中国急诊专家共识（2023）

【分析与讨论】

1. 结合交感 - 肾上腺系统激活及血管加压素释放，分析休克早期血压代偿性维持的生理基础。

2. 从毛细血管前括约肌麻痹、白细胞黏附及血小板聚集，解释休克进展期组织缺氧的病理特征。

3. 对比晶体液与胶体液在休克治疗中的优劣，探讨限制性液体复苏策略的循证依据。

【实验目的】

1. 通过控制性放血建立家兔中等量失血性休克模型，观察临床休克代偿期至失代偿期的病理演变。

2. 通过观察血压、中心静脉压（CVP）、尿量及肠系膜微循环的动态变化，掌握休克分期的量化评估。强化团队协作，培养在危急场景下的责任担当与高效沟通能力。

3. 通过设计多模式抢救方案（补充液体/血管活性药/激素），评估不同干预措施对家兔微循环灌注及器官功能的改善效果，培养评判性思维与辩证思考"个体化治疗"的重要性。

【实验原理】

休克是多种原因引起的，以机体微循环功能失调为主要特征，并可导致多器官衰竭等严重后果的全身性病理过程。失血导致血容量减少，是休克常见的病因。休克的发生与否取决于失血量和失血速度，当血量锐减（如外伤出血、胃十二指肠溃疡出血或食管静脉曲张出血）超过总血量的 25%~30%，超出机体代偿能力时，可引起心排血量和平均动脉压下降而发生休克。根据失血性休克过程中微循环的改变，可将休克分为三期：休克早期（休克代偿期或微循环缺血性缺氧期）、休克中期（可逆性失代偿期或微循环淤血性缺氧期）、休克晚期（不可逆性失代偿期或微循环衰竭期）。但依失血程度及速度的不同，各期持续时间、机体的功能代谢变化及临床表现均有所不同。

对失血性休克的治疗，首先强调的是止血和补充血容量，以提高有效循环血量、心排血量，改善组织灌流；其次，根据休克的不同发展阶段合理应用血管活性药，改善微循环，必要时可予抗炎等治疗。

【实验材料】

1. 实验对象　兔（体重 2.0~3.0 kg）。

2. 试剂与药品　麻醉药（20% 氨基甲酸乙酯）、0.3% 肝素生理盐水、0.1% 肝素生理盐水、生理盐水、右旋糖酐 20 氯化钠注射液、0.2% 多巴胺、0.2% 间羟胺、地塞米松。

3. 仪器与材料　生物信号采集与分析系统（含血压换能器）、微循环观察仪、尿滴器、手术灯。兔台、兔手术器械 1 套、兔颈总动脉 PE 导管、兔颈外静脉 PE 导管、无损动脉夹、医用三通阀注射器（1 mL、10 mL、50 mL）、纱布、丝线（3-0、1-0）等。

【实验方法】

1. 仪器连接和调试　将充满 0.3% 肝素生理盐水的动脉导管与血压换能器相连，确保动脉导管中没有气泡，血压换能器与生物信号采集与分析系统主机的 1 通道相连接；将充满 0.1% 肝素生理盐水的静脉导管与血压换能器相连，血压换能器与生物信号采集与分析系统主机的 2 通道相连接。打开生物信号采集与分析系统主机电源，开启计算机。

2. 手术操作

（1）麻醉与固定：兔用20%氨基甲酸乙酯（5 mL/kg）耳缘静脉注射麻醉后，仰卧位固定于手术台上。

（2）颈部手术：从甲状软骨向下做5 cm长的颈正中切口，分离气管穿1-0丝线备用，分离右侧颈外静脉和左侧颈总动脉穿3-0丝线备用。

（3）颈总动脉、颈外静脉插管：右侧颈外静脉插入与相应换能器相连的静脉导管（预先充满肝素生理盐水），深约5 cm（至右心房入口处），描记中心静脉压曲线；左侧颈总动脉插入与相应换能器相连的颈动脉导管，描记血压曲线（具体手术操作方法见第四章第六节）；调整血压换能器位置与动物心脏处于同一水平面。

（4）气管插管：在气管上做一倒"T"形切口，插入气管插管，连接呼吸换能器，描记呼吸曲线。

（5）心电监测：分别将信号输入线白、红、黑色针型电极放置于动物的左后肢、右前肢和右后肢皮下，描记心电波形。

（6）腹部手术及膀胱插管：在下腹部耻骨联合上方做3~5 cm正中切口，找到膀胱，剪一小口，插入膀胱插管，用小圆针3-0丝线在少血管区进行荷包缝合，在荷包内做一切口，插管后拉紧缝线固定，用尿滴器记录尿量。

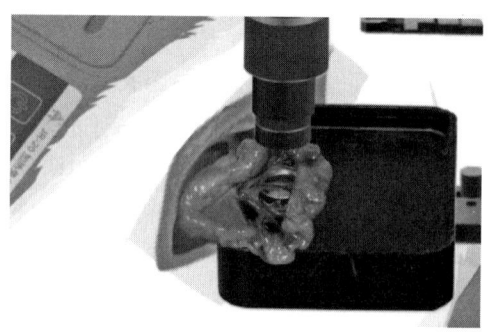

图7-5 肠系膜微循环观察示意图

3. 基础指标记录　动物状态稳定后，观察皮肤黏膜颜色、肛温、心率、血压、中心静脉压、呼吸及尿量等一般生理指标。

肠系膜微循环观察：腹直肌旁做一纵行的中腹部切口，钝性分离肌肉，打开腹腔后，推开大网膜，找出一段游离度较大的小肠肠袢，轻轻从腹腔中拉出，放置在微循环观察仪的恒温观测平台上（图7-5）。

4. 休克模型构建　打开三通阀，使血液从颈总动脉流入含少量肝素抗凝的50 mL注射器内，放血至平均动脉压40 mmHg（目标失血量≈总血容量的30%），维持血压40 mmHg左右15~20 min，观察失血后动物各项生理指标和肠系膜微循环的变化。

5. 干预治疗实验

（1）自行选择抢救治疗方案：单纯输注右旋糖酐20氯化钠注射液（20 mL/kg），回输全血，回输全血和生理盐水按1:1配制的混合液，输注全血+生理盐水（1:1）联合0.2%多巴胺（0.2 mg/kg）或0.2%间羟胺（0.2 mg/kg），输注全血联合地塞米松（5 mg）。

（2）操作要点：液体复苏速率初始30 mL/（kg·h），根据CVP调整。血管活性药需稀释后缓慢静脉推注，避免心律失常。

【观察项目】

1. 基础指标　平均动脉压（MAP）、CVP、心率、呼吸频率、尿量、肛温。
2. 微循环参数　血流速度（μm/s）、功能毛细血管密度（mm^2）、白细胞黏附数（100 μm）。

【数据记录与分析】

1. 将实验数据填写入表7-6中。

表 7-6 急性中等量失血性休克及复苏过程数据记录表

兔体重：＿＿＿＿kg　　麻醉药：＿＿＿＿　　麻醉药用量：＿＿＿＿mL

时间点	MAP （mmHg）	CVP （cmH$_2$O）	心率 （次/分）	体温 （℃）	呼吸频率 （次/分）	尿量 （mL/分）
正常						
休克期						
复苏后 20 min						

技术路线图 7-5　急性中等量失血性休克及救治实验流程图

2. 分析微循环的动态变化。

【注意事项】

1. 麻醉深浅要适度，麻醉过浅，动物疼痛，可致神经源性休克；过深则抑制呼吸。
2. 动脉/静脉导管事先用肝素生理盐水充盈，导管插入后，用 1 mL 注射器推注少量的肝素生理盐水；每次放血后也应及时往动脉导管内推注肝素生理盐水，以免导管被凝固的血液堵塞。
3. 输液时应注意三通阀的使用，输液装置只能单向与静脉导管相通，不能在输液的同时测中心静脉压。要观察中心静脉压，需关闭输液通道，使换能器与静脉导管单向相通。同样，从颈总动脉放血的同时亦不可测血压。
4. 实验后对存活动物实施安死术。

【思考题】

1. 当血压降至 40 mmHg 以后，停止放血，可以观察到血压有所回升，为什么？
2. 休克代偿期为何出现心率加快而血压暂时稳定？从交感-肾上腺系统激活角度分析。
3. 多巴胺与间羟胺在休克治疗中的作用机制有何差异？如何根据微循环状态选择血管活性药？

（范小芳　何永文）

实验 14　急性右心衰竭及治疗

【临床案例】

患者，女性，68岁，因"突发呼吸困难、胸痛 2 h"急诊入院。

现病史：长期卧床史，下肢深静脉血栓形成。2 h 前突发气促、晕厥，伴冷汗、发绀。

查体：血压 80/50 mmHg，心率 130 次/分，呼吸急促，双肺未闻及明显湿啰音，颈静脉怒张，肝颈静脉回流征阳性，双下肢水肿。

辅助检查：心电图显示 I 导联 S 波变深 >1.5 mm，Ⅲ 导联出现深的 Q 波和 T 波倒置，T 波在 V1~V4 导联倒置，提示右室负荷过重。超声心动图显示右心室扩张（RV/LV 直径比 >1），三尖瓣反流，肺动脉高压 60 mmHg（↑）。血液凝血功能检查示 D-二聚体 >5 μg/mL（↑）。

诊断：急性肺栓塞继发右心衰竭。

治疗：溶栓治疗（rt-PA 静脉输液），机械通气支持，限制性液体管理。

拓展阅读 7-6 Contemporary pharmacological treatment and management of heart failure

【分析与讨论】

1. 为何在急性右心衰竭时需限制液体输注？结合 Starling 定律和心室顺应性，分析过量补液对右心室功能的潜在影响。

2. 右心衰竭如何引发体循环淤血（如颈静脉怒张、肝颈静脉回流征阳性、下肢水肿）？

3. 若患者血压持续偏低（80/50 mmHg），除液体管理外，还可选择哪些血管活性药改善循环？试从肾上腺素受体分布及药理作用角度说明选择依据。

【实验目的】

1. 通过制备兔急性右心衰竭模型，观察右心衰竭的临床表现，加深对临床表现的病理生理学基础的理解。

2. 根据实验指标判断、分析及讨论急性右心衰竭的发病机制及其临床意义，进而培养自主学习、探究问题和临床思维能力。

【实验原理】

心力衰竭是心肌病变或代谢障碍或心脏负荷过重，引起心脏收缩和（或）舒张功能发生障碍，导致心排血量绝对或相对下降，不能满足机体代谢需要的一种病理过程。

急性心力衰竭是由于心功能异常出现的心力衰竭症状和体征急性发作、加重的一种临床综合征，包括急性左心衰竭、急性右心衰竭，以及慢性心力衰竭的急性发作。急性右心衰竭是由于右心室心肌收缩力急剧下降或右心前/后负荷突然加重，导致右心排血量急剧减少的临床综合征。主要表现为体循环静脉系统的过度充盈、静脉压升高、内脏充血（肝大、胃肠淤血）和水肿（腹水、胸腔积液及心包积液）等。

兔耳缘静脉缓慢推注液状石蜡，引起肺循环栓塞，导致肺动脉高压，增加右心室后负荷，再大量快速静脉输入生理盐水，增加右心的前负荷。短时间内右心前、后负荷过度增加，造成右心室收缩/舒张功能障碍，从而导致急性右心衰竭。

心力衰竭的核心病理生理机制是心肌 Ca^{2+} 转运异常造成的心肌兴奋-收缩耦联障碍。强心苷类药物（如毒毛旋花子苷 K）通过抑制 Na^+-K^+-ATP 酶活性，减少 Na^+ 外流，增加心肌细胞内 Ca^{2+} 浓度，从而发挥正性肌力作用。

【实验材料】

1. 实验对象　兔（体重 2.0～3.0 kg）。

2. 试剂与药品　麻醉药（20% 氨基甲酸乙酯）、0.3% 肝素生理盐水、0.1% 肝素生理盐水、生理盐水、液状石蜡、0.025% 毒毛花旋子苷注射液。

3. 仪器与材料　生物信号采集与分析系统（含血压换能器）、手术灯。兔台、兔手术器械、兔颈总动脉导管、兔颈外静脉导管、输液装置、无损动脉夹、注射器（1 mL、10 mL）、纱布、丝线（3-0、1-0）等。

【实验方法】

1. 仪器连接和调试　将充满 0.3% 肝素生理盐水的动脉导管与血压换能器相连，确保动脉导管中没有气泡，血压换能器与生物信号采集与分析系统主机的 1 通道相连接；将充满 0.1% 肝素生理盐水的静脉导管与血压换能器相连，血压换能器与生物信号采集与分析系统主机的 2 通道相连接。开启生物信号采集与分析系统和计算机。

2. 手术操作

（1）麻醉与固定：兔用 20% 氨基甲酸乙酯（5 mL/kg）耳缘静脉注射麻醉后，仰卧位固定于手术台上。

（2）颈部手术：从甲状软骨向下做 5 cm 长的颈正中切口，分离气管穿 1-0 丝线备用，分离右侧颈外静脉和左侧颈总动脉穿 3-0 丝线备用。

（3）颈总动脉、颈外静脉插管：右侧颈外静脉插入与相应换能器相连的静脉导管（预先充满肝素生理盐水），深约 5 cm（至右心房入口处），描记中心静脉压（CVP）曲线；左侧颈总动脉插入与相应换能器相连的颈动脉导管，描记平均动脉压（MAP）曲线；调整血压换能器位置与动物心脏处于同一水平面。颈部手术具体操作方法见第四章第六节。

（4）气管插管：在气管上做一倒"T"形切口，插入气管插管连接呼吸换能器，描记呼吸频率（R）。

3. 右心衰竭模型构建　耳缘静脉缓慢注射液状石蜡（0.1 mL/min），实时监测 MAP，当 MAP 降至 70 mmHg 或 CVP 明显上升时停止注射。液状石蜡注射 5 min 后，启动输液泵输注生理盐水（100～120 滴/分），描记 CVP、MAP 及呼吸变化，至 MAP 明显下降或 CVP 明显上升，或肝-颈静脉回流征阳性，停止输液。

4. 右心衰竭的治疗　静脉缓慢注射 0.025% 毒毛旋花子苷注射液（0.25 mg/kg），描记 CVP、MAP 及呼吸变化。

【观察项目】

1. 血流动力学指标　MAP、CVP、心率、呼吸频率的动态变化曲线。

2. 代偿与失代偿标志　CVP 骤升（>12 cmH$_2$O）、MAP 进行性下降、呼吸浅快。

3. 药物治疗　毒毛旋花子苷治疗 5 min、10 min、15 min 后 MAP、CVP、心率（HR）、呼吸频率（R）的改变。

4. 解剖学观察

（1）胸腔解剖：观察胸腔积液、肺水肿、心包积液及心脏外形的改变（心尖变钝）等现象。

（2）腹腔解剖：观察腹水、腹腔脏器，尤其是肝大、肠系膜血管淤血及肠壁水肿等现象。

【数据记录与分析】

将实验结果填写入表 7-7 中。

表 7-7　急性右心衰竭模型血流动力学变化

兔体重：_____kg　　　　　麻醉药：_____　　　　　麻醉药用量：_____

干预阶段	MAP（mmHg）	CVP（cmH$_2$O）	HR（次/min）	R（次/min）
正常				
液状石蜡注射后				
快速输液末期				
毒毛旋花子苷治疗后 10 min				

技术路线图 7-6　急性右心衰竭及治疗实验流程图

【注意事项】

1. 耳缘静脉推注液状石蜡是本次实验的关键步骤，速度要慢（以 0.1 mL/min 为宜），需密切注意血压变化，当血压降到 70 mmHg 时，无论注射了多少液状石蜡均应停止注射；如果已经推注了 1 mL 液状石蜡而血压没有下降到 70 mmHg，则可在密切监测血压的情况下补推少量液状石蜡（不超过 0.5 mL/kg）。

2. 实验后对存活动物实施安死术，解剖时避免组织损伤影响病理观察。

【思考题】

1. 液状石蜡注射后 CVP 升高早于 MAP 下降，其机制与临床肺栓塞病理过程有何关联？
2. 快速输液为何加剧右心衰竭？从心室压力 – 容积关系（PV 环）角度分析。
3. 本模型能否模拟慢性右心衰竭的病理特征？从心肌重构与代偿机制差异讨论。
4. 右心衰竭后出现腹水的机制是什么？

（张玉侠　范小芳）

实验 15　急性左心衰竭及强心苷对心力衰竭心脏的作用

【临床案例】

患者，男性，72 岁，因"突发呼吸困难、端坐呼吸 2 h"急诊入院。

现病史：高血压、冠心病病史 10 年，长期服用 β 受体阻滞剂。2 h 前突发气促、咳粉红色泡沫痰。

查体：血压 180/110 mmHg，心率 120 次 / 分，双肺满布湿啰音，下肢凹陷性水肿。

辅助检查：超声心动图示左室射血分数（LVEF）30%，左室舒张末内径（LVEDD）65 mm。脑钠肽（BNP）> 2 000 pg/mL（↑）。

诊断：急性左心衰竭（NYHA Ⅳ级）。

治疗：静脉推注呋塞米、硝酸甘油，并给予西地兰强心治疗，症状缓解后转入冠心病监护病房（CCU）。

【分析与讨论】

1. 从心脏泵功能与压力变化角度，分析左室收缩功能减退（LVEF↓）和心室扩张（LVEDD↑）如何导致肺循环淤血？
2. 西地兰（去乙酰毛花苷）增强心肌收缩力的药理作用机制是什么？
3. 分析维拉帕米诱导的急性心力衰竭模型与临床慢性心力衰竭的病理差异，讨论动物实验模型在模拟人类慢性心力衰竭病理过程中的局限性，并提出改进方案。

拓展阅读 7-7
过了剂量线，良药变"毒药"

【实验目的】

1. 通过左心室插管技术与血流动力学参数测定，理解急性左心衰竭时心脏泵血功能减退与心室压力 – 容积关系异常的病理生理学基础。
2. 通过观察西地兰对心肌收缩力、舒张功能及心室压力的调控效应，掌握正性肌力作用的药理学基础。
3. 通过分析实验数据与模型局限性，培养评判性科研思维，激发通过技术创新解决医学难题的责任感。

【实验原理】

心力衰竭（简称心衰）是指在各种致病因素作用下，心脏的收缩和（或）舒张功能发生障碍，使心排血量下降（绝对或相对），以致不能满足机体代谢需要的病理生理过程。常用的心力衰竭动物模型包括：①加重前负荷，包括快速大量输液，二尖瓣、三尖瓣和主动脉瓣关闭不全，动静脉短路和左心房主动脉吻合等。②加重后负荷，包括主动脉缩窄、主动脉狭窄、肺动脉缩窄和肺动脉狭窄。③冠状动脉缺血，如冠状动脉结扎、夹闭。④心室快速起搏。⑤心肌毒性及抑制药物，如阿霉素多用于建立慢性心衰模型，普萘洛尔、戊巴比妥钠、维拉帕米多用于建立急性心衰模型。

将心导管插入左心室，可以测量反映左心室收缩、舒张功能的一系列参数，是研究机体心功能的常用手段。观察指标一般包括左心室收缩压（LVSP）、左心室舒张压（LVDP）、左心室舒张末压（LVEDP）、左心室内压最大变化速率（$\pm dp/dt_{max}$）。

维拉帕米通过选择性抑制心肌细胞 L 型钙通道，减少 Ca^{2+} 内流，导致心肌收缩力下降和心率减慢。心排血量降低引发左心室舒张末压升高，肺静脉回流受阻，最终表现为急性左心衰竭的血流动力学特征（如 LVSP↓、LVEDP↑、肺水肿）。本实验采用维拉帕米建立兔急性心力衰竭模型。强心苷是一类具有选择性强心作用的药物，可与心肌细胞膜上 Na^+-K^+-ATP 酶结合并抑制其活性，减少 Na^+ 外流，增加心肌细胞内 Ca^{2+} 浓度，从而发挥正性肌力作用。

【实验材料】

1. 实验对象　兔（体重 2.0～3.0 kg）。

2. 试剂与药品　麻醉药（20% 氨基甲酸乙酯）、0.3% 肝素生理盐水、生理盐水、0.025% 西地兰注射液、0.25% 维拉帕米。

3. 仪器与材料　生物信号采集与分析系统（含血压换能器、信号输入线）、手术灯。兔手术器械 1 套、兔台、左心导管（PE 导管）、兔颈外静脉导管、气管插管、输液装置、无损动脉夹、注射器（1 mL、10 mL）、纱布、丝线（3-0、1-0）等。

【实验方法】

1. 仪器连接和调试　将充满 0.3% 肝素生理盐水的颈总动脉 PE 导管与血压换能器相连，血压换能器与生物信号采集与分析系统主机的 1 通道相连接；将充满 0.3% 肝素生理盐水的股动脉 PE 导管与血压换能器相连，血压换能器与 2 通道相连接。信号输入线与 3 通道相连接。打开生物信号采集与分析系统主机电源，开启计算机。

2. 手术操作

（1）麻醉与固定：兔用 20% 氨基甲酸乙酯（5 mL/kg）耳缘静脉注射麻醉后，仰卧位固定于手术台上。

（2）颈部手术：从甲状软骨向下做 5 cm 长的颈正中切口，分离气管穿 1-0 丝线备用；分离右侧颈总动脉、左侧颈外静脉，穿 3-0 丝线备用。颈部手术具体操作方法见第四章第六节。

（3）股部手术：分离左侧股动脉并插入股动脉 PE 导管，用于描记动脉血压（SBP、DBP）。

（4）左心室插管：调整血压换能器位置与动物心脏处于同一水平面。右侧颈总动脉插入与相应换能器相连的左心导管，观察 1 通道动脉血压波形，向心方向将导管缓缓送入，当导管进入左心室时，可以观察到动脉血压的波形突然变为左心室内压的波形。将心导管同颈总动脉固定。对心室内压进行微分，显示于通道 4，得到左心室内压变化速率信号。

（5）颈外静脉插管：左侧颈外静脉插管建立静脉输液通路。

（6）心电监测：分别将信号输入线白、红、黑色针型电极放置于兔的右前肢、左后肢和右后肢皮下，描记Ⅱ导联心电波形。

3. 心力衰竭模型构建　从颈外静脉通路输入 0.25% 维拉帕米（40 滴/分），待 SBP、LVSP 下降后减慢滴数至 10 滴/分，直至 $\pm dp/dt_{max}$ 下降 40%，并维持输注速率以稳定心衰状态 30 min 以上。

4. 强心苷对心力衰竭心脏的作用

治疗组：经兔右侧耳缘静脉注射西地兰 0.1 mL/kg，观察指标恢复至基线 80% 后停止记录。

毒性组：追加过量西地兰（0.2 mL/kg），记录心律失常（室性期前收缩、房室传导阻滞）及血流动力学失衡过程。

【观察项目】

1. 手术稳定 5 min 后，记录正常状态下 SBP、DBP、LVSP、LVEDP、±dp/dt$_{max}$ 及心电图。

2. 颈外静脉通路输入 0.25% 维拉帕米致心力衰竭期，观察记录 SBP、DBP、LVSP、LVEDP、±dp/dt$_{max}$、心率（HR）变化。

3. 耳缘静脉注射正常及过量的西地兰，观察记录上述指标及心电图的变化。

【数据记录与分析】

将实验数据填写入表 7-8 中。

表 7-8 西地兰对维拉帕米致急性心力衰竭兔左心室功能的影响

兔体重：_____ kg　　　麻醉药：_____　　　麻醉药用量：_____ mL

指标	SBP (mmHg)	DBP (mmHg)	LVSP (mmHg)	LVEDP (mmHg)	+dp/dt$_{max}$ (mmHg/s)	−dp/dt$_{max}$ (mmHg/s)	HR (次/分)
正常							
心衰模型期							
治疗组（0.1 mL/kg）							
毒性组（0.2 mL/kg）							

技术路线图 7-7 急性左心衰竭及强心苷对心力衰竭心脏的作用实验流程图

【注意事项】

1. 左心室插管需轻柔推进，避免损伤主动脉瓣。血压曲线的最低值突然接近基线是左心室插管成功的标志。

2. 输入维拉帕米后，血压下降即减慢输液速度，缓慢持续维持。

3. 毒性实验后应立即实施安死术，遵循动物实验伦理准则。

【思考题】

1. 注射西地兰后，心功能各指标有何改变？为什么？

2. 从 Na^+-K^+-ATP 酶抑制与膜电位关系分析，强心苷治疗为何需严格监测血钾浓度？

3. 过量强心苷导致室性心律失常的离子机制是什么？

（李　帆　胡　浩）

实验 16　利多卡因对氯化钡诱发心律失常的干预效应

【临床案例】

患者：男性，58 岁，因"突发心悸、晕厥 1 h"急诊就诊。

现病史：冠心病史 5 年，近期未规律服药。1 h 前突发心悸，随即意识丧失，持续 1 min 自行恢复。

查体：心率 180 次/分（室性心动过速），血压 85/50 mmHg，四肢湿冷。

辅助检查：心电图示 QRS 波增宽，心动过速，房室分离，可见室性融合波。血钾 4.2 mmol/L（正常）。

诊断：持续性室性心动过速（VT）。

治疗：静脉推注利多卡因（1.5 mg/kg），转为窦性心律；后续因误输过量导致窦性心动过缓，经阿托品逆转。

【分析与讨论】

1. 从心肌细胞电生理角度，解释氯化钡如何诱发异常自律性？这种异常活动与室性心动过速的发生有何关联？
2. 利多卡因通过阻滞钠通道治疗室性心动过速，为何过量使用会导致窦性心动过缓？

拓展阅读 7-8 心之节律——"抗心律失常药物最佳靶点假说"的提出

【实验目的】

1. 通过室性心律失常模型的制备，理解正常心电图的产生机制，以及心律失常的病因、发病机制、临床表现、防治的病理生理学基础，培养对知识的应用能力、临床思维能力、分析实际问题和解决问题的能力。
2. 通过观察利多卡因对异位节律的抑制效应，明确其抗心律失常的治疗窗。
3. 分析过量利多卡因导致的心脏传导抑制，培养安全用药意识。

【实验原理】

氯化钡能促进浦肯野纤维 Na^+ 内流，使动作电位 4 相自动去极化速率加快，心肌自律性增高，异位节律产生，导致心律失常的发生，故静脉注射氯化钡可制作心律失常病理模型。

利多卡因轻度抑制 Na^+ 内流，同时促进 K^+ 外流，能减慢动作电位 4 相自动去极化速率，降低自律性，对氯化钡所致心律失常有治疗作用。过量的利多卡因则阻滞动作电位 0 相 Na^+ 内流，引起心率减慢、房室传导阻滞和低血压。

本实验通过氯化钡诱发心律失常的动物模型，以心电图为指标，观察利多卡因的抗心律失常作用，以及过量利多卡因的致心律失常作用。

【实验材料】

1. 实验对象　SD 大鼠（体重 250～300 g）。
2. 试剂与药品　麻醉药（10% 水合氯醛、20% 乌拉坦）、0.8% 氯化钡、0.5% 盐酸利多卡因、0.1% 肝素钠生理盐水、生理盐水。
3. 仪器与材料　生物信号采集与分析系统（全导联心电线）、手术灯。鼠台、鼠类手术器械 1 套、小动物剃毛器、大鼠股静脉导管、无损动脉夹、纱布、丝线（4-0）等。

【实验方法】

1. 仪器连接　心电电极与生物信号采集与分析系统主机的 1 通道相连接，开启生物信号采集与分析系统和计算机。
2. 手术操作

（1）麻醉与固定：大鼠用 10% 水合氯醛与 20% 乌拉坦混合液腹腔注射麻醉（0.6 mL/100 g）后，仰卧位固定于手术台上。

（2）股静脉分离、插管：在大腿内侧股动脉搏动处，顺其走向剪开皮肤 2～3 cm，暴露并分离股静脉，下穿两条 4-0 丝线备用。无损动脉夹阻断近心端血流使股静脉充盈，待静脉充盈后结扎远心端，用眼科剪在静脉管壁剪一"V"形斜切口，将充满 0.1% 肝素钠生理盐水的股静脉导管插入管腔内，连同血管一起结扎固定，然后用远心端丝线再次结扎固定。

（3）心电电极连接：将全导联心电线的5个针型电极分别插入大鼠四肢皮下（红—右前肢、黄—左前肢、绿—左后肢、黑—右后肢）和左前胸皮下（白—胸骨左缘第4肋间），记录基线心电图（ECG）。

【观察项目】

1. 描记一段正常心电图（ECG）。

2. 室性心律失常模型制备　静脉注射0.8%氯化钡 4 mg/kg（0.05 mL/100 g），观察ECG变化（室性期前收缩→室性心动过速）。

3. 利多卡因治疗　大鼠出现心律失常后，股静脉推注0.5%盐酸利多卡因 5 mg/kg（0.1 mL/100 g），记录复律时间及心律类型。

4. 毒性验证　追加过量盐酸利多卡因 15 mg/kg（0.3 mL/100 g），观察窦性心动过缓/停搏，必要时注射阿托品（0.1 mg/kg）拮抗。

【数据记录与分析】

将实验结果填入表7-9中。

表7-9　利多卡因对氯化钡诱发心律失常的效应

大鼠体重：_____kg　　　麻醉药：_____　　　麻醉药用量：_____mL

干预因素	室性期前收缩频率（次/分）	VT持续时间（s）	心率（次/分）	QRS波宽（ms）
正常				
氯化钡诱导				
利多卡因治疗				
利多卡因中毒				

技术路线图7-8 利多卡因对氯化钡诱发心律失常的干预效应

【注意事项】

1. 氯化钡需快速推注以确保诱发VT，利多卡因需缓慢推注（>2 min）以降低低血压风险。

2. 心电电极需避免插入肌肉组织，防止肌电干扰。

3. 实验后对存活动物实施安死术，遵循"减少、优化、替代"的3R原则。

【思考题】

1. 为何氯化钡选择性作用于浦肯野纤维而非窦房结？

2. 利多卡因的"使用依赖性"特性如何解释其对VT的高效抑制？

3. 临床中如何通过心电图鉴别利多卡因中毒与高钾血症所致传导阻滞？

（祝宁侠　周寿红）

实验 17　急性高钾血症及其治疗

【临床案例】

患者，女性，65 岁，因"慢性肾衰竭血液透析后突发意识模糊"急诊就诊。

现病史：糖尿病肾病终末期，规律透析 3 年。透析后 4 h 出现四肢无力、心悸。

查体：心率 45 次 / 分（交界性逸搏心律），肌张力减退，腱反射消失。

辅助检查：血钾 7.8 mmol/L（↑），肌酐 850 μmol/L（↑）。心电图显示 T 波高尖呈帐篷状，P-R 间期延长，QRS 波增宽至 160 ms。

诊断：急性重度高钾血症。

治疗：10% 葡萄糖酸钙静脉推注拮抗心肌毒性，胰岛素 – 葡萄糖输注促进钾内移，急诊透析降钾。

【分析与讨论】

1. 高钾血症如何影响心肌细胞的电活动，最终导致心搏骤停？
2. 高钾血症的心电图变化与血钾浓度升高有何对应关系？
3. 葡萄糖酸钙和胰岛素 – 葡萄糖治疗高钾血症的作用靶点有何不同？为何需要联合使用？

拓展阅读 7-9
静脉推注氯化钾

【实验目的】

1. 通过复制兔高钾血症动物模型，模拟临床血钾浓度动态变化，提高实践操作能力。
2. 通过观察兔急性高钾血症时心电图的变化，并根据实验结果分析其机制，加深理解血钾浓度对心肌兴奋性、传导性、自律性及收缩性的影响，提高分析与解决问题的能力。
3. 通过救治急性高钾血症，理解药物作用的原理，培养危急重症电解质紊乱的快速处置能力，体会"时间就是生命的内涵"，珍爱生命，肩负好守护人民健康的医者职责。

【实验原理】

血清钾浓度高于 5.3 mmol/L 称为高钾血症。此时，机体内钾总量可增多、正常或缺乏。血钾浓度升高对心肌细胞的毒性作用极强，主要表现为心肌生理特性的改变及引发的心电图变化。高钾血症可降低心肌自律性、传导性、收缩性。心肌兴奋性呈双向变化，急性轻度高钾血症时，心肌兴奋性增高；急性重度高钾血症时，心肌兴奋性降低。高钾血症时心电图变化为 T 波高尖，P 波压低、增宽或消失，P-R 间期延长，R 波降低，QRS 波群增宽，心室颤动甚至心脏停搏。高钾血症的抢救原则是降低体内总钾量，应用葡萄糖和胰岛素静脉输入促进糖原合成，使细胞外钾转入细胞内，应用钙剂和钠盐拮抗高钾血症的心肌毒性作用。

本实验通过静脉注射氯化钾，造成兔急性高钾血症，诱发心律失常，观察心电图的变化。测定血钾浓度，掌握血钾升高对心脏的毒性作用，学习高钾血症的抢救治疗措施。

【实验材料】

1. 实验对象　兔（体重 2.0 ~ 3.0 kg）。
2. 试剂与药品　麻醉药（20% 氨基甲酸乙酯）、0.3% 肝素生理盐水、生理盐水、2% 及 10% 氯化钾溶液、10% 葡萄糖酸钙、胰岛素 – 葡萄糖液（50% 葡萄糖 4 mL + 1 U 胰岛素）。
3. 仪器与材料　生物信号采集与分析系统（含信号输入线）、血气分析仪、手术灯。兔手术器械 1 套、兔台、小动物剃毛器、兔颈总动脉 PE 导管、无损动脉夹、注射器（1 mL、2 mL、

10 mL）及注射针头、纱布、丝线（3-0）、头皮针等。

【实验方法】

1. 手术操作

（1）麻醉与保定：兔用 20% 氨基甲酸乙酯（5 mL/kg）耳缘静脉注射麻醉后，仰卧位固定于手术台上。

（2）右侧颈总动脉分离、插管：颈部备皮后，分离右侧颈总动脉并插管，以备动脉采血测定血钾浓度。右侧颈总动脉分离插管具体手术操作方法见第四章第六节。

（3）心电监测：分别将信号输入线白、红、黑色针型电极放置于动物的右前肢、左后肢和右后肢皮下，描记心电 II 导联波形。信号线与生物信号采集与分析系统主机 1 通道相连接。

2. 急性高钾血症模型复制　从兔耳缘静脉缓慢滴注 2% KCl 溶液（15~20 滴/分），复制急性高钾血症模型。

3. 药物抢救

（1）钙剂拮抗：快速静注 10% 葡萄糖酸钙（2 mL/kg），观察心电图复常时间。

（2）钾转移治疗：输注胰岛素-葡萄糖液（7 mL/kg），观察心电图复常时间。

【观察项目】

1. 基线数据采集　描记一段正常 II 导联心电图（重点：T 波振幅、QRS 时限、P-R 间期、心率），正常心电图见图 7-6，正常心电图波形和间期的意义见表 7-10。颈总动脉采血 1 mL，血气分析仪测定实验前血钾浓度。

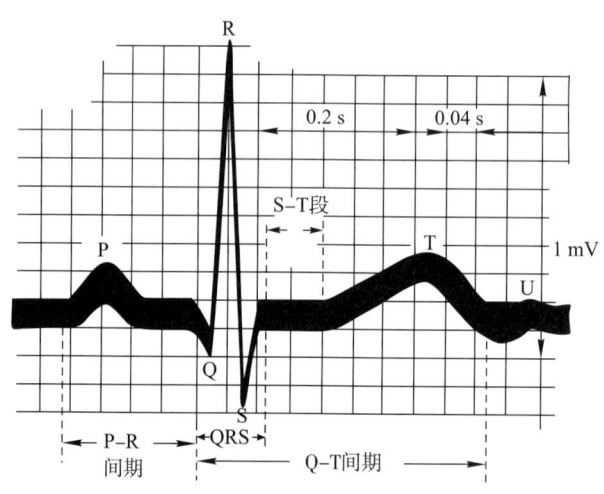

图 7-6　正常心电图模式图

表 7-10　正常心电图各波和间期的意义

名称	时间（s）	意义
P 波	0.08~0.11	心房去极化过程
QRS 波	0.06~0.10	心室去极化过程
T 波	0.05~0.25	心室复极化过程
P-R 间期	0.12~0.20	兴奋由心房到达心室的时间
S-T 段	0.05~0.15	心室全部去极化
Q-T 间期	0.32~0.44	心室去极化到完全复极化的时间

2. 观察高钾血症时心电图与血钾浓度　滴注 KCl 溶液过程中，密切观察记录心电图波形的变化：血清钾 > 6 mmol/L 时，出现基底窄而高尖的 T 波；7~9 mmol/L 时，P-R 间期延长，P 波消失，QRS 波群变宽，R 波降低，S 波渐深，S-T 段与 T 波融合；>9 mmol/L 时，出现正弦波，QRS 波群延长，T 波高尖；进而心室颤动、蠕动。当出现 T 波高尖、P-R 间期延长、P 波低平消失、QRS 波群增宽时，停止滴注 KCl 溶液，并从颈动脉取血 1 mL 测定血钾浓度。

3. 观察药物治疗后的心电图与血钾浓度　当出现中度高钾血症心电图波形后，停止滴注 KCl 溶液，立即从耳缘静脉输入 10% 葡萄糖酸钙（2 mL/kg）或胰岛素 – 葡萄糖液（7 mL/kg）。待心电图基本恢复正常后，再次取血 1 mL，测定抢救后的血钾浓度。

4. 心室颤动的观察　继续静脉输注 10% KCl（8 mL/kg）至心电图出现正弦波或心室颤动（重度高钾血症），立即停止输注，迅速在胸骨左缘第 3、4 肋骨处剪断肋骨，打开胸腔，观察心脏的搏动状态。

【观察项目】

1. 心电图特征　T 波振幅（mV）、QRS 时限（ms）、P-R 间期（ms）、心率。
2. 生化指标　血气分析仪或者血钾试剂盒测定动脉血钾浓度（mmol/L）。

【数据记录与分析】

将实验结果填写入表 7-11。

表 7-11　兔高钾血症模型及抢救实验结果

兔体重：_____kg　　麻醉药：_____　　麻醉药用量：_____mL

处理因素	血钾浓度（mmol/L）	T 波振幅（mV）	QRS 时限（ms）	P-R 间期（ms）	心率（次/分）
造模前					
2% KCl					
10% 葡萄糖酸钙治疗后					
胰岛素 – 葡萄糖液治疗后					
10% KCl					

技术路线图 7-9 急性高钾血症及其治疗实验流程图

【注意事项】

1. 氯化钾输注需缓慢控制输液速度，避免急性心脏停搏。
2. 抢救药物需提前准备好，当出现明显的心电图波形改变后，应立即输入抢救药物，以免错过抢救时机。

【思考题】

1. 为何高钾血症早期 T 波高尖，而重度时 P 波消失？
2. 钙剂和胰岛素 – 葡萄糖液解救高钾血症的机制是什么？

（刘　燕　杨秀红）

实验 18　急性心肌梗死模型制备及评价

【临床病例】

患者，男，62 岁，突发持续性胸痛 3 h，伴大汗、恶心、呕吐急诊入院。

现病史：患者 3 h 前静息时突发胸骨后压榨性疼痛，放射至左肩及下颌，含服硝酸甘油未缓解。既往有高血压病史 10 年，糖尿病史 8 年，吸烟史 30 年。

查体：血压 160/100 mmHg，心率 110 次 / 分，呼吸急促（24 次 / 分）。心音低钝，双肺底可闻及湿啰音。

辅助检查：心电图显示 $V_1 \sim V_5$ 导联 S-T 段弓背向上抬高，Q 波形成。心脏彩超显示左室前壁运动减弱，LVEF 35%（↓）。血肌酸激酶同工酶（CK-MB）125 ng/mL（↑），肌酸激酶（CK）260 U/L（↑），乳酸脱氢酶（LDH）3 500 U/L（↑），肌钙蛋白 I（cTnI）15.6 ng/mL（↑）。急诊冠脉造影显示左前降支近段闭塞（95% 狭窄）。

诊断：急性广泛前壁心肌梗死。

治疗：急诊经皮冠脉介入术（PCI）开通前降支，植入冠脉支架。

【分析与讨论】

1. 结合病例，分析急性心肌梗死的危险因素及病理生理机制。
2. 为何左前降支闭塞易导致广泛前壁心肌梗死？
3. 动物模型在急性心肌梗死研究中的意义及局限性是什么？

【实验目的】

1. 通过冠状动脉前室间支（左前降支）结扎技术建立兔急性心肌梗死模型，分析冠状动脉闭塞导致心肌缺血的病理生理机制。

2. 通过观察心肌梗死后心电图特征性改变（如 S-T 段抬高、Q 波形成），理解其与心肌损伤的关联性。

3. 掌握心电图监测、左心室插管血流动力学检测及血清心肌损伤标志物分析的实验方法，通过实践操作，培养数据记录、分析和解读的能力，为后续心血管疾病研究奠定基础。

【实验原理】

心肌梗死（myocardial infarction，MI）是因冠状动脉急性闭塞导致心肌持续性缺血缺氧，进而引发心肌细胞坏死的严重心血管疾病。其病理过程包括冠状动脉粥样硬化斑块破裂、血栓形成或持续性痉挛，最终造成血流中断，心肌能量代谢紊乱及细胞结构损伤。临床表现为心脏收缩与舒张功能障碍，严重时可导致心力衰竭或猝死。动物模型是研究心肌梗死病理机制及治疗策略的重要工具。大动物（如兔、犬、猪）因心脏解剖结构、冠状动脉分布及血流动力学特征与人类高度相似，能更真实地模拟临床心肌梗死的病理生理过程，适用于药物疗效评价、影像学技术验证及外科手术研究。小动物（如大鼠、小鼠）则因遗传背景清晰、繁殖周期短，便于构建基因工程模型，常用于分子机制探索及早期干预研究。目前建立心肌梗死动物模型的方法有多种，包括冠状动脉结扎法、药物法、微创法、电凝法及冷冻法等。冠状动脉结扎法是目前实验中最为常用的心肌梗死造模方法。通过手术暴露心脏并结扎目标冠状动脉（如前室间支），直接阻断血流供应，模拟冠状动脉急性闭塞的临床病理过程。冠状动脉和心的静脉见图 7-7。

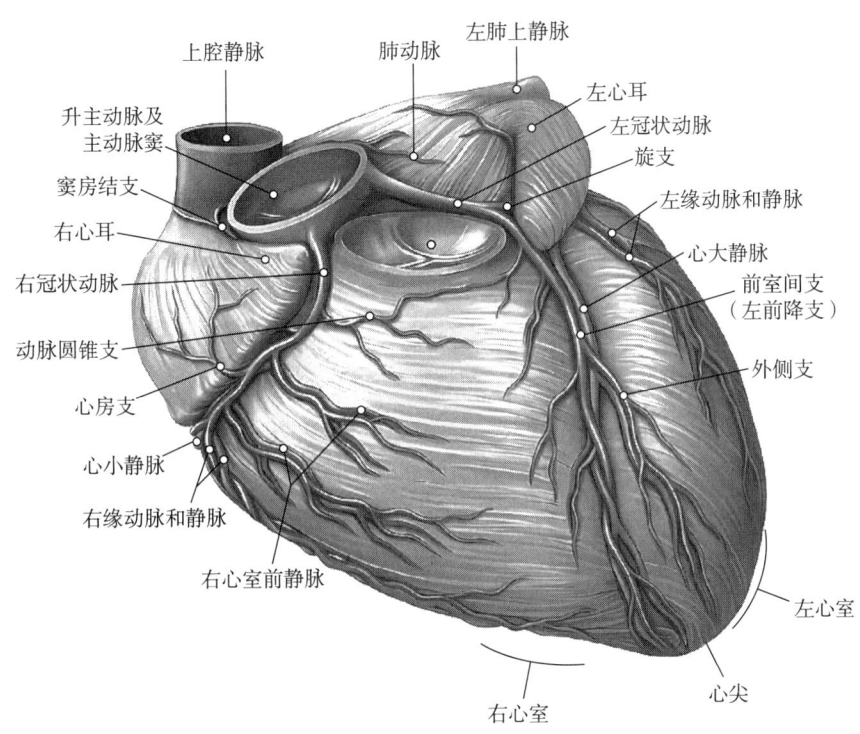

图 7-7 冠状动脉分布示意图（前面观）

【实验材料】

1. 实验对象　兔（体重 2.0~2.5 kg）。
2. 试剂与药品　麻醉药（20% 氨基甲酸乙酯）、0.3% 肝素生理盐水、生理盐水。
3. 仪器与材料　生物信号采集与分析系统（含全导联心电线）、全自动生化分析仪、小动物呼吸机、手术灯。兔手术器械、兔台、小动物剃毛器、动脉夹、PE 导管、注射器（20 mL）及注射针头、离心机、组织拉钩、开胸器、三角缝合针、持针器、纱布、丝线（1-0、5-0）、分离胶采血管等。

【实验方法】

1. 仪器连接和调试　将充满 0.3% 肝素生理盐水的颈总动脉 PE 导管与血压换能器相连，血压换能器与生物信号采集与分析系统主机的 1 通道相连接。全导联心电线接入全导联心电专用通道。开启生物信号采集与分析系统和计算机。

2. 手术操作

（1）麻醉与固定：兔用 20% 氨基甲酸乙酯（5 mL/kg）耳缘静脉注射麻醉后，仰卧位固定于手术台上。

（2）气管分离、插管：在气管上做一倒"T"形切口，插入气管插管，以备连接小动物呼吸机用。

（3）心电图描记：将全导联心电线 5 个针型电极刺入兔皮下分别固定于四肢（红—右前肢、黄—左前肢、绿—左后肢、黑—右后肢）和左胸前（白色—胸骨左缘第 4 肋间）。描记正常状态下的心电图。

3. 左心室插管　分离右侧颈总动脉，并将充满 0.3% 肝素生理盐水的 PE 导管从右侧颈总动脉插入左心室，记录血流动力学指标。

4. 急性心肌梗死模型复制　兔锁骨下至耻骨联合上方备皮，胸骨正中切开皮肤随即从剑突处开始剪开胸骨直至胸骨上窝下 1~2 cm 处，切忌损伤胸膜。用组织拉钩向两侧拉开胸骨以利手术视野的充分暴露（以暴露纵隔及心包为度，两侧胸膜完整，兔呼吸平稳），小心拨开肺叶，露出心包，用眼科剪纵行剪开心包壁层，游离出 3~4 cm 的纵行切口，仔细观察兔心脏左冠状动脉及其分支的解剖学位置。用 5-0 或 6-0 丝线结扎前室间支中上 1/3 处（深度 1.5~2.0 mm），结扎后可见结扎区心肌颜色变苍白，搏动幅度减弱，表明完全结扎。心包不缝，逐层缝合肌肉与皮肤，挤出胸腔气体，关胸后 15 min、1 h 复查心电图。

5. 采血　造模后 15 min、1 h 经右侧颈总动脉采血约 5 mL，800 g 离心力（RCF）离心 10 min，取上层血清备用。

假手术组兔只穿线不结扎冠状动脉，其余操作与模型组相同。

【观察项目】

1. 心电图　记录兔造模前后的心电图。

模型成功判断指标：结扎后可见心脏表面相应区域由鲜红色变成苍白色，结扎血管周围心肌发绀；心电图（Ⅱ导联、胸导联）表现为 S-T 段抬高或（和）T 波高耸或倒置等。

2. 血流动力学　记录 LVSP、LVEDP、$+dp/dt_{max}$、$-dp/dt_{max}$ 等指标。

3. 心肌细胞损伤标志物　采用全自动生化分析仪检测血清中 CK、CK-MB、LDH 及 cTnI 含量。

拓展阅读 7-10
TTC 染色

4. TTC 染色　另取健康兔（不做颈部手术），于急性心肌梗死术后 24 h，以 4℃预冷磷酸盐缓冲液（PBS，pH 7.4）灌流心脏，灌流后于预冷的 4% 多聚甲醛中固定（10~15 min），用心脏专用切片模具或振动切片机，沿冠状沟方向连续切片（厚度 1~2 mm），TTC 染色后测定梗死体积。此部分内容选做。

【数据记录与分析】

将实验结果填写入表 7-12、表 7-13 中。

表 7-12　兔急性心肌梗死心电图及血流动力学结果

兔体重：_____kg　　　麻醉药：_____　　　麻醉药用量：_____mL

组别	T 波振幅（mV）	S-T 段（mV）	LVSP（mmHg）	LVEDP（mmHg）	$+dp/dt_{max}$（mmHg/s）	$-dp/dt_{max}$（mmHg/s）
假手术						
急性心肌梗死前						
急性心肌梗死后 1 h						

表 7-13　兔急性心肌梗死心肌细胞损伤标志物结果

组别	CK（U/L）	CK-MB（ng/mL）	LDH（U/L）	cTnI（ng/mL）
假手术组				
急性心肌梗死前				
急性心肌梗死后 1 h				

技术路线图 7-10
兔急性心肌梗死模型制备及评价实验流程图

【注意事项】

1. 手术操作前应精确掌握兔心脏的解剖结构及冠状动脉的走向。兔的纵隔将左右胸膜隔开，使之互不相通，肺被肋胸膜和肺胸膜隔开，且兔的壁层胸膜与胸骨没有粘连，胸骨正中动脉血管较少。因此，开胸打开心包膜进行心脏实验操作时，只要不损伤双侧胸膜，就不必要进行人工通气。但若刺破胸膜，应立即连接小动物呼吸机。

2. 大多数兔的前室间沟位置和胸骨正中线相对应，开胸纵行剪开心包即可充分暴露前室间支。

3. 用撑开器撑开肋间隙时要注意力度，切勿撑断肋骨造成出血，导致手术视野模糊。

【思考题】

1. 在冠状动脉前室间支结扎过程中，如何确保手术操作的准确性和一致性？
2. 心肌缺血所致心电图及血流动力学改变的病理生理机制是什么？
3. 试述冠状动脉结扎法的原理与优势。

（范小芳　陶　剑）

网上更多……

自测题　　教学 PPT

第八章
呼吸系统实验

关键词

胸膜腔负压　　气胸　　缺氧　　酸碱平衡紊乱　　肺水肿
呼吸功能不全

随着大气污染日益加重、工业经济发展导致的理化因子、生物因子逐年增加，同时吸烟、肥胖和人口老龄化等因素，使呼吸系统疾病的发病率、患病率、死亡率明显增加，对人民健康造成很大的危害，疾病防治任务十分艰巨。认识呼吸系统正常的结构与功能，复制有效的呼吸系统疾病模型，研究其疾病发生发展的规律，寻求有效的治疗手段十分重要。本章在观察正常呼吸功能的基础上，使用不同治疗手段和疾病模型研究呼吸系统疾病的发生机制，在扩展理论知识的同时，增加对呼吸系统疾病症状体征的感性认识，明确药物的作用机制，是基础向临床转化的有效途径。

实验 19　胸内负压和气胸的观察

【临床案例】

患者，男性，28 岁，因"右侧胸痛、呼吸困难 1 h"急诊入院。

现病史：运动时突发右侧胸痛，进行性呼吸困难，伴口唇发绀。

查体：气管左偏，右侧胸廓饱满，叩诊鼓音，呼吸音消失。

辅助检查：胸部 X 线检查显示右侧肺组织压缩 90%，纵隔左移。动脉血气分析结果显示 pH 7.25（↓），PaO_2 55 mmHg（↓），$PaCO_2$ 60 mmHg（↑）。

诊断：右侧张力性气胸。

治疗：立即行胸腔闭式引流术，术后肺复张，生命体征平稳。

【分析与讨论】

1. 该患者呼吸困难的原因是什么？
2. 结合肺弹性回缩力与胸廓扩张的对抗平衡，解析胸膜腔负压维持肺泡扩张及静脉回流的双重作用。
3. 从胸腔闭式引流原理探讨张力性气胸的紧急处理策略，强调"排气减压"的核心地位。

拓展阅读 8-1
肺真能被气炸了？

【实验目的】

1. 学习胸腔穿刺术及水封瓶引流技术，掌握气胸模型的构建与救治方法，在技术操作规范中渗透生命教育，塑造"仁心仁术"的医学价值观。
2. 通过建立兔气胸模型，观察胸内负压的动态变化及其对呼吸、循环功能的影响，阐释胸内负压维持呼吸 – 循环耦联的核心作用。
3. 结合血气分析数据，解析气胸继发呼吸性酸中毒与混合性缺氧的病理生理学机制。

【实验原理】

胸内负压是维持正常呼吸运动的重要生理条件。在正常生理状态下，胸廓的自然容积大于肺的自然容积。胸廓和肺具有不同的弹性特征，胸廓倾向于向外扩张，而肺因弹性回缩力倾向于向内回缩。这两种相反的力量共同作用，使得胸膜腔内形成低于大气压的压力，即胸内负压。胸内负压的存在，保证了肺在呼吸过程中能随胸廓的运动而被动地扩张和回缩，维持正常的肺通气和肺换气功能。同时，它还可促进静脉血和淋巴液的回流，对维持心血管系统的正常功能也有重要意义。当构建气胸模型时，其病理生理改变基于胸内负压的破坏。通过人为地使胸膜腔与外界相通（如用穿刺针穿透胸壁），空气进入胸膜腔，打破胸膜腔内的负压状态。随着空气的不断进入，肺内压逐渐升高，甚至超过大气压，形成正压。这种压力的改变导致肺组织受到压迫，肺容积缩小，进而影响肺的通气和换气功能。气胸发生后，一方面，患侧肺受压萎陷，气体交换面积减少，氧气摄入和二氧化碳排出受阻，可导致机体缺氧和二氧化碳潴留；另一方面，肺内压的改变还会影响心脏和大血管的正常功能，可能导致静脉回流受阻，心排血量减少，进而影响全身的血液循环。

【实验材料】

1. 实验对象　兔（体重 2.0 ~ 3.0 kg）。
2. 试剂与药品　麻醉药（20% 氨基甲酸乙酯）、0.3% 肝素生理盐水、生理盐水。

3. 仪器与材料　生物信号采集与分析系统（含呼吸换能器、压力换能器）、水检压计、血气分析仪。兔手术器械1套、兔台、注射器（1 mL、2 mL、20 mL、50 mL）及针头、16号胸腔穿刺针、水封瓶、三通阀、"Y"形气管插管、颈总动脉PE导管等。

【实验步骤】

1. 仪器准备

（1）开启计算机和生物信号采集与分析系统，选择输入信号：通道1→压力，并自动调零（调零时压力换能器的压力腔务必与大气相通），记录血压、心率；通道2→呼吸，记录呼吸运动，调节两个通道的速度相同。

（2）胸腔内插管的导管通过"Y"管分别与水检压计和压力换能器相连，注意水检压计的零点应与胸壁插入点位于同一水平线上。

2. 胸内负压监测系统建立

（1）麻醉与固定：兔耳缘静脉注射20%氨基甲酸乙酯（5 mL/kg）麻醉后仰卧位固定于兔台上，备皮后行颈部及胸部手术。

（2）气管插管：分离气管并插入"Y"形管，连接呼吸换能器监测呼吸曲线。

（3）颈总动脉插管：分离右侧颈总动脉并插管，记录血压（具体操作见第四章第六节）。

（4）胸腔穿刺：右侧第4肋间腋前线处穿刺，连接水检压计记录胸内压。

3. 气胸模型构建

（1）气胸模型复制前指标的测定：观察并记录一段正常状态下的呼吸、血压曲线和心率。从右侧颈总动脉采血1 mL（打开三通阀开关，弃去最先流出的几滴血液后，用一次性注射器取血），送检血气分析。取血后应立即用少许生理盐水冲洗动脉导管，以免PE导管内血液凝固。

（2）闭合性气胸：关闭水检压计，通过三通阀注射50 mL空气入胸腔，打开水检压计检测胸内压，维持胸内压接近正压水平（约0 cmH_2O），观察呼吸、血压、心率的变化，维持约10 min后采血测定血气变化。

（3）张力性气胸：关闭水检压计，追加注射150 mL空气（用50 mL注射器分3~4次注入），打开水检压计检测胸内压，使胸内压大于正压水平（20~30 cmH_2O），观察呼吸、血压、心率的变化，记录纵隔移位征象及休克表现，维持约10 min后采血测定血气变化。

（4）开放性气胸：用16号胸腔穿刺针穿刺胸膜腔，使胸膜腔与外界大气通过针头相通造成右侧开放性气胸，观察呼吸、血压、心率及口唇黏膜颜色的变化，维持15~20 min后采血测定血气变化。

4. 救治干预

（1）抽气减压法：兔呼吸出现明显改变和口唇黏膜发绀后，用50 mL注射器通过原来插在胸膜腔内的针头，将胸膜腔内的空气尽量抽尽，同时观察兔呼吸、血压、心率的变化。尽早复张是气胸急症处理的关键，抽气是迅速解除呼吸困难的首要措施。

（2）水封瓶正压引流法（亦称肋间插管水封瓶排气法）：通过三通阀连接水封瓶闭式引流导管，将引流管置于水封瓶内液面下2 cm，进行气体引流，可见气体通过导管从瓶内水面持续产生气泡，待水封瓶中不再有气泡逸出，且玻璃管中液面不再波动，证明肺已复张。观察兔呼吸、血压、心率及口唇黏膜颜色的变化。

（3）血气动态监测：干预前、后动脉采血行血气分析。

【观察项目】

1. 生理指标　胸内压、呼吸频率与幅度、动脉血压、心率。

2. **血气参数** 动脉血 pH、血浆二氧化碳结合力（CO_2CP）、二氧化碳分压（$PaCO_2$）、氧分压（PaO_2）、标准碳酸氢盐（SB）、实际碳酸氢盐（AB）、碱剩余（BE）、K^+、Na^+、Cl^- 等。

3. **形态学改变** 肺萎陷程度、纵隔移位方向、皮下气肿范围。

【数据记录与分析】

将实验结果填写入表 8-1 中。

表 8-1 兔气胸模型对呼吸、循环功能的影响

指标	基线期	闭合性气胸	张力性气胸	引流后恢复期
胸内压（cmH_2O）				
呼吸频率（次/分）				
呼吸幅度（mV）				
心率（次/分）				
收缩压（mmHg）				
舒张压（mmHg）				
动脉血 pH				
PaO_2（mmHg）				
$PaCO_2$（mmHg）				
SB				
AB				
BE				

技术路线图 8-1 胸内负压和气胸的观察实验流程图

【注意事项】

1. 胸腔穿刺需垂直肋骨上缘进针，避免损伤肋间血管。张力性气胸模型需缓慢注气，防止压力骤升致心搏骤停。

2. 实验后对存活动物实施安死术，解剖观察肺组织损伤情况。

【思考题】

1. 张力性气胸为何导致颈静脉怒张？基于胸腔压力传导与中心静脉压关系分析。
2. 水封瓶引流后 PaO_2 未完全恢复基线，可能提示何种并发症？
3. 气胸并发呼吸困难后引起酸碱平衡紊乱，对机体有何影响？为什么？
4. 临床上哪些原因可以引起气胸？如何处理和治疗？

（范小芳 李 凡）

实验 20 实验性缺氧与耐缺氧

【临床案例】

患者，男性，32 岁，因"头痛、呼吸困难、乏力 2 天"急诊就诊。

现病史：近期赴西藏旅行，海拔约 3 800 m，未进行阶梯适应。症状逐渐加重，伴恶心、失眠。

查体：口唇发绀，呼吸急促（30 次/分），SpO_2 82%（未吸氧）。

辅助检查：动脉血气分析结果显示 PaO_2 45 mmHg（↓），$PaCO_2$ 30 mmHg（↓），pH 7.48（↑）。血常规检查显示 Hb 18 g/dL（↑），Hct 55%（↑）。

诊断：急性高原病（AMS）。

治疗：高压氧舱治疗，口服乙酰唑胺，转至低海拔地区后症状缓解。

【分析与讨论】

1. 根据患者动脉血气分析结果，从低张性缺氧的角度，解释 PaO_2 降低与 SpO_2 下降的机制。
2. 若患者未及时治疗，可能通过哪些慢性代偿机制改善缺氧？
3. 如何复制低张性缺氧及其他类型缺氧的动物模型？

拓展阅读 8-2
高原病的预防、诊断与治疗指南

【实验目的】

1. 通过规范小鼠腹腔注射技术操作，强调"3R 原则"在科研实践中的应用，树立尊重生命、规范研究的职业价值观。

2. 通过低氧环境模拟、一氧化碳（CO）暴露及亚硝酸钠等干预，建立低张性缺氧、血液性缺氧等模型，比较呼吸频率的变化、皮肤黏膜颜色、器官病理改变等的异同点，掌握各型缺氧发生的机制。

【实验原理】

在生命活动中，氧是维持细胞正常代谢和机体功能的关键物质。当组织细胞得不到充足的氧供应，或不能有效利用氧时，就会发生缺氧。根据缺氧原因和血氧变化的特点，缺氧可分为 4 种类型：①低张性缺氧（又称乏氧性缺氧），是指由外环境氧分压降低（如高原）、肺泡通气/换气功能障碍（如肺水肿）导致的氧气供给不足，其特点是动脉血氧分压明显下降。②血液性缺氧，多见于血红蛋白量减少（如贫血）或质异常（如 CO 中毒、高铁血红蛋白血症），从而引起携氧能力下降并伴有动脉血氧含量降低。③循环性缺氧，是全身或局部循环障碍（如休克、缺血性心脏病），导致组织血流量减少，含氧丰富的动脉血不能顺利、及时送达组织细胞，其特点是动-静脉血氧含量差增大（组织摄氧率代偿性升高）。④组织性缺氧，是线粒体氧化磷酸化受阻（如氰化物抑制细胞色素氧化酶），导致组织细胞利用氧障碍，其特点是静脉血氧含量异常升高（氧未被利用）。不同类型的缺氧，机体的血氧指标、循环系统、呼吸系统及皮肤与黏膜的颜色等均有不同的表现，而不同的内外因素也可以影响机体对缺氧的耐受性。

【实验材料】

1. 实验对象　小鼠（体重 25~30 g）。

2. 试剂与药品　钠石灰、甲酸、浓硫酸、5% 亚硝酸钠、0.5% 亚甲蓝、0.1% 盐酸普萘洛尔溶液、0.1% 硫酸异丙肾上腺素溶液、生理盐水。

3. 仪器与材料　生物信号采集与分析系统、缺氧实验瓶（300 mL）、一氧化碳（CO）实验瓶（300 mL）、CO 发生装置、CO 气囊袋、O_2 气囊袋、小鼠手术器械 1 套、注射器（1 mL）、量筒（10 mL、20 mL）。

【实验方法】

1. 乏氧性缺氧

（1）实验分组：取体重相近的小鼠 2 只，称重后随机分为单纯低氧鼠（1 号）、低氧高二氧化碳鼠（2 号）。

（2）小鼠急性缺氧实验系统准备：①将缺氧瓶传感器数据连接线插入生物信号采集与分析系统的 1 通道，开启生物信号采集与分析系统主机和计算机。②打开系统软件，选择通道 1 记录实验瓶内压力（Pre）、通道 2 记录 CO_2 浓度、通道 3 记录 O_2 浓度、通道 4 记录温度、通道 5 记录湿度。③方形皿中加入 40 mL 自来水。小鼠急性缺氧实验系统装置见图 8-1。

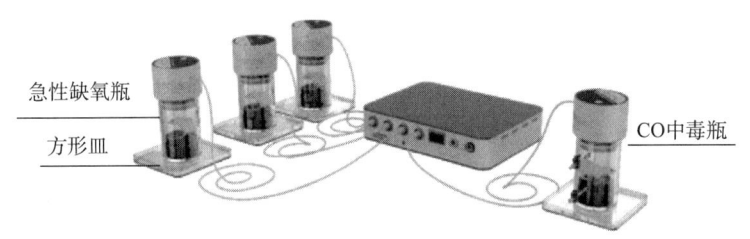

图 8-1 小鼠急性缺氧实验系统

（3）低氧暴露：在小鼠急性缺氧瓶内的钠石灰盒中加入 5 g 钠石灰，将单纯低氧的 1 号小鼠放入缺氧瓶中，观察其正常表现，盖上传感器盖（需盖紧密封），将缺氧瓶平放到盛水的方形皿中。观察记录缺氧小鼠的呼吸频率和深度变化，缺氧瓶中 CO_2 浓度、O_2 浓度、温度等变化直至小鼠死亡，记录小鼠死亡的时间。2 号小鼠（低氧高二氧化碳）缺氧瓶中不加钠石灰，其余方法同单纯低氧。

（4）计算小鼠的耗氧率：待动物死亡，打开缺氧瓶的传感器盖，收集缺氧瓶中吸入的水并测量毫升数，即为小鼠总耗氧量的毫升数。

耗氧率 [mL/(g·min)] = 总耗氧量（mL）/ 体重（g）× 存活时间（min）

（5）尸检：取出小鼠，打开腹腔和胸腔，观察小鼠血液、皮肤黏膜和肝颜色。

2. CO 中毒及抢救（血液性缺氧）

（1）实验分组：取体重相近的小鼠 2 只，随机分为单纯 CO 中毒鼠（3 号）、CO 中毒抢救鼠（4 号）。

（2）小鼠急性 CO 中毒实验系统准备：①将 CO 中毒瓶传感器数据连接线插入生物信号采集与分析系统的 1 通道。②打开系统软件，选择通道 1 记录实验瓶内压力（Pre）、通道 2 记录 CO 浓度、通道 3 记录 O_2 浓度、通道 4 记录温度、通道 5 记录湿度。③方形皿中加入 40 mL 自来水。小鼠急性 CO 中毒瓶见图 8-1。

（3）CO 中毒：在 CO 中毒瓶内的钠石灰盒中加入 5 g 钠石灰，将 3 号小鼠放入瓶中，观察其正常表现。盖上传感器盖（需盖紧密封），将 CO 中毒瓶放到盛水的方形皿中。通过 CO 中毒瓶上的三通阀注入 1 mL CO，关闭三通阀，密切观察并记录小鼠的呼吸频率和深度变化，瓶内 CO 浓度、O_2 浓度、温度等变化，直到小鼠死亡。同法，将 4 号小鼠放入瓶中，注入 1 mL CO 后密切观察，当小鼠站立不稳时，立即打开 CO 中毒瓶传感器盖，打开 O_2 气囊袋的三通阀，对准 4 号小鼠口鼻部供氧，直至小鼠清醒。

（4）尸检：颈椎脱臼法处死 3 号、4 号小鼠，打开 3 号、4 号小鼠腹腔和胸腔，比较血液、皮肤黏膜和肝颜色。

3. 亚硝酸钠中毒及抢救（血液性缺氧）

（1）实验分组：取体重相近的小鼠 2 只，随机分为亚硝酸钠中毒鼠（5 号）、亚甲蓝抢救鼠（6 号）。

（2）亚硝酸钠中毒及抢救

5 号小鼠：腹腔注射 5% 亚硝酸钠 0.3 mL + 生理盐水 0.15 mL。

6号小鼠：腹腔注射5%亚硝酸钠0.3 mL + 0.4%亚甲蓝0.15 mL。

（3）尸检：颈椎脱臼法处死5号、6号小鼠，打开5号、6号小鼠腹腔和胸腔，比较血液、皮肤黏膜和肝颜色。

4. 药物对小鼠缺氧耐受性的影响

（1）实验分组：取性别相同、体重差别不超过1 g的小鼠3只，称重编号，随机分为异丙肾上腺素处理鼠（7号）、盐酸普萘洛尔处理鼠（8号）、对照鼠（9号）。

（2）药物处理

7号小鼠：皮下注射0.1%硫酸异丙肾上腺素（0.2 mL/10 g），15 min后腹腔注射生理盐水（0.2 mL/10 g）。

8号小鼠：皮下注射0.1%硫酸异丙肾上腺素（0.2 mL/10 g），15 min后腹腔注射0.1%盐酸普萘洛尔（0.2 mL/10 g）。

9号小鼠：皮下注射等量生理盐水，15 min后腹腔注射生理盐水（0.2 mL/10 g）。

（3）低氧暴露：药物注射3 min后，将3只小鼠分别放入缺氧瓶内（瓶内放5 g钠石灰），盖上传感器盖（需盖紧密封），将缺氧瓶平放到盛水的方形皿中。观察记录小鼠的呼吸频率和深度变化，瓶内CO_2浓度、O_2浓度、温度等变化直至小鼠死亡。

【观察项目】

1. 生理指标 通过对瓶内气压压力的检测［全身体积描记（WBP）］反映动物的实时呼吸状态（呼吸频率和深度变化），观察各种缺氧类型小鼠的皮肤黏膜颜色（发绀/樱桃红/咖啡色）、活动状态（兴奋→抑制），小鼠存活时间。

2. 终末氧浓度 小鼠死亡时瓶内的O_2浓度、CO_2浓度。

3. 形态学指标 血液颜色（暗红/鲜红/棕褐）、肝色泽（鲜红/暗紫）。

【数据记录与分析】

将实验数据记录到表8-2中。

表8-2 不同类型缺氧模型的效应对比

编号	模型类型	耗氧率 mL/(g·min)	存活时间 (min)	终末O_2浓度	终末CO_2浓度	呼吸频率及深度	皮肤黏膜颜色	肝颜色
1	低张性缺氧（单纯低O_2）							
2	低张性缺氧（低O_2高CO_2）							
3	CO中毒							
4	CO中毒抢救							
5	亚硝酸钠中毒							
6	亚硝酸钠中毒+亚甲蓝抢救							
7	异丙肾上腺素							
8	异丙肾上腺素+普萘洛尔							
9	对照							

技术路线图8-2 实验性缺氧与耐缺氧实验流程图

【注意事项】
1. 小鼠腹腔注射，应靠近左下腹，勿损伤肝，但也应避免将药物注入膀胱。
2. CO 生成时避免明火，防爆燃。

【思考题】
1. CO 中毒小鼠血液呈樱桃红色，而亚硝酸盐中毒呈棕褐色，其机制与 Hb 衍生物类型有何关联？
2. 为何普萘洛尔可提高缺氧耐受性？从 β 受体阻滞剂降低心肌耗氧角度分析。

【附】
CO 制备方法：甲酸 9 mL + 浓硫酸 6 mL，加热至微沸（避免剧烈反应）。收集 CO 气体至气囊袋中。

（范小芳）

实验 21　膈肌放电与呼吸运动调节

【临床案例】
患者，女，65 岁。因新型冠状病毒感染入院，入院后病情迅速恶化，发展为重症肺炎，需长期机械通气支持。患者在接受机械通气治疗 3 个月后，病情好转，尝试脱机时出现明显呼吸困难，导致无法脱机。

现病史：患者入院时表现为发热、咳嗽、咳痰，随后病情持续加重，出现呼吸衰竭，立即行机械通气。在机械通气治疗期间，患者反复出现炎症反应，并发膈肌萎缩。

体格检查：患者神志清，呼吸急促，脱机时出现明显呼吸困难。胸部检查显示双侧肺底呼吸音减弱，叩诊呈浊音。

辅助检查：胸部 CT 显示双肺弥漫性病变，膈肌明显萎缩。血气分析结果显示：pH 7.30（↓），$PaCO_2$ 60 mmHg（↑），PaO_2 50 mmHg（↓），HCO_3^- 25 mmol/L（↓）。

诊断：膈肌萎缩，Ⅱ型呼吸衰竭伴呼吸性酸中毒。

【分析与讨论】
1. 为什么长期机械通气会导致膈肌萎缩？
2. 体外膈肌起搏器在治疗膈肌萎缩中的原理是什么？

拓展阅读 8-3
气到中毒，中的是什么毒？

【实验目的】
1. 掌握兔的麻醉、固定、气管插管及手术暴露膈肌等基本实验操作技能，准确记录和分析兔膈肌放电信号。
2. 通过观察兔膈肌放电与呼吸运动的关系，以及对实验数据的整理、分析，深入理解延髓呼吸中枢、膈神经及肋间神经在呼吸调节中的作用。
3. 了解动脉血中 PO_2、PCO_2 及 [H^+] 浓度变化如何通过反射机制调节呼吸运动，保持血液中气体分压的稳定。
4. 通过实验验证肺牵张反射在呼吸调节中的作用，培养严谨、细致的科学实验态度，激发对生理学现象的探究兴趣。

【实验原理】

呼吸，作为机体与外界环境间的气体交换过程，其节律性运动源于延髓呼吸中枢的调控。该中枢产生的节律性冲动，通过脊髓传递至膈神经和肋间神经，进而引发膈肌和肋间外肌的有序收缩与舒张，实现呼吸运动。膈神经放电是与吸气运动同步、有规律的群集性放电现象。膈肌放电与膈神经放电的信号形态基本一致，但信号远比后者强。

呼吸运动不仅受中枢神经系统的直接调控，还受到体内外多种刺激的反射性影响。这些刺激包括神经因素和理化因素，可直接作用于呼吸中枢或外周感受器。例如，动脉血液中的PO_2、PCO_2、$[H^+]$的变化，均能通过特定途径反射性地调节呼吸运动，以维持血液中气体分压的相对稳定。

肺部的牵张感受器在呼吸调节中也发挥着重要作用。当肺扩张时，对支气管和细支气管的机械性牵张刺激可通过肺扩张反射使吸气及时终止而向呼气转换；肺萎陷时可通过肺萎陷反射兴奋吸气。这两个反射弧的传入神经纤维都走行在迷走神经中。某些动物如兔，肺牵张反射在其吸气调节中起着重要作用。

本实验通过引导电极记录膈肌放电的方法，记录膈肌放电幅值、频率和时程以反映呼吸运动的吸气状态。膈肌放电信号的时程波宽和波幅可以反映呼吸运动的快慢和强弱变化。放电活动对应于吸气阶段，而在呼气阶段，膈肌则处于放松状态，无放电信号产生。在实验条件允许下，可对膈肌放电信号进行积分处理，以获取更为详细和全面的数据分析。

其他呼吸运动的记录方法有：通过引导电极记录膈神经放电，张力换能器连接剑突记录张力变化曲线，呼吸流速换能器连接气管插管记录呼吸流速变化曲线等。

【实验材料】

1. 实验对象　兔（体重 2.0~3.0 kg）。
2. 实验药品　麻醉药（20%氨基甲酸乙酯）、二氧化碳（CO_2）气体、氮气（N_2）气体、3%乳酸、生理盐水、1%吗啡溶液、10%尼可刹米溶液。
3. 实验器材　生物信号采集与分析系统（含呼吸换能器、张力换能器）、引导电极、刺激电极。兔手术器械 1 套、兔台、气管插管、手术丝线（1-0、3-0）、纱布、注射器（1 mL、2 mL、10 mL、20 mL）。

【实验方法】

1. 仪器连接和调试　开启生物信息采集与分析系统和计算机。引导电极连接于通道 1（输入信号→神经放电），记录膈肌放电；呼吸换能器连接于通道 2（输入信号→呼吸运动），记录兔的呼吸频率和幅度等。

2. 手术操作

（1）麻醉与固定：将兔称重后，耳缘静脉注射 20%氨基甲酸乙酯（5 mL/kg）麻醉，仰卧位固定于手术台上。

（2）颈部手术：颈部备皮后，自甲状软骨向下作约 5 cm 长的颈正中切口，用玻璃分针在颈总动脉鞘内分离双侧迷走神经，穿 3-0 丝线备用；游离气管，穿 1-0 丝线备用。具体操作见第四章第六节。

（3）气管插管并描记呼吸运动曲线：在气管上做一倒"T"形切口，插入气管插管连接呼吸换能器，描记呼吸曲线。

（4）膈肌暴露手术：胸腹部交界处备皮，摸到剑突后，在其表面沿正中线纵行切开皮肤 2~3 cm，用止血钳分离皮下组织及腹壁肌，暴露剑突。将剑突轻轻拉出，剪去其上牵连的筋膜，将剑突向头端方向提起，即可见剑突背侧的膈肌。将两根引导电极平行斜向上插入暴露的膈肌内，用动脉夹固定引导电极，接地电极夹在手术切口的皮肤上。

3. 运行软件　根据屏幕上显示的信号，适当调整信号的位移和增益，使信号完整易于读出。生物电放大器的低频滤波设置为 1.6 Hz 或 16 Hz，高频滤波设置为 5 kHz 或 50 kHz。

【观察项目】

1. 化学因素对呼吸运动的调节作用

（1）观察正常呼吸运动和膈肌放电波：待兔正常呼吸且信号稳定后（图 8-2），观察并记录膈肌放电和积分曲线作为对照（图 8-3），注意观察呼吸运动的幅度、频率与膈肌放电波形的关系。

（2）吸入 N_2：将 N_2 气袋对准气管插管的一端，放松 N_2 气袋的弹簧夹子，使 N_2 随兔吸气进入呼吸道，观察并记录膈肌放电变化。待呼吸运动变化明显时，停止 N_2 吸入，使其呼吸恢复。

（3）吸入 CO_2：将 CO_2 气袋对准气管插管的一端，放松 CO_2 气袋的弹簧夹子，使 CO_2 随兔吸气进入呼吸道，观察并记录膈肌放电变化。待呼吸运动变化明显时，停止 CO_2 吸入，使其呼吸恢复。

（4）血液 [H^+] 升高对呼吸运动的影响：从耳缘静脉注入 3% 乳酸 1~2 mL/kg，观察并记录膈肌放电变化。

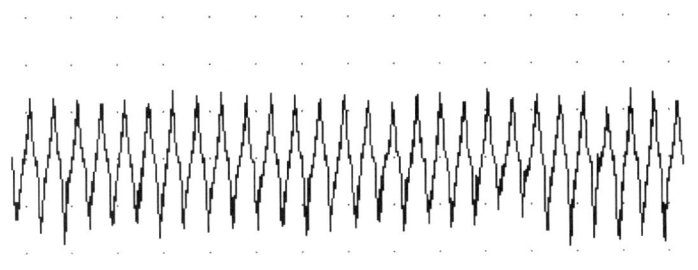

图 8-2　兔正常呼吸运动曲线

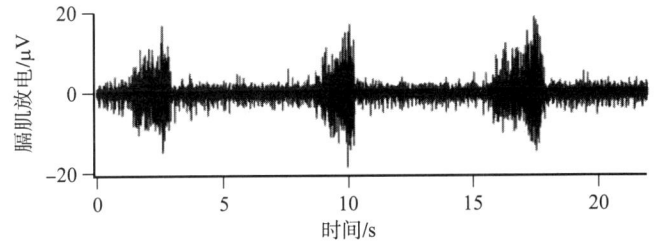

图 8-3　膈肌放电图

2. 肺牵张反射对呼吸运动的调节作用　实验前先记录一段正常对照信号，通过胸廓运动判断呼气和吸气的时间规律。

（1）肺牵张反射-吸气末打气：夹闭"Y"形气管插管一侧的硅胶管，另外一侧的硅胶管用于连接注射器。待吸气末膈肌放电结束时，将注射器内事先抽好的 20 mL 空气迅速注入肺内，保持气道封闭 10 s 左右，随后取下注射器保持气管通畅，观察并记录膈肌放电变化与恢复过程。

（2）肺牵张反射-呼气末抽气：兔呼吸节律恢复后，夹闭"Y"形气管插管一侧的硅胶管，另外一侧的硅胶管重新连上注射器，待呼气末膈肌放电开始瞬间，用注射器从肺内迅速抽气 20 mL 并使肺维持在萎陷状态（8 s 左右）直至看到膈肌放电发生明显变化，观察并记录信号。随后取下注射器保持气管通畅，等待兔呼吸节律恢复。

（3）切断颈迷走神经：待膈肌放电恢复平稳后，先切断一侧颈迷走神经，观察并记录膈肌放电变化；再切断另一侧颈迷走神经，记录并比较切断双侧迷走神经前、后的膈肌放电及呼吸频率和深度的变化。在切断迷走神经后，重复前述肺牵张反射步骤，观察并记录膈肌放电变化。

3. 吗啡、尼可刹米对呼吸运动的调节作用

（1）耳缘静脉注射生理盐水 1 mL/kg，观察并记录膈肌放电变化。

（2）耳缘静脉注射 1% 吗啡溶液 0.5 mL/kg，观察并记录膈肌放电变化。

（3）耳缘静脉注射 10% 尼可刹米溶液 1 mL/kg（缓慢推注），观察并记录膈肌放电变化。

【数据记录与分析】

将以上实验结果记录于表 8-3 中。

表 8-3 各因素条件下兔呼吸运动和膈肌放电的变化

兔体重：_____ kg　　麻醉药：_____　　麻醉药用量：_____ mL

观察项目	膈肌放电		呼吸运动		分析
	幅度（μV）	频率（次/分）	幅度（mL/分）	频率（次/分）	
正常					
吸入 N_2					
吸入 CO_2					
注射 3% 乳酸					
肺牵张反射 - 吸气末打气					
肺牵张反射 - 呼气末抽气					
切断一侧迷走神经 + 肺牵张反射 - 吸气末打气					
切断一侧迷走神经 + 肺牵张反射 - 呼气末抽气					
切断双侧迷走神经 + 肺牵张反射 - 吸气末打气					
切断双侧迷走神经 + 肺牵张反射 - 呼气末抽气					
注射 1% 吗啡溶液					
注射 10% 尼可刹米溶液					

技术路线图 8-3
膈肌放电与呼吸运动调节实验流程图

【注意事项】

1. 气管插管前应有效止血并注意清理呼吸道异物。

2. 插入肌电引导电极时，避免插入过深以防气胸，也避免记录到过强的心电信号。引导电极应尽量一次插成，不可反复插拔，造成血肿或膈肌损伤而影响肌电引导。电极需尽量固定好，避免实验过程中脱落。

3. 给予 N_2 和 CO_2 时，气体流量和流速不宜过大，观察到膈肌放电信号明显变化后即可停止。气管插管的另一侧管不可夹闭，只是用手指虚掩。

4. 注射乳酸时，注意勿漏出血管外，以免动物躁动。

5. 每项观察内容结束后，必须待膈肌放电与呼吸运动恢复正常，再进行下一项实验。

6. 吗啡抑制呼吸后，尼可刹米解救须及时，但注射速度不宜过快（防止惊厥）。

【思考题】

1. 膈肌放电现象与呼吸运动有何关系（是否先放电后收缩）？
2. 中枢神经系统在不同呼吸状态下如何调节膈肌放电？
3. 化学因素对膈肌放电有何影响？为什么？
4. 肺牵张反射在呼吸调节中的作用是什么？请结合实验观察结果说明。
5. 有哪些因素可以影响肺牵张反射的敏感性？请举例说明。
6. 在实验中，如果观察到膈肌放电突然减弱或消失，可能的原因有哪些？应如何处理？

（纳仁高娃　范小芳）

实验 22　急性呼吸功能不全与实验性肺水肿

【临床案例】

患者，男性，65 岁，吸烟史 40 年，平均每日吸烟量约 20 支。活动后气促、咳嗽、咳痰 10 余年，加重伴意识模糊 1 天。

现病史：患者于 10 余年前开始出现活动后气促，爬坡或快走时明显，伴有咳嗽、咳白色黏液痰，诊断为"慢性阻塞性肺疾病（COPD）"。症状反复发作，多于冬春季节加重。1 天前，患者受凉后出现咳嗽、咳痰加重，痰呈黄色脓性，伴有明显气促，休息时亦感呼吸困难，并出现嗜睡、对答不切题等意识模糊表现。无发热、胸痛、咯血等症状。高血压病史 5 年，规律服用降压药物，血压控制尚可。

查体：体温 36.8℃，心率 100 次/分，呼吸 28 次/分，血压 140/80 mmHg。嗜睡状，对答不切题，口唇发绀，球结膜轻度水肿。胸廓呈桶状，双肺呼吸音减弱，可闻及散在干、湿啰音，以双下肺为著。

辅助检查：动脉血气分析（未吸氧）结果显示 pH 7.30（↓），PaO_2 50 mmHg（↓），$PaCO_2$ 70 mmHg（↑），HCO_3^- 35 mmol/L（↑）。血常规检查显示白细胞数 12×10^9/L（↑），中性粒细胞 85%（↑），Hb 150 g/L。肝肾功能正常，电解质正常。胸部 CT 检查显示双肺多发斑片状、条索状影，可见支气管扩张表现，肺气肿征象明显。

诊断：慢性阻塞性肺疾病急性加重期，Ⅱ型呼吸衰竭，肺性脑病，高血压。

治疗：治疗原发病，给予持续低流量氧疗，纠正酸碱平衡紊乱，给予抗生素、支气管扩张剂等。

【分析与讨论】

1. 根据案例分析该患者发生Ⅱ型呼吸衰竭的机制是什么？为什么在治疗时需要采用持续低流量氧疗，而不是高流量氧疗？
2. 该患者出现了意识模糊等神经精神症状，结合血气分析结果，分析其可能的机制是什么？针对这种状况，除了氧疗之外，还应采取哪些治疗措施？

【实验目的】

1. 掌握急性呼吸功能不全动物模型的复制方法，包括窒息、气胸和急性肺水肿模型的建立。

2. 观察并分析不同类型急性呼吸功能不全模型动物的血压、心率、呼吸频率及血气分析等指标的变化，探讨呼吸衰竭的机制。

3. 通过分析实验数据与模型局限性，培养严谨求实的科学态度及评判性科研思维。

【实验原理】

呼吸衰竭是各种原因引起的肺通气和（或）换气功能严重障碍，以致不能进行有效的气体交换，导致缺氧伴（或不伴）二氧化碳潴留，从而引起一系列生理功能和代谢紊乱的临床综合征。在海平面、静息状态、呼吸空气条件下，并排除心内解剖分流和原发于心排血量降低等情况后，动脉血氧分压（PaO_2）低于 60 mmHg，或伴有二氧化碳分压（$PaCO_2$）高于 50 mmHg，即为呼吸衰竭（简称呼衰）。按血气分析结果，呼吸衰竭可分为两型：Ⅰ型（低氧血症型）表现为 $PaO_2 <$ 60 mmHg，$PaCO_2$ 正常或稍低；Ⅱ型（高碳酸血症）表现为 $PaO_2 <$ 60 mmHg，$PaCO_2 >$ 50 mmHg。

本实验通过造成动物窒息、气胸及急性肺水肿，复制通气功能障碍、气体弥散障碍及肺泡通气/血流比失调所引起的Ⅰ型和Ⅱ型呼吸衰竭模型，观察动物发生急性呼吸功能不全时的血压、心率、呼吸及血气分析等指标的变化，并分析其机制及初步掌握治疗措施。

一、急性呼吸功能不全

【实验材料】

1. 实验对象　兔（体重 2.0～3.0 kg）。

2. 试剂与药品　麻醉药（20% 氨基甲酸乙酯）、油酸（分析纯）、10% 葡萄糖溶液、0.3% 肝素生理盐水、生理盐水。

3. 仪器与材料　生物信号采集与分析系统（含呼吸换能器、压力换能器）、水检压计、血气分析仪。兔手术器械 1 套、兔台、注射器（1 mL、2 mL、20 mL、50 mL）及针头、16 号胸腔穿刺针、三通阀、"Y"形气管插管、颈总动脉 PE 导管等。

【实验方法】

1. 仪器连接和调试　选择输入信号：通道 1→压力，并自动调零（调零时压力换能器的压力腔务必与大气相通），记录血压、心率；通道 2→呼吸，记录呼吸运动，调节两个通道的速度相同。动脉导管内预先灌满 0.3% 肝素生理盐水。

2. 麻醉与固定　将兔称重后，从耳缘静脉缓慢注入 20% 氨基甲酸乙酯溶液 5 mL/kg 体重麻醉，仰卧位固定于兔手术台上。

3. 颈部手术　颈部备皮，沿颈部正中切口，切口长 5～7 cm，钝性分离右侧颈外静脉，穿线备用；钝性分离左侧颈总动脉，行左颈总动脉插管，以备动脉取血及测定血压；钝性分离气管并行气管插管，以备描记呼吸。

4. 动脉血采血方法　打开颈总动脉的动脉夹，缓慢打开三通阀开关，弃去最先流出的几滴血液后，采血 1 mL 送检血气分析。取血后应立即用肝素生理盐水冲洗动脉导管，以免动脉导管内血液凝固。

5. 急性呼吸衰竭模型复制方法

（1）复制急性阻塞性通气障碍：①用弹簧夹或血管钳将 "Y" 形气管插管上端侧管所套橡胶管夹住，使动物处于完全窒息约 30 s。取动脉血作血气分析并观察呼吸、血压变化。②立即解除夹闭，等 10 min 左右，待动物恢复正常。

（2）复制限制性通气障碍：于兔右胸 4~5 肋间插入 16 号胸腔穿刺针造成右侧开放性气胸，5~10 min 后取动脉血作血气分析，并观察呼吸及血压的变化。

（3）复制渗透性肺水肿：抬高兔头侧手术台，保持气管居中，用注射器取 10% 葡萄糖溶液 1~2 mL，将连接注射器针头的小导管插入兔气管分叉处，5 min 内缓慢匀速滴入气管内，造成肺水肿。密切观察动物呼吸形式、听诊呼吸音的变化和气管内是否有泡沫样液体流出。当气管内出现泡沫样液体流出时，取动脉血作血气分析。

（4）油酸致呼吸功能不全：从耳缘静脉缓慢注入油酸（0.06~0.1 mL/kg），密切观察动物呼吸形式、听诊呼吸音的变化和气管内是否有泡沫样液体流出。于注入药物后 30 min、60 min 分别取动脉血作血气分析。

（3）与（4）造模方法任选其一。

【观察项目】

1. 模型复制前指标的测定　待兔各项指标稳定后，观察并记录一段正常状态下的呼吸、血压曲线和心率。

2. 不同类型呼吸功能不全时呼吸、血压的变化。

3. 血气分析　动脉血 pH、PaO_2、$PaCO_2$ 等指标变化。

【数据记录与分析】

将以上实验结果记录于表 8-4 中。

表 8-4　急性呼吸功能不全时兔呼吸、血压及血气分析的实验结果

兔体重：_____kg　　　麻醉药：_____　　　麻醉药用量：_____mL

	呼吸		心率	血压	血气分析			全身情况
	频率（次/分）	幅度	（次/分）	（mmHg）	PaO_2	$PaCO_2$	pH	
正常								
阻塞性通气障碍								
限制性通气障碍								
渗透性肺水肿								
油酸致呼吸功能不全								

技术路线图 8-4
兔急性呼吸功能不全实验流程图

【注意事项】

1. 取动脉血标本时切忌与空气接触。

2. 在完成复制限制性通气障碍实验项目后，如需继续实验，应用 20 mL 注射器通过原来插在胸膜腔内的针头，将胸膜腔内的空气尽量抽尽。

3. 气管插管前及时止血并清理气管内淤血，保持气管通畅。

4. 胸膜腔插管时用力适度，防止过度用力造成气胸。

5. 人工气胸后胸膜腔内气体一定要抽净，待呼吸与血压恢复正常后方可进行后续实验。

【思考题】

1. 引起呼吸功能不全的常见病因及其机制有哪些？

2. 呼吸衰竭时出现哪些类型的血气变化，与酸碱平衡失调有何关系？

二、实验性肺水肿

【实验目的】

1. 掌握实验性肺水肿模型的复制方法，包括模型的原理、步骤和评价指标。
2. 熟悉肺水肿的临床表现、实验指标变化及其机制。
3. 了解急性肺水肿的常规治疗措施及作用机制。
4. 通过制定急性肺水肿的治疗方案，培养解决问题的能力；并根据实验观察到的现象，设计合理的治疗措施。

【实验原理】

肺水肿是指过多的液体积聚在肺组织间隙和（或）肺泡腔内的病理过程。

根据液体积聚部位，肺水肿可以分为间质性肺水肿和肺泡性肺水肿；根据发生机制，肺水肿还可以分为以肺毛细血管流体静压升高为特征的压力性肺水肿和以肺毛细血管通透性增高为特征的通透性肺水肿。

本实验在静脉大量、快速输入生理盐水的基础上再注入中毒剂量肾上腺素来复制急性肺水肿模型。

生理盐水大量、快速输入：循环血容量急剧增加，导致毛细血管流体静压升高、血浆胶体渗透压下降，影响血管内外液体平衡，随着有效滤过压的增加，组织液生成也随之增多。

肾上腺素的作用：肾上腺素通过激活心脏的 β_1 受体，增强心肌收缩力并加快心率，增加心排血量；同时，肾上腺素还作用于血管的 α_1 受体，引起血管收缩，导致回心血量过度增加。这些因素共同作用，导致肺循环血容量的急剧增加，肺毛细血管内流体静压的急剧升高，牵拉血管内皮细胞，增加微血管通透性，导致液体从血管内渗出到肺泡和间质中，最终引发急性肺水肿。

【实验材料】

1. 实验对象　兔（体重 2.0～3.0 kg）。
2. 试剂与药品　麻醉药（20% 氨基甲酸乙酯）、0.3% 肝素生理盐水、生理盐水、肾上腺素注射液、呋塞米。
3. 仪器与材料　生物信号采集与分析系统（含呼吸换能器）、血气分析仪、电子天平、听诊器。兔手术器械 1 套、兔台、注射器（1 mL、5 mL、20 mL）及针头、动脉夹、三通阀、纱布、棉线、烧杯、滤纸、丝线（1-0、3-0）、"Y"形气管插管、玻璃分针、颈总动脉 PE 导管、输液装置等。

【实验方法】

1. 仪器准备　血压换能器连接通道 1，呼吸换能器连接通道 2，打开生物信号采集与分析系统。系统软件上设定信号输入，通道 1→动脉血压，记录动脉血压曲线；通道 2→呼吸流量，记录呼吸曲线。
2. 颈部手术　兔称重、麻醉（20% 氨基甲酸乙酯经耳缘静脉注射，5 mL/kg）后仰卧位固定于兔台上，颈部备皮，钝性分离两侧迷走神经，穿线备用；分离气管，行气管插管，连接呼吸换能器，描记呼吸运动曲线；分离左侧颈外静脉并插管用于输液；分离右侧颈总动脉并插管用于测定血压与采血。
3. 实验分组及模型制备　分为对照组、单纯急性肺水肿组、剪断双侧迷走神经组、呋塞米治疗组。

（1）对照组：按照 50~60 滴 / 分滴速输入 120 mL/kg 生理盐水。

（2）单纯急性肺水肿组：打开静脉输液装置，按照 120 mL/kg，180~200 滴 / 分大量、快速输入生理盐水。输液过程中注意观察家兔血压曲线、呼吸运动曲线的变化，使用听诊器在肺底部听诊有无湿啰音出现，观察气管插管中有无粉红色泡沫样液体流出。待输液器中生理盐水剩余 10~20 mL 时，加入肾上腺素注射液 0.5 mL。

（3）剪断双侧迷走神经组：在输入所需生理盐水的一半时剪断双侧迷走神经。

（4）呋塞米治疗组：单纯急性肺水肿兔，其中一组待液体输入完毕，静脉给予呋塞米（1 mL/kg）治疗，另外一组不治疗。

【观察项目】

1. 描记血压曲线、呼吸运动曲线 观察记录正常兔血压曲线、呼吸运动曲线，听诊器听诊正常呼吸音。

2. 血气分析 待液体输入完毕，兔肺底部出现湿啰音或气管插管处有粉红色泡沫样液体流出时，从颈动脉插管取血 1 mL 用于血气分析。呋塞米治疗组在治疗结束后再次取血 1 mL 用于血气分析。

3. 检测肺系数 用止血钳夹住气管，处死动物。打开胸腔，在气管分叉处结扎气管，防止水肿液流出，在结扎处上方切断气管，小心分离并结扎心脏及其血管。最后将肺与心脏分离。滤纸吸干肺表面水分，称取肺的质量计算肺系数。肉眼观察肺大体改变，切开肺，观察切面有无泡沫样液体流出。

$$肺系数 = \frac{肺重（g）}{体重（kg）}$$

【数据记录与分析】

将以上实验结果记录于表 8-5 中。

表 8-5 急性肺水肿兔血压、呼吸运动和肺系数的变化

兔体重：_____kg　　　麻醉药：_____　　　麻醉药用量：_____mL

组别		血压（mmHg）		呼吸运动		肺系数	血气分析
		收缩压	舒张压	频率（次 / 分）	幅度（mL/min）		
正常对照组							
单纯急性肺水肿组	实验前						
	输液后						
剪断双侧迷走神经组	实验前						
	输液后						
呋塞米治疗组	实验前						
	输液后						
	治疗后						

技术路线图 8-5 兔急性肺水肿模型及其实验性治疗实验流程图

【注意事项】

1. 大量快速输液组兔，输液速度控制在 180~200 滴 / 分，不宜过快或者过慢。

2. 静脉插管固定要牢固，输液器装置内需排空气体。

3. 取出肺时避免损伤和挤压肺组织，以防水肿液流出，影响肺系数。

【思考题】

1. 根据哪些临床表现，可以判定兔发生了肺水肿？
2. 输液过程中剪断兔双侧迷走神经意义何在？
3. 剪断双侧迷走神经组和单纯急性肺水肿组兔的肺水肿有何不同？为什么？
4. 呋塞米治疗后，兔肺水肿是否好转？机制是什么？

（范小芳　张玉侠）

网上更多……

 自测题　　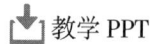 教学 PPT

第九章
消化系统实验

关键词

肝性脑病　　氨中毒　　紧张性收缩　　蠕动　　分节运动

> 消化系统主要是对食物进行消化和吸收，为机体的新陈代谢提供物质和能量的来源。如果消化和（或）吸收功能紊乱，就会引起消化系统疾病。消化系统实验将生理、药理、病理生理的内容有机融合，观察动物在正常状态下消化管的功能活动及规律、复制某些疾病的急性动物模型后观察其在病理状态下功能活动的改变并分析疾病发生发展的过程和机制、自行选择和利用某些药物及手段进行治疗并分析其作用机制等（实验项目包括氨在肝性脑病发病机制中的作用、小肠平滑肌的生理特性和药物的影响）。通过贴近临床和理论联系实际的实验模式，提高综合分析并解决问题的能力。

实验 23　氨在肝性脑病发病机制中的作用

【临床案例】

患者，男性，52 岁，因"意识模糊、行为异常 2 天"入院。

现病史：既往肝硬化病史 5 年，长期酗酒。近 2 天出现嗜睡、扑翼样震颤，血氨升高至 180 μmol/L（正常值 < 60 μmol/L），头颅 CT 未见出血或占位性病变。

查体：血压 110/75 mmHg，心率 92 次 / 分，扑翼样震颤阳性，皮肤、巩膜轻度黄染，余无特殊。

辅助检查：血氨 180 μmol/L（↑），头颅 CT 无异常，肝功能示 ALT 68 U/L、AST 85 U/L（↑）。

诊断：肝性脑病（Ⅱ期）。

治疗：乳果糖口服导泻、利福昔明抑制肠道产氨、L- 鸟氨酸 -L- 天冬氨酸降血氨，3 天后神志转清。

【分析与讨论】

1. 结合肝大部结扎与氯化铵灌注模型，分析血氨升高对中枢神经系统的毒性作用及其与肝代谢功能的关系。

2. 探讨氨与其他假说（如假性递质、氨基酸失衡）在肝性脑病中的相互作用。

3. 谷氨酸钠降氨的疗效是否完全逆转神经症状？对比临床新型降氨药物（如门冬氨酸鸟氨酸）的作用机制。

【实验目的】

1. 通过肝大部结扎联合十二指肠灌注氯化铵，模拟急性肝衰竭及高氨血症。

2. 观察血氨升高与神经行为学改变（如角弓反张、反射抑制）的关联性，验证氨中毒学说。

3. 使用谷氨酸钠中和血氨，探讨其缓解肝性脑病症状的分子机制。

【实验原理】

肝性脑病（hepatic encephalopathy，HE）是继发于严重肝疾病的神经精神综合征。现认为主要由脑组织代谢和功能障碍所致，具体的机制还不明确。主要假说有氨中毒学说、假性递质学说、血浆氨基酸失衡学说、γ- 氨基丁酸（GABA）学说等。其中，最早、最重要的学说是氨中毒学说。临床发现，60% ~ 80% 的肝性脑病患者有血氨升高，而且降血氨治疗可明显缓解大部分患者的肝性脑病症状。本实验依据氨中毒学说设计，采用肝大部分结扎，十二指肠插管注射氯化铵混合液复制肝性脑病的动物模型。从肠道吸收氯化铵后使血氨升高，对中枢神经系统产生毒性作用，引发肝性脑病的症状和体征。使用谷氨酸钠使其与血氨生成谷氨酰胺，从而降低血氨，达到治疗肝性脑病的作用。

【实验材料】

1. 实验对象　兔（体重 2.0 ~ 3.0 kg）。

2. 试剂与药品　麻醉药（1% 普鲁卡因溶液）、2.5% 复方氯化铵溶液、复方谷氨酸钠溶液、血氨测定试剂盒。

3. 仪器与设备　PA-4310 型血氨测定仪、离心机、恒温水浴箱。兔手术器械 1 套（含持针器）、兔台、圆形或角形缝合针、导尿管、三通阀、烧杯、纱布、注射器（5 mL、20 mL、

50 mL）、瞳孔测量尺、粗棉线、丝线（1-0、5-0）。

【实验方法】

随机选取一半数量的实验动物作为实验组，另一半动物作为假手术组。

1. 实验组　肝大部分结扎 + 复方氯化铵溶液。

（1）保定：兔禁食 12 h，称重后仰卧位保定于恒温手术台（37℃ ± 0.5℃），颈部正中及剑突至脐部区域（8 cm × 10 cm）备皮。

（2）颈部动脉插管：1% 普鲁卡因局部皮下浸润麻醉。在甲状软骨下行正中切口，分离颈总动脉并插管固定。从颈总动脉取血 2mL 用以检测血氨。

（3）上腹部手术：采用 1% 普鲁卡因溶液行局部浸润麻醉（剂量 ≤ 7 mg/kg），注射前逐层回抽确认无血管穿透。沿胸骨剑突下缘作 5~6 cm 上腹正中切口，剪开腹膜后，即可见位于右上腹的红褐色肝。入腹后采用双指探查法（示指与中指协同操作）定位肝膈面，采用钝性分离技术游离镰状韧带（保留膈侧残端 ≥ 0.5 cm），离断肝胃韧带内迷走神经分支。

（4）肝结扎：翻转肝显露肝门区，依据 Couinaud 分段法定位目标肝叶：左外叶（Ⅱ + Ⅲ 段）、左中叶（Ⅳa 段）、方形叶（Ⅳb 段）、右中叶（Ⅴ + Ⅷ 段）。使用生理盐水浸润后的 1-0 丝线结扎尾状叶根部，阻断肝左外叶、左中叶、右中叶和方形叶的血流供应，观察肝实质颜色由鲜红转为暗红（缺血时间 ≤ 15 s），保留右外叶及尾状叶维持肝功能代偿（供应右外叶及尾状叶的门静脉血管为独立分支）。

（5）十二指肠插管：沿胃幽门找出十二指肠降部，用眼科剪在肠壁作一小切口，将导尿管向空肠方向插入约 5 cm，5-0 丝线作荷包缝合固定，将肠管回纳腹腔，只留导尿管一端于腹外，以止血钳夹住腹壁切口，关闭腹腔。

（6）模型复制：向十二指肠插管注入复方氯化铵溶液，首次为 10 mL，后每隔 5 min 注射复方氯化铵溶液 5 mL，仔细观察动物情况（角膜反射、瞳孔大小、肌肉痉挛等），直至全身性痉挛发作停止注射。记录所用的复方氯化铵溶液总量，并计算每公斤体重的用量。从颈总动脉取血 2 mL 用以检测血氨。

（7）复方谷氨酸钠治疗：待兔全身性痉挛发作后，自耳缘静脉缓慢注入复方谷氨酸钠溶液（30 mL/kg），观察并记录治疗前后症状有无缓解。从颈总动脉取血 2mL 用以检测血氨。

2. 假手术组　肝叶假手术 + 复方氯化铵溶液。

（1）手术操作：假手术组动物不结扎肝叶，其余手术操作步骤同实验组。

（2）模型复制：向十二指肠插管注入复方氯化铵溶液，记录从推注氯化铵溶液直至出现肝性脑病痉挛发作的时间及氯化铵总量。从颈总动脉取血 2 mL 用以检测血氨。

（3）复方谷氨酸钠治疗：待兔全身性痉挛发作后，自耳缘静脉缓慢注入复方谷氨酸钠溶液（30mL/kg），观察并记录治疗前后症状有无缓解。从颈总动脉取血 2 mL 用以检测血氨。

【观察项目】

1. 观察并记录兔的一般情况，角膜反射、瞳孔大小以及对疼痛刺激的反应、角弓反张等。注意密切观察并记录复方谷氨酸钠溶液治疗后症状有无缓解。

2. 血氨浓度测定。按照血氨测定试剂盒的说明进行操作。

【数据记录与分析】

将实验结果填写入表 9-1 中。

表 9-1　氨在肝性脑病发病中的作用

兔体重：_____ kg

组别	一般情况	角弓反张	复方氯化铵溶液注射剂量（mL）	血氨浓度（μmol/L）
假手术组	术前			
	模型复制后			
	治疗后			
实验组	术前			
	模型复制后			
	治疗后			

【注意事项】

1. 游离肝时避免损伤膈肌及肝静脉，结扎线需紧贴肝叶根部，以防肝实质撕裂。
2. 确保导管固定牢固，防止溶液渗漏至腹腔加重毒性反应。
3. 区分动物挣扎（应激反应）与氨中毒性痉挛（强直性角弓反张）。
4. 一旦出现抽搐，停用复方氯化铵溶液，并立即注射复方谷氨酸钠溶液抢救。

【思考题】

1. 假手术组给予复方氯化铵后是否出现症状？此结果如何验证肝在氨代谢中的核心作用？
2. 复方谷氨酸钠治疗仅部分缓解症状的可能机制是什么？结合脑内谷氨酰胺蓄积的病理效应分析。
3. 为何复方氯化铵需添加碳酸氢钠？从肠道 pH 对氨吸收的影响角度解释。
4. 若增加"假性递质干预组"（如灌注苯乙醇胺），如何设计实验验证多学说协同机制？

（宋维芳）

实验 24　小肠平滑肌的生理特性及药物的影响

【临床案例】

患者，女性，34 岁，因"反复腹痛、腹泻伴便秘交替 1 年"就诊。

现病史：患者长期服用抗抑郁药（含抗胆碱能成分），近期出现腹胀、肠鸣音减弱。

查体：腹部稍膨隆，触诊软，脐周轻压痛，肠鸣音减弱（1~2 次/分）。

辅助检查：腹部超声检查示肠蠕动减缓。

诊断：药物性肠动力障碍。

治疗：停用相关药物，改用促胃肠动力药（如莫沙必利），症状显著缓解。

【分析与讨论】

1. 结合本案例，讨论抗胆碱能药物如何影响小肠平滑肌的自律性、收缩性与伸展性，从而导致肠动力障碍。
2. 抗胆碱能药物如何通过阻断胆碱能受体影响小肠平滑肌的神经支配和肌肉收缩。结合案例中患者的症状（如腹痛、腹泻、便秘交替及腹胀），分析所用抗抑郁药如何改变小肠平滑肌的收缩频率和强度，进而导致肠蠕动减缓。

【实验目的】

1. 学习离体小肠标本制备及张力记录方法，理解平滑肌灌流系统的构建原理。
2. 观察不同药物刺激对平滑肌自律性、紧张性和收缩节律的影响。
3. 通过激动剂与拮抗剂的交互作用，阐明胆碱、肾上腺素及组胺受体在胃肠动力调控中的作用。

【实验原理】

消化道平滑肌除具有肌肉的共性外，尚有其不同于心肌和骨骼肌的特性，主要表现在其自动节律性缓慢而不规则、伸展性较大、兴奋性较低、具有一定的紧张性，对电刺激和切割不敏感，而对牵拉、温度变化、酸碱、肾上腺素、乙酰胆碱等理化刺激敏感。

离体小肠平滑肌在适宜的环境下可以保持其生理特性。本实验采用离体器官灌流方法，观察哺乳类动物胃肠平滑肌的一般特性，学习离体平滑肌运动的记录方法，通过观察药物、温度变化对离体小肠平滑肌运动的影响，加深对平滑肌基本特性的理解。

【实验材料】

1. 实验对象　豚鼠（体重 400~500 g）或兔（体重 2.0~3.0 kg）。
2. 试剂与药品　台氏液（pH 7.4，38 ℃）、0.01% 氯化乙酰胆碱、0.05% 硫酸阿托品、0.001% 磷酸组胺、1% 苯海拉明、1% $BaCl_2$ 溶液、0.001% 肾上腺素、1% 酚妥拉明、1 mol/L 盐酸（HCl）、1 mol/L 氢氧化钠（NaOH）。
3. 器械与设备　生物信号采集与分析系统（含张力换能器）、恒温平滑肌实验系统。手术剪、镊子、移液枪及吸头（200 μL）。

【实验方法】

1. 恒温平滑肌实验系统的准备　开启生物信号采集与分析系统与恒温平滑肌实验系统（图 9-2A），张力换能器与生物信号采集与处理系统 1 通道相连接。麦氏浴槽内充满台氏液 20 mL 并预先氧饱和，温度控制在 38 ℃ ± 0.5 ℃。
2. 制备离体肠段　动物安死术后（豚鼠可用异氟烷诱导吸入麻醉后颈椎脱臼法）迅速开腹，在十二指肠及其邻近部位剪 20~30 cm 长的肠段（空肠、回肠），用台氏液冲洗肠段中的内容物，然后剪成数小段（每段长 1~2 cm），置于 38.0 ℃的台氏液的平皿中备用。
3. 标本连接及记录　轻取一段标本，一端用线系在装置的小钩上，对角线方向将另一端用与张力换能器相连的小钩钩住，慢慢放入浴管中并调节其紧张度至适宜（预负荷 2 g），此时标本通过张力换能器与生物信号采集与分析系统相连（图 9-2B）。
4. 平衡稳定　标本连接好后适应 10~15 min，描记一段离体小肠平滑肌正常收缩曲线。麦氏浴槽内持续通混合气体（95% O_2 + 5% CO_2）或空气（每秒 1~2 个气泡）。

视频 9-1
离体肠段标本的制备

【观察项目】

加入药物观察并记录曲线。

1. 乙酰胆碱组　加入 0.01% 氯化乙酰胆碱 0.2 mL，观察肠管张力和收缩活动的变化。换液，冲洗 3 次。加入 0.05% 硫酸阿托品 0.1 mL，然后再加入 0.01% 氯化乙酰胆碱 0.2 mL，观察肠管张力和收缩活动的变化。换液，冲洗 3 次。
2. 磷酸组胺组　加入 0.001% 磷酸组胺溶液 0.2 mL，观察肠管张力和收缩活动的变化。换液，冲洗 3 次。加入 1% 苯海拉明 0.2 mL，1 min 后再加入 0.001% 磷酸组胺溶液 0.2 mL，观察肠

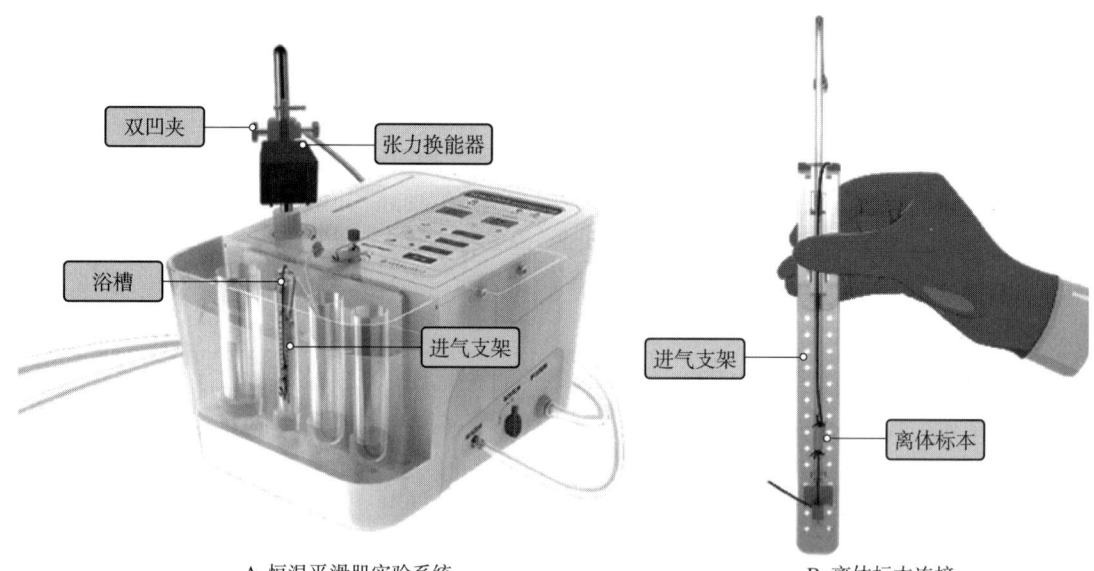

图 9-1 恒温平滑肌实验系统及离体标本连接示意图

A. 恒温平滑肌实验系统　　B. 离体标本连接

管张力和收缩活动的变化。换液，冲洗 3 次。

3. $BaCl_2$ 组　加入 1% $BaCl_2$ 溶液 0.3 mL，作用达到最高点时，加入 0.05% 硫酸阿托品 0.1 mL 再加入 1% 苯海拉明 0.2 mL，观察肠管张力和收缩活动的变化。换液，冲洗 3 次。

4. 肾上腺素组　加入 0.001% 肾上腺素 0.2 mL，观察肠管张力和收缩活动的变化。换液，冲洗 3 次。加入 1% 酚妥拉明 0.2 mL，观察肠管张力和收缩活动的变化，再加入 0.001% 肾上腺素 0.2 mL 观察肠管张力和收缩活动的变化。换液，冲洗 3 次。

5. 盐酸组　加入 1 mol/L 的 HCl 溶液 0.3 mL，观察肠管张力和收缩活动的变化。换液，冲洗 3 次。

6. 氢氧化钠组　加入 1 mol/L 的 NaOH 溶液 0.3 mL，观察肠管张力和收缩活动的变化。换液，冲洗 3 次。

【数据记录与分析】

将实验结果填写入表 9-2 中。

表 9-2　药物对离体小肠平滑肌收缩的影响

干预条件	频率（次/分）	幅度（g）	张力（g）
乙酰胆碱			
阿托品 + 乙酰胆碱			
磷酸组胺			
苯海拉明 + 磷酸组胺			
$BaCl_2$			
$BaCl_2$ + 硫酸阿托品 + 苯海拉明			
肾上腺素			
酚妥拉明 + 肾上腺素			
盐酸			
氢氧化钠			

【注意事项】

1. 全程保持台氏液氧饱和（95% O_2 + 5% CO_2，或空气），避免缺氧导致平滑肌失活。
2. 严格按浓度梯度加药，防止过量引起不可逆损伤。
3. 浴槽温度波动需 ≤ ±0.5℃，避免热应激影响实验结果。
4. 实验后对动物尸体进行无害化处理，符合实验动物伦理要求。

【思考题】

1. 阿托品预处理后乙酰胆碱效应被阻断，能否通过提高乙酰胆碱浓度逆转此效应？试从受体动力学角度分析。
2. 观察酸碱对离体小肠平滑肌刺激的效果，对理解小肠的生理功能有何意义？
3. 如果灌流液的温度为40℃或34℃，对平滑肌的收缩有何影响？有何生理意义？
4. 若实验中使用硝普钠（NO供体），预测其对平滑肌收缩的影响并说明机制。

（连 芳 焦向英）

网上更多……

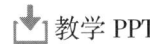 自测题　　　　教学PPT

第十章
泌尿系统实验

关键词

肾小球过滤　　肾小球重吸收　　渗透压利尿　　腹水

> 泌尿系统由肾、输尿管、膀胱、尿道组成。泌尿系统与循环系统及呼吸系统协同作用，调节机体水、电解质和酸碱平衡，以维持内环境的稳定。其中肾主要通过肾小球的滤过、肾小管的重吸收及分泌功能生成尿液和排出代谢废物。泌尿系统实验主要包括尿生成的影响因素及药物的利尿作用、急性缺血性肾损伤，通过动物实验分析生理、疾病状态下影响体液平衡的因素及其作用机制。通过泌尿系统实验，培养学生实验操作能力，同时深入理解临床泌尿系统疾病的发生发展机制及治疗的基本原理。

实验 25　尿生成的影响因素及药物的利尿作用

【临床案例】

患者，男性，58 岁，因"双下肢水肿、尿量减少 1 周"入院。

现病史：近 1 周出现乏力、尿量减少（< 400 mL/d）。

查体：血压 160/95 mmHg，心率 88 次 / 分，双下肢凹陷性水肿，余无特殊。

辅助检查：血肌酐 220 μmol/L（↑），超声示双肾萎缩、皮质变薄。

诊断：慢性肾衰竭。

治疗：限制蛋白摄入、呋塞米利尿、控制血压（如氨氯地平），并行血液透析，1 周后尿量增至 600 mL/d。

【分析与讨论】

1. 该患者尿量减少的可能机制有哪些？

2. 呋塞米是如何发挥利尿作用的？呋塞米的使用对该患者的尿量、水肿及血压可能产生怎样的影响？

3. 除了呋塞米，本案例中还提到了限制蛋白摄入和控制血压的治疗措施。请思考这些措施是如何影响尿生成的？它们与呋塞米的利尿作用有何不同？

【实验目的】

1. 通过学习输尿管插管 / 膀胱插管术、尿量动态监测方法，掌握基本的泌尿系统实验操作技能，提升动手能力、数据采集与处理能力。

2. 通过观察神经、体液因素对血压及尿量变化的影响，并分析其机制，深入理解肾小球滤过与肾小管重吸收的调控机制。

3. 观察利尿药对血压和尿量的影响，理解利尿药的作用机制。

【实验原理】

尿生成的过程包括肾小球的滤过、肾小管和集合管的重吸收和分泌。凡是影响上述过程的因素，均能影响尿的生成而引起尿量及尿液成分的改变。

静脉快速注射生理盐水，增加血容量和肾血浆流量，提升有效滤过压，从而增加尿量。注射去甲肾上腺素，其收缩肾血管，减少肾血浆流量，降低有效滤过压，促进肾素释放，促进近端小管对钠和水的重吸收，使尿量减少。呋塞米通过抑制肾小管对钠和氯离子的重吸收，减少溶质重吸收，增加小管液溶质浓度，同时降低外髓部间液高渗，发挥利尿作用，增加尿量。注入高渗葡萄糖可使血糖浓度超过肾糖阈，近端小管对小管液中高浓度的葡萄糖无法完全重吸收，而使小管液中溶质浓度增加，产生渗透性利尿作用，因而也使尿量增加。

拓展阅读 10-1
利尿药的分类

【实验材料】

1. 实验对象　兔（体重 2.0 ~ 3.0 kg）。

2. 试剂与药品　麻醉药（20% 氨基甲酸乙酯）、0.3% 肝素生理盐水、生理盐水、20% 葡萄糖溶液、0.01% 去甲肾上腺素、1% 呋塞米、垂体后叶素、0.6% 酚红溶液、10% 氢氧化钠溶液、尿糖试纸、液状石蜡。

3. 仪器与材料　生物信号采集与分析系统（含压力换能器）、尿液计滴器、计滴导线，保护电极、刺激电极。兔手术器械1套、兔台、导尿管（8号）或膀胱插管、恒温手术台、丝线（1-0、3-0）、静脉输液针、兔颈总动脉PE导管、注射器（20 mL、10 mL）。

【实验方法】

1. 仪器连接和调试　将充满0.3%肝素生理盐水的动脉导管与压力换能器相连，确保动脉导管中没有气泡，压力换能器与生物信号采集与分析系统主机的1通道相连接，开启生物信号采集与分析系统和计算机。

2. 手术操作

（1）麻醉与固定：兔用20%氨基甲酸乙酯（5 mL/kg）耳缘静脉注射麻醉后，仰卧位固定于手术台上。

（2）颈部手术：颈部备皮后，沿兔颈部正中线切开皮肤6~7 cm，分离左侧颈总动脉并插管，颈总动脉导管另一端连接至压力换能器，调整换能器位置与动物心脏处于同一水平面，记录血压。分离右侧迷走神经，穿两根丝线备用（不结扎）。

视频10-1
家兔膀胱插管术

（3）膀胱插管：在耻骨联合上一横指处，沿正中线向上作3~5 cm的切口，沿腹白线剪开腹壁，找到膀胱，将其轻轻移出体外。辨认清楚膀胱结构后，选择血管较少部位做一小切口，插入膀胱插管，用1-0丝线将插管与周围的膀胱组织结扎、固定，使插管自然下垂。具体操作见第四章第六节。

（4）尿道插管（替代）：对于雄性兔，暴露尿道口，将涂有液状石蜡的导尿管以水平方向轻轻插入，当导尿管插入7~8 cm后进入膀胱，拔出导丝可见尿液流出。对于雌性兔，尿道口开口于阴道前庭，暴露阴道口，手持导尿管沿水平方向插入，插入1~2 cm后即呈20°角斜向下、向前推进，插入7~8 cm后进入膀胱，拔出导丝。用注射器向导尿管气囊内注入水或空气3 mL左右，将导尿管向外轻拉，固定导尿管在膀胱内。

（5）创面保护：在颈部、腹部手术完毕后，均用浸有38℃生理盐水的纱布覆盖创面。

3. 尿量记录　将计滴器连接至生物信号采集与分析系统，打开生物信号采集与分析系统软件的任一通道，鼠标点击右键，点击测量→计滴测量。将导尿管或膀胱插管开口连接到计滴器，尿管口对准计滴器两根金属丝中间，尽量使尿管有斜度（计滴器位置低于膀胱位置）以便尿液迅速流入计滴器。

亦可不采用计滴器，膀胱插管将尿液直接引流滴至玻璃皿，人工计数每分钟的尿液滴数。

【观察项目】

1. 记录麻醉状态下的血压、尿量（滴/分）。

2. 耳缘静脉快速输入38℃生理盐水20~40 mL（5 min），记录血压、尿量，行尿糖定性试验。

3. 耳缘静脉注入20%葡萄糖（2 mL/kg），观察尿量变化，当尿量改变明显时，行尿糖定性实验。

4. 注入0.01%去甲肾上腺素0.3 mL/kg，观察尿量、血压变化。

5. 耳缘静脉注入1%呋塞米（0.5 mL/kg），记录血压、尿量。

6. 剪断一侧迷走神经，以中等强度电刺激迷走神经外周端，观察尿量、血压变化。

7. 耳缘静脉注射0.6%酚红溶液1 mL，用盛有10%氢氧化钠的培养皿收集尿液，观察颜色变化（酚红遇氢氧化钠呈玫瑰紫色），记录从注射到尿液出现酚红的时间。

8. 耳缘静脉注射垂体后叶素2 U，观察尿量变化。

【数据记录与分析】

将实验结果填写入表 10-1 中。

表 10-1 尿生成影响因素实验数据表

兔体重：_____kg　　　麻醉药：_____　　　麻醉药用量：_____

实验项目	处理前尿量（滴/分）	处理后尿量（滴/分）	尿量变化（滴/分）	血压（mmHg）	其他观察指标	备注
基础状态						稳定后连续记录 3 min
注射生理盐水 20 mL						注射后立即记录
尿糖定性实验 + 葡萄糖					尿糖结果：处理前___/处理后___	注意对比颜色变化
注射去甲肾上腺素 0.3 mL/kg						观察心血管反应
注射呋塞米 0.5 mL/kg						注意利尿潜伏期
刺激迷走神经外周端						
酚红排泄试验					出现时间：_____s	开始计时要准确
注射垂体后叶素 2 U				—		观察抗利尿效果

技术路线图 10-1 兔尿生成影响因素实验路线图

【注意事项】

1. 兔实验前 24 h 饲喂高水分蔬菜（如青菜），增加基础尿量。

2. 雌兔进行导尿操作时需避免误入子宫，插管后需确认尿液流出再固定。气囊注水量需精确，防止膀胱过度扩张或滑脱。

3. 生理盐水和葡萄糖一定要加温到 38℃，防止生理盐水过凉而引起血管收缩，影响尿量；葡萄糖溶液过凉，黏滞性高而不易注射。

4. 进行各项干预之前，应记录血压和尿量作为对照。

5. 每项干预之后需等药物（或刺激）的效应基本消失，再进行下一项干预。

6. 观察实验结果一般需 1~5 min，但有的项目如呋塞米需时稍长，可在 5 min 以后观察。

7. 除第一步处理前测尿糖可将试纸直接浸入容器里测外，后续处理测尿糖应于插管出口处用试纸采样，以免之前的尿液对处理后尿液的尿糖稀释。

【思考题】

1. 静脉注射高渗葡萄糖后，为何尿糖检测阳性但尿量先增加后减少？

2. 去甲肾上腺素与垂体后叶素均减少尿量，其作用途径有何本质区别？

3. 酚红排泄试验能否反映肾小球滤过率？从肾小管分泌功能的角度分析其临床意义。

4. 若同时阻断抗利尿激素（ADH）与交感神经活性，预测对尿量的综合影响并阐述机制。

（刘　燕　杨秀红）

实验 26　急性缺血性肾损伤

【临床案例】

患者，男性，65岁，因"突发无尿、恶心呕吐 24 h"急诊入院。

现病史：心脏介入术后出现低血压休克（持续 1 h），尿量 < 100 mL/d。

查体：血压 90/60 mmHg（休克纠正后 110/70 mmHg），心率 102 次/分，双肺无啰音，余无特殊。

辅助检查：血肌酐 450 μmol/L（↑），超声示肾灌注不足、肾动脉阻力指数升高，电解质检查示血钾 5.6 mmol/L（↑）。

诊断：急性肾损伤。

治疗：连续性肾脏替代治疗（CRRT）、扩容改善肾灌注，7天后血肌酐降至 280 μmol/L，尿量恢复至 500 mL/d。

【分析与讨论】

1. 分析患者出现急性肾损伤的可能原因。从肾血流动力学、肾小球滤过功能及肾小管损伤等方面进行阐述。

2. 患者血肌酐和血钾升高，解释这些指标变化的原因及其在急性肾损伤诊断中的意义。

【实验目的】

1. 通过制备兔急性肾衰竭模型，了解急性肾衰竭动物尿蛋白、血尿素氮等生化指标测定方法。

2. 通过观察和分析血尿相关指标的动态变化，深入理解急性缺血性肾损伤的发生机制。

3. 通过观察缺血再灌注过程对肾功能的影响，并探讨其机制，培养评判性思维和独立思考能力。

【实验原理】

急性肾衰竭（ARF）是指肾小球滤过率突然或持续下降，体内氮质代谢产物排出产生障碍，迅速出现氮质血症，水及电解质、酸碱平衡紊乱，并引起全身各系统相应功能失调。临床表现为氮质血症、水中毒、高钾血症、代谢性酸中毒，伴有少尿（< 400 mL/d）或无尿（< 100 mL/d）等症状。

拓展阅读 10-2
肾功能与体液平衡

本实验通过观察不同处理因素对尿生成的影响，分析其机制；注射甘油造模或采用肾动脉钳闭 1 h 的方法引起急性缺血性肾损伤，松夹恢复灌注 1 h，观察血压、尿量、心电的变化，同时检测血液中尿素氮、肌酐等生化指标，分析急性肾衰竭的发生机制和缺血再灌注过程对肾功能的影响及其机制。

【实验材料】

1. 实验对象　兔（体重 2.5~3.0 kg）。

2. 试剂与药品　麻醉药（20% 氨基甲酸乙酯）、任氏液、生理盐水、血尿素氮（BUN）/肌酐检测试剂盒、尿十项试纸、0.3% 肝素生理盐水。

3. 器械与设备　生物信号采集与分析系统（含血压换能器）、信号输入线、血气分析仪、恒温水浴锅、大生化分析仪、尿液计滴器、计滴导线、保护电极。兔手术器械 1 套、兔台、无损动脉夹、导尿管（8号）或膀胱插管、恒温手术台、丝线（1-0、3-0）、兔颈总动脉PE导管、颈外静脉PE导管、静脉输液针、输尿管插管、采血管（5 mL）、注射器（20 mL、5 mL、1 mL）。

【实验方法】

1. 仪器连接和调试　将充满0.3%肝素生理盐水的动脉导管与压力换能器相连，确保动脉导管中没有气泡，压力换能器与生物信号采集与分析系统主机的1通道相连接，开启生物信号采集与分析系统和计算机。

2. 手术操作

（1）麻醉与固定：兔用20%氨基甲酸乙酯（5 mL/kg）耳缘静脉注射麻醉后，仰卧位固定于手术台上。

（2）颈部手术：颈部备皮后，沿颈部正中线切开皮肤6~7 cm，分离左侧颈总动脉并插管，颈总动脉导管另一端连接至压力换能器，调整换能器位置与动物心脏处于同一水平面，记录血压。右侧颈外静脉分离、插管并连接输液装置。用温热生理盐水纱布覆盖手术野，保持湿润。颈总动脉取血5 mL待测尿素氮、肌酐含量，取血1 mL用于血气分析。

（3）心电监测：分别将信号输入线白、红、黑色针型电极置于兔的右前肢、左后肢、右后肢皮下，描记Ⅱ导联心电波形。

（4）腹部手术：腹部从耻骨联合到剑突下缘备皮，沿耻骨联合上方正中线做一长4~5 cm的皮肤切口。沿腹白线切开腹壁，暴露腹腔，用纱布将内脏推向一侧。①寻找输尿管：在膀胱背侧找到左右两侧输尿管，输尿管位于髂动脉前方，为白色、壁厚、有韧性的管道。②用眼科镊轻轻分离输尿管周围的结缔组织，游离出2~3 cm的输尿管。③输尿管插管：在输尿管近膀胱端，用丝线轻轻结扎，并在结扎处的远心端用眼科剪剪一"V"形小口。将充满生理盐水的输尿管插管向肾方向插入输尿管内，用丝线结扎固定，防止滑脱。④同法进行另一侧输尿管插管。⑤将输尿管插管的另一端连接至计滴器或预先称重的容器，以便收集和记录尿液（计滴器使用方法见实验25）。描记动脉血压，并记录尿量，作为正常对照。

3. 肾缺血再灌注损伤模型制备　用纱布将内脏推向一侧，暴露双侧肾及肾蒂，游离双侧肾动脉，使用无损小动脉夹夹闭左、右侧肾动脉，阻断血流，肾颜色变为灰白色提示已阻断肾的血液供应。腹腔内放置温热任氏液或生理盐水（10 mL/kg），关闭腹腔。缺血时间设定为45~60 min（根据实验需求调整）。记录缺血开始时间，观察肾颜色变化（由红润变为暗紫色）。慢速补充生理盐水10滴/分。记录血压、心电、每分钟尿滴数。缺血时间结束后，松开动脉夹，恢复血流灌注。观察肾颜色变化（由暗紫色逐渐恢复为红润），记录再灌注开始时间。继续观察60 min，记录血压、心电、每分钟尿滴数。颈总动脉取血5 mL待测尿素氮、肌酐含量，取血1 mL用于血气分析。

【观察项目】

1. 血压和心电图　观察并记录急性肾衰竭前、后的动脉血压和心电图。
2. 尿液的滴数或重量　观察并记录尿液的滴数或重量，以及尿液的颜色、性质等。
3. 血尿素氮（BUN）、肌酐　大生化分析仪检测急性肾衰竭前、后血肌酐、BUN的变化。
4. 动脉血pH及电解质　血气分析仪检测动脉血pH及电解质的变化。
5. 尿十项　尿液分析仪测定尿十项。
6. 形态学观察　将对照组及肾衰竭模型各组兔实施安死术（麻醉状态下放血处死法），快速取出肾，称重，计算肾重与体重之比；观察并比较模型组肾与正常肾大体形态、颜色、光泽、条纹的差异。

拓展阅读10-3
肾功能评价指标

【数据记录与分析】

将实验结果填写入表 10-2 中。

表 10-2 兔急性缺血再灌注损伤实验结果记录

兔体重：_____kg　　麻醉药：_____　　麻醉药用量：_____

观察指标	夹闭前	夹闭后 60 min	恢复后 60 min
血压（mmHg）			
心电图（心率/心律）			
尿滴数（滴/分）			
BUN（mmol/L）			
肌酐（μmol/L）			
尿十项（葡萄糖、蛋白等）			
血气分析（pH、K^+、Na^+ 等）			
肾形态学观察		□左肾　□右肾	□左肾　□右肾

技术路线图 10-2 兔急性缺血再灌注损伤实验路线图

【注意事项】

1. 实验前 24 h 饲喂高水分蔬菜，或静脉注射生理盐水 30 mL 以增加基础尿量。
2. 所有输注液体需预热至 38℃，避免低温诱发血管痉挛。
3. 游离肾动脉时避免损伤肾静脉及输尿管，钳闭力度需均匀以防血管撕裂。
4. 血样采集后立即肝素抗凝，避免溶血影响检测结果。

【思考题】

1. 试述缺血再灌注后血钾升高的病理生理机制及其对心电活动的影响。
2. 为何再灌注初期尿量可能进一步减少？从肾小管阻塞与间质水肿角度解释。
3. 若在缺血前预注射抗氧化剂（如 N-乙酰半胱氨酸），预测其对肾功能指标的影响并阐述机制。

【附】

兔肾衰竭模型制备：可用双侧下肢皮下或肌内共注射 50% 甘油溶液 10 mL/kg，120 min 后取材。观察指标同上。

（范小芳　杨秀红）

网上更多……

 自测题　 教学 PPT

第十一章
人体机能实验

关键词

视敏度　　视野　　盲点　　血压　　外呼吸　　神经传导速度

> 长期以来，机能实验教学以动物实验为主，随着实验教学和国际接轨，在教学实践中，将逐步减少动物实验的数量，提高人体实验的比例（这符合动物实验的 3R 原则）。人体机能实验是指结合人体系统的特征和特点，通过生物医学电子测量的基本技术和方法，获得人体机能生物学变化的客观数据资料（包括各种生理体征参数，如心电、脑电、肌电、呼吸、血压等）的一类实验项目。人体机能实验使学生从通过动物实验间接验证人体变化的机制，转变为人体自身变化的直接记录。通过实验使学生所学的各种理论知识和临床应用更加紧密地结合起来，更早地接触临床实验仪器设备和经历更多的与人体密切相关的实践训练，为后续临床课程的学习作好铺垫，加强基础医学与临床医学的联系。

实验 27 视野、盲点、听力测试与视觉诱发电位的测定

【临床病例】

患者，男性，35 岁，因视力与听力问题，前来就医。

现病史：2 个月前起，患者自觉双眼视力逐渐下降，同时伴有轻度头痛，无恶心、呕吐，无畏光、流泪及复视症状。1 周前，左侧听力开始下降，无耳鸣、眩晕，耳部无流脓或外伤史。既往无高血压、糖尿病、外伤或手术史，无家族遗传病史，无哮喘、过敏史，无吸烟史。

体格检查：右眼视力 0.6，左眼视力 0.4，矫正视力改善不明显。双眼视野计检查显示双侧颞侧偏盲，右眼盲点扩大，左眼盲点正常。纯音测听显示左耳气导平均阈值为 50 dB HL（↑），右耳气导平均阈值为 20 dB HL；骨导平均阈值左耳为 15 dB HL，右耳为 15 dB HL。声导抗检查左耳鼓室图呈 B 型，右耳正常。右眼 P100 潜伏期延长至 120 ms（正常值 < 100 ms），波幅降低；左眼 P100 潜伏期延长至 130 ms，波幅显著降低。

辅助检查：视交叉区可见一约 1.5 cm × 1.2 cm 的占位性病变，考虑垂体瘤压迫视交叉。左耳中耳腔积液，未见明显骨质破坏。

诊断：垂体瘤压迫视交叉，左耳分泌性中耳炎。

【分析与讨论】

1. 分析该患者视野检查结果（双侧颞侧偏盲）与垂体瘤压迫视交叉的解剖学关系。思考为何垂体瘤易导致此类视野缺损。

2. 结合患者听力测试结果（左耳气导阈值升高，声导抗检查呈 B 型），分析左耳听力下降的可能原因。思考分泌性中耳炎如何影响气导听力。

3. 请根据案例解释视觉诱发电位（VEP）改变与患者视功能障碍的关系。VEP 检查结果如何解读？

【实验目的】

1. 深入理解视野、盲点、听力及视觉诱发电位的基本概念，掌握其在人体生理机能中的重要意义。

2. 学会正确记录和分析视野、盲点、听力及视觉诱发电位测试的数据，绘制相应的图表，如视野图、听力图等，并依据数据和图表作出科学合理的判断。

3. 学习视野计、纯音听力计、视觉诱发电位测定仪等仪器设备的工作原理等，并综合分析实验数据，探讨视野和听力之间的关系。

【实验原理】

拓展阅读 11-1 视野测试及相关眼病研究进展

视野是指单眼固定注视正前方一点时所能看到的空间范围。正常人的视野颞侧和下侧较宽，鼻侧和额侧较窄。在相同光照条件下，白色视野 > 黄色视野 > 红色视野 > 绿色视野。临床医生使用特制的视野仪检查视野，并用不同颜色的视标进行检查，目的在于了解视网膜的普遍感光能力，有时可借以发现较大范围的视网膜病变。某些视网膜、视神经或视觉传导通路的病变，有特殊形式的视野缺损，具有诊断意义。

视网膜在视神经穿出视网膜的部位（即视神经乳头所在的部位）没有感光细胞，位于中央凹的鼻侧，呈椭圆形，直径 1.5 mm，外来光线成像于此不能引起视觉，故称该部位为生理性盲点。

由于生理性盲点的存在，所以视野中也存在生理性盲点的投射区，在检查时是完全看不到视标的部位。根据物体成像规律，通过测定生理性盲点投射区域的位置和范围，可以根据相似三角形原理，计算出生理性盲点所在的位置和大小（如图 11-1 所示）。

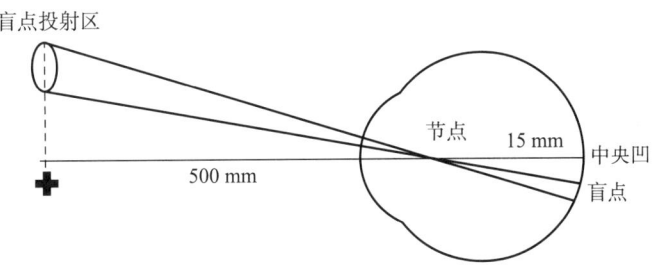

图 11-1 盲点的测定

盲点与中央凹的距离（mm）= 盲点投射区与十字的距离 ×（15/500）

盲点的直径（mm）= 盲点投射区的直径 ×（15/500）。

声音传到内耳的途径有两条：声波经外耳道、鼓膜、听骨链传入内耳，称为气传导，是声音传导的主要途径；声波经颅骨、耳蜗骨传入内耳，称为骨传导。正常人气传导的功效远大于骨传导。如果气传导途径发生障碍，声波只能经骨传导进入内耳，此时骨传导的功效超过气传导。当耳的感音部分或听神经、听觉中枢发生病变时，气传导和骨传导的功能都会降低。

视觉诱发电位（visual evoked potential，VEP）是对眼睛进行光刺激时，诱发产生的头皮枕叶处电活动。按照光刺激的不同形式，可将 VEP 分为模式翻转视觉诱发电位（pattern reversal visual evoked potential，PRVEP）和闪光视觉诱发电位（flash visual evoked potential，FVEP）。PRVEP 常用黑白棋盘格图形翻转刺激，如图 11-2 所示。PRVEP 波形稳定、易于分析、可重复性高，因此在临床上使用较多。PRVEP 属于三相复合波，按各自潜伏期时长（ms）分别命名为 N75、P100 和 N145。正常情况下 P100 潜伏期最稳定且波幅高，是分析 VEP 时最常用的波形。VEP 的波幅很小，常常被湮没在自发脑电活动或各种伪迹之中，因此，为了记录到 VEP，通常需要使用计算机叠加处理，在叠加过程中，与光刺激有固定时间关系的同相 VEP 信号被逐渐增强，而同时记录到的随机干扰由于相位差异在叠加过程中则逐渐减弱，最终使得 VEP 可见。

图 11-2 黑白棋盘格示意图

【实验材料】

1. 受试对象　健康成年志愿者。
2. 仪器与材料　人体生理学实验系统、脑电帽、贴片电极、音叉（频率为 256 Hz 或 512 Hz）、指示棍、遮眼板、米尺、视野计、各色（白、红、黄、绿）视标、视野图纸、铅笔。

棉球、胶管、75% 乙醇棉球、导电膏、生理盐水。

【实验方法】

1. 视野测定　将视野计置于光线充足的地方，令受试者背对光线，把下颌放在颌托架上，使受试眼恰与弧架的中心点位于同一水平位置。遮住另一眼，受试眼注视弧架的中心点，实验者从周边向中央慢慢移动弧架上插有白色纸片的视标架，随时询问受试者是否看见白色视标。当受试者回答看到时，就将视标移回一些，然后再向前移，重复试一次。待得到一致结果后，就将受试者刚能看到视标时所在的点画在视野图纸的相应经纬度上，用同样的方法测出对侧刚能看到视标之点画在视野图纸的相应经纬度上。

将弧架转动 45° 重复上项操作。如此继续下去，若操作 4 次，得出 8 个点，将视野图纸上的 8 个点依次连接起来，就得出视野的范围。

按照相同的操作方法，测定红、黄、绿各色视觉的视野。

依同样方法，测定另一眼的视野。

2. 盲点的测定　将白纸贴在墙上，使其中心与眼在同一水平，受试者立于纸前 50 cm 处，用遮眼板遮住一眼，在白纸上与另一眼相平的地方用铅笔画一"+"字记号。令受试者注视"+"字。实验者将视标由"+"字中心向被测眼颞侧缓缓移动。此时，受试者被测眼直视前方，不能随视标的移动而移动。当受试者恰好看不见视标时，在白纸上标记视标位置。然后将视标继续向颞侧缓缓移动，直至又看见视标时记下其位置。由所记两点连线之中心点起，沿着各个方向向外移动视标，找出并记录各方向视标刚能被看到的各点，将其依次相连，即得一个椭圆形的盲点投射区。

根据相似三角形各对应边成正比原理，可计算出盲点与中央凹的距离及盲点直径。

3. 听力测试

（1）比较同侧耳的气传导和骨传导（任内试验）：保持室内安静，受试者取坐位。检查者敲响音叉后，将振动后的音叉立即置于受试者一侧颞骨乳突部，此时受试者可听到音叉振动的响声。音叉的响声随时间逐渐减弱。当受试者刚刚听不到响声时，立即将音叉移至同侧外耳道口，则受试者又可重新听到响声。反之，先置音叉于外耳道口处，当听不到响声时再将音叉移至同侧乳突部，受试者仍听不到响声。这说明正常人气传导时间比骨传导时间长，临床上称为任内试验阳性（+）。

用棉球塞住同侧外耳道，重复上述实验步骤。若出现气传导时间缩短，等于或小于骨传导时间，临床上称为任内试验阴性（-）。

（2）比较两耳的骨传导（韦伯试验）

1）敲响音叉后，将振动后的音叉置于受试者前额正中发际处，比较两耳所听到的声音响度。正常人两耳听到的声音响度相同。

2）用棉球塞住受试者一侧外耳道，重复上项操作，询问受试者两耳感受到的声音响度有什么变化。

3）取出棉球，将胶管一端塞入受试者外耳道，胶管的另一端塞入另一人的外耳道。敲响音叉后，将振动后的音叉置于受试者的同侧乳突部，另一人可通过胶管听到响声，分析这种现象可说明什么问题。

根据上述实验考虑如何鉴别传音性耳聋与感音性耳聋。

4. 视觉诱发电位的测定

（1）设备连接：将脑电帽接入人体生理学实验系统 CH1 通道。

（2）连接贴片电极：将脑电帽上的纽扣式接口与贴片电极背侧铜扣相连。

（3）受试者皮肤处理：受试者呈坐位，用乙醇棉球擦拭安放电极处皮肤，鼻根凹陷向上 2 cm 处、枕骨隆凸向上 2 cm 处及耳垂处，去除皮肤表面的灰尘和减少电阻，并在耳垂处涂抹少量的生理盐水。

（4）电极的处理和安放：撕下贴片电极表面保护膜，将前、后两个电极分别贴在受试者额叶和枕叶头部皮肤上。用脑电帽将电极固定，确保电极与皮肤完全接触。将耳夹夹在受试者耳垂处。

（5）启动人体生理学实验系统软件，选择"人体脑电的记录与观察"实验。在软件界面上设置棋盘方格视角1°，棋盘翻转频率 2 Hz，翻转次数 100 次。受试者注视屏幕中央红色固视点，单击"开始刺激"按钮开始实验。在完成指定次数的翻转刺激后，实验会自动停止。软件对波形完成叠加、平均计算并显示最终的结果。

截取波形：先在"波形测量区"视图中单击"截图"按钮，然后选择目标波形。截取的波形段自动进入到"选择波形列表"和"波形测量区"视图中。

数据测量：在"数据测量结果表格"中单击"N75 潜伏期"单元格，移动鼠标到"选择波形列表"视图，在刺激标记处单击鼠标左键选择测量起点，移动鼠标至 N75 处单击左键确定测量终点，潜伏期的测量结果自动记录在"数据测量结果表格"对应单元格中。以同样的方式测量 VEP 三个主要波形。

【观察项目】

1. 测定双眼视野的范围，测定红、黄、绿各色视觉的视野。
2. 测定并计算出盲点与中央凹的距离及盲点直径。
3. 比较同侧耳的气传导和骨传导，及双耳骨传导。
4. 记录视觉诱发电位。

【数据记录与分析】

将数据填写入表 11-1 中。

表 11-1　视觉诱发电位相关参数记录表

序号	视角（°）	频率（Hz）	N75 潜伏期（ms）	P100 潜伏期（ms）	P100 幅值（μV）	N145 潜伏期（ms）
1						
2						
3						

【注意事项】

1. 受试者在视野测定过程中必须保持头部固定，注视点稳定，避免眼球转动和眨眼，否则会影响测试结果的准确性。检查者操作视野计时，需熟悉仪器的使用方法，确保视标移动速度均匀、方向准确，避免误操作导致数据偏差。选择视标时，应根据受试者的视力情况合理选择，从大到小、从易到难，确保测试的有效性和准确性。

2. 受试者进行盲点测定过程中在注视固定点时要集中注意力，保持眼睛稳定，尽量减少眼球的微动。黑色视标移动速度不宜过快或过慢，过快可能导致受试者无法准确判断视标消失位置，过慢则会使实验时间过长，受试者容易疲劳。

3. 听力测试环境应保持安静，隔音室的隔音效果要好，尽量减少外界噪声对测试结果的干扰。若使用扬声器，应确保其声音清晰、稳定，无杂音。受试者在测试过程中要如实反馈是否听到声音，避免主观猜测或随意回答，确保听阈测定的准确性。

4. 视觉诱发电位测定时，受试者应佩戴平时所用的眼镜。检查前一天洗头，不要使用发蜡或头发定型剂等。由于眼科检查等原因，使用散瞳药后 12 h 内不宜进行该实验。受试者坐在电脑前，眼与屏幕的距离限制在 70～100 cm，且与电脑中心位置在同一水平面。棋盘格中心有一个红色固视点，受试者在整个实验过程中应注视该点。

【思考题】

1. 视野异常是否一定是视网膜功能异常的反映？
2. 在我们日常注视物体时，为什么没有感到生理性盲点的存在？
3. 正常情况下，气传导的时间为何大于骨传导？
4. 简述方格视角和刺激频率对视觉诱发电位的影响。

（杨 蓓）

实验 28　心音听诊、体表心电图的记录与分析

【临床病例】

患者，男性，45 岁，因"心悸、胸闷伴晕厥一次"急诊入院。

现病史：患者于入院前 2 h 无明显诱因出现心悸、胸闷，伴有大汗淋漓，随后出现一过性意识丧失，持续约 1 min 自行恢复，醒后感乏力，无头痛、呕吐，无大小便失禁，遂急诊入院。既往无高血压、糖尿病等慢性病史，无心脏病史。

体格检查：血压 130/80 mmHg，心率（HR）不规则，平均心率约 120 次 / 分，呼吸频率 20 次 / 分。心尖冲动正常，心界无扩大。心音强弱不等，心律绝对不齐，未闻及明显杂音。双肺呼吸音清，未闻及干湿啰音。

辅助检查：心电图显示 QRS 波群宽大畸形，时限 > 0.12 s，T 波与 QRS 波群主波方向相反，可见提前出现的宽大 QRS 波群，其后有完全性代偿间歇。P 波消失，无法辨认。

诊断：室性心律失常（室性心动过速可能性大）

【分析与讨论】

1. 描述患者心音听诊的主要发现，结合患者病史和体格检查，分析心音强弱不等、心律绝对不齐的可能原因。
2. 如何通过心音听诊初步判断室性心律失常？

【实验目的】

1. 熟悉心音听诊的部位、顺序和方法，能够识别第一心音、第二心音，掌握心音产生的原理、正常心音的特点及其生理意义。
2. 理解体表心电图各波、段、间期的代表意义及其与心脏电活动和机械活动的关系，能够准确测量心电图各波、段、间期的时间和振幅，并根据测量结果进行初步的心电图分析和诊断。

【实验原理】

心音是指由心肌收缩、心脏瓣膜关闭和血液撞击心室壁、大动脉壁等引起的振动所产生的声音。在胸壁上均可用听诊器直接听取，但以各心瓣膜在体表的投影区域更为清晰。每一心动周期可产生4个心音，一般均能听到的是第一和第二心音。第一心音发生在心室收缩期，标志着心室收缩期的开始，于心尖冲动处（前胸壁第5肋间隙左锁骨中线内侧）听得最清楚，其音调较低（40~60 Hz），持续时间较长（0.1~0.12 s），较响。第二心音发生在心室舒张期，标志着心室舒张期的开始，成分为主动脉音和肺动脉音两个成分，分别在主动脉和肺动脉听诊区（胸骨左、右缘第2肋间隙）听得最清楚，其音调较高（60~100 Hz），持续时间较短（0.08 s），响度较弱。

心电图（ECG）是利用心电图机从体表记录心脏每一心动周期所产生的电活动变化图形的技术。心脏在机械收缩之前，首先产生电激动，电激动传遍整个心脏，形成一个综合向量，这个向量在体表不同部位产生不同的电位变化。通过电极将这些电位变化记录下来，并加以放大，就得到了心电图。

拓展阅读11-2 听诊器发明的历史和分类

【实验材料】

1. 受试对象　健康成年志愿者。
2. 仪器与材料　人体生理学实验系统、听诊器、全导联心电线、心电肢夹。棉球、胶管、75%乙醇棉球、导电膏、生理盐水。

【实验方法】

1. 心音听诊

（1）受试者放松坐好，周围环境尽量安静。

（2）实验者戴好听诊器，以右手拇指、示指和中指轻持听诊器胸件，置于受试者胸壁皮肤上。按照二尖瓣听诊区、肺动脉瓣听诊区、主动脉瓣听诊区及三尖瓣听诊区的顺序依次进行听诊。准确辨认心音听诊的各个部位（图11-3）。

二尖瓣听诊区（M）：左第5肋间锁骨中线内侧（心尖部）。

三尖瓣听诊区（T）：胸骨右缘第4肋间或胸骨剑突下。

主动脉瓣听诊区：胸骨右缘第2肋间为主动脉瓣第一听诊区（A），胸骨左缘第3肋间为主动脉瓣第二听诊区（E）。

肺动脉瓣听诊区（P）：胸骨左缘第2肋间。

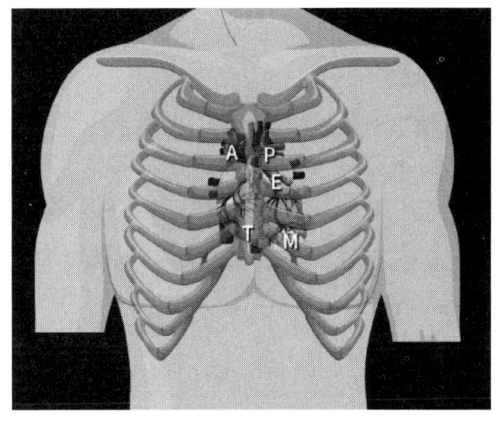

图11-3　人体心音听诊部位

（3）根据两个心音的性质（音调高低及持续时间长短）、间隔时间，仔细鉴别两个心音，直至准确识别为止。

2. 心电图测量

（1）让受试者安静平卧，暴露胸部和四肢。

（2）连接全导联心电线：将全导联心电线接入生物信号采集与分析系统硬件心电专用接口。

（3）安放导联电极：准备安放电极的局部皮肤应先用乙醇清洁，减少皮肤电阻，然后涂上导电膏（或垫一小块浸润生理盐水的纱布棉花），再将电极与皮肤固定，保证导电良好，以防干扰和基线漂移。

安放肢体导联电极：在前臂屈侧腕关节上方及内踝上方安放肢体导联电极。

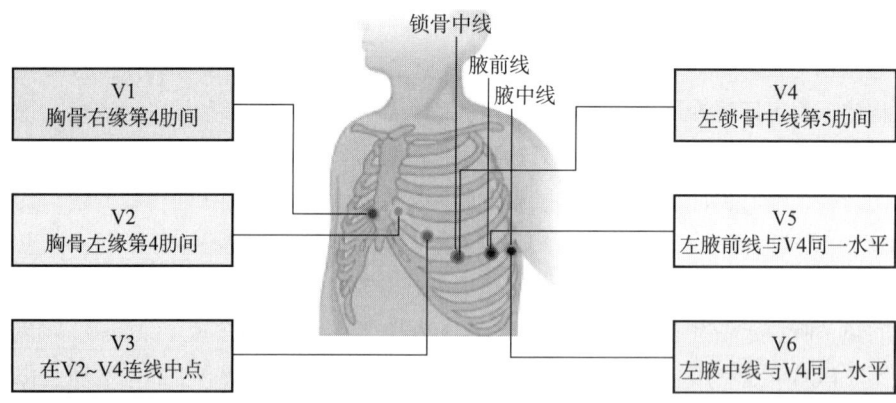

图 11-4 人体胸导联安放

胸导联电极位置

安放胸导联电极：按图 11-4 所示部位安放胸导联电极（一般先选用 V1、V3、V5）。V1（C1）- 胸骨右缘第 4 肋间，V2（C2）- 胸骨左缘第 4 肋间，V3（C3）-V2 与 V4 连线的中点，V4（C4）- 左锁骨中线第 5 肋间，V5（C5）- 左腋前线第 5 肋间，V6（C6）- 左腋中线第 5 肋间。

安放心电肢夹：右手腕 - 红色（R），左手腕 - 黄色（L），左足踝 - 绿色（F），右足踝 - 黑色（RF）。

（4）启动采集软件，选择人体心电图描记，描记心电图。时间轴扫描速度可设定为 25 mm/s，信号电压放大倍数可设定为 1 mV，标准电压振幅为 10 mm。

【观察项目】

辨认 P 波、QRS 波群、T 波，P-R 间期、S-T 段及 Q-T 间期，如图 11-5 所示。

1. P 波 观察 P 波的形态、振幅和时限，反映心房的电活动。
2. QRS 波群 观察 QRS 波群的形态、振幅和时限，反映心室的电活动。
3. T 波 观察 T 波的形态和振幅，反映心室复极化的过程。
4. P-R 间期 测量 P 波起点到 QRS 波群起点的时间，反映房室传导时间。
5. Q-T 间期 测量 QRS 波群起点到 T 波终点的时间，反映心室电活动总时间。
6. 心率 测量相邻两个心动周期的 R-R 间期（或 P-P 间期）。如心律不齐，应测量 5 个 R-R 间期，求其均值，再根据公式 [心率（次 / 分）= 60/（R-R 间期）] 计算出心率。

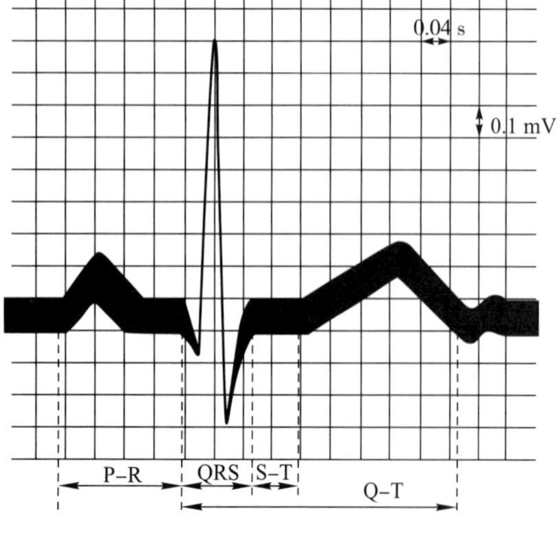

【数据记录与分析】

1. 心律的分析 包括主导心律的判定，心律是否规则，有无期前收缩或异位节律。分析时，首先要认出 P 波、QRS 波群、T 波，根据 P 波决定基本心律。窦性心律心电图表现为：P 波在 Ⅱ 导联中直立，aVR 导联中倒置，P-R 间期正常范围（0.12～0.20 s）。成年人正常窦性心律的心率为 60～100 次 / 分。

2. 将测量的数据填写入表 11-2 中。

【注意事项】

1. 实验前应向受试者说明实验目的和过

图 11-5 心电图各波测量示意图

表 11-2 人体心电图参数记录表

性别	心率 (bpm)	P波时程 (ms)	P波幅值 (mV)	QRS时程 (ms)	R波幅值 (mV)	T波时程 (ms)	T波幅值 (mV)	P-R间期 (ms)	Q-T间期 (ms)

程,消除其紧张情绪。

2. 确保电极与皮肤接触良好,避免干扰信号。
3. 实验过程中,受试者及环境应保持安静。
4. 实验结束后,应及时清洁受试者皮肤和仪器设备。

【思考题】

1. 试述两个心音的产生机制。两个心音分别标志心动周期中的哪个期?
2. 为什么在安放心电电极前,需要用乙醇擦拭皮肤表面?
3. 受试者绷紧手臂肌肉后,心电图出现了怎样的变化?这对于记录心电图有什么提示?
4. 左、右手电极反接后,有哪些导联出现了改变?哪些导联没有改变?为什么?

(杨 蓓)

实验 29 外呼吸功能综合评估

【临床案例】

患者,男性,22岁,职业足球运动员(中场球员),希望评估呼吸功能以优化体能表现。

现病史:近3个月训练中偶感气短,无胸痛、咳嗽或发热。既往无哮喘、过敏史,无吸烟史,无家族呼吸系统疾病史。

体格检查:血压 120/75 mmHg,心率 58 次/分(静息),SpO_2 98%(未吸氧)。查体胸廓对称,呼吸音清晰,无干湿啰音,无桶状胸。心律齐,无杂音。

辅助检查:胸部 X 线检查示双肺野清晰,无渗出或结构异常。血常规检查血红蛋白 152 g/L(运动员生理性偏高),白细胞计数正常。

外呼吸功能检测结果见表 11-3。

表 11-3 外呼吸功能检测结果

检测项目	实测值	预测值	临床意义
肺活量(VC)	5.8 L	4.6 L	↑126% 预测值,提示运动员高肺活量
用力肺活量(FVC)	5.7 L	4.5 L	↑127% 预测值

续表

检测项目	实测值	预测值	临床意义
第1秒用力呼气量（FEV_1）	4.9 L	3.8 L	↑129% 预测值
FEV_1/FVC 比值	86%	>70%	正常，排除阻塞性通气障碍
最大自主通气量（MVV）	180 L/min	140 L/min	↑129% 预测值，反映呼吸肌耐力强
一氧化碳弥散量（DLCO）	35 mL/(min·mmHg)	30~40 mL/(min·mmHg)	正常，肺换气功能无异常
呼气峰值流量（PEF）	650 L/min	550 L/min	↑118% 预测值

诊断：运动员高肺活量状态，呼吸功能良好。

【分析与讨论】

1. 从呼吸系统解剖与生理角度，解释长期有氧运动如何导致 VC、FVC、FEV_1 升高。

2. 患者主诉"偶发气短"，推测其可能的生理性原因（非病理性），并提出验证方法。

3. 运动心肺功能测试可测得最大摄氧量（$VO_2\,max$）和无氧阈（AT），二者分别反映哪些系统的功能？如何通过 $VO_2\,max$ 判断运动耐量受限的原因是呼吸系统还是心血管系统？

【实验目的】

1. 熟练操作肺功能检测设备，准确测定肺容量、用力肺活量及血氧饱和度，并结合生理学原理解读实验现象，培养数据驱动的科学分析能力。

2. 掌握肺通气与换气的生理学机制及关键评价指标（如 FVC、FEV_1、FEV_1/FVC）。通过模拟通气障碍模型（气道狭窄、胸廓束缚）观察 FEV_1/FVC 比值变化，理解限制性通气障碍与阻塞性通气障碍的病理生理特征及临床鉴别要点，建立"指标–机制–疾病"的临床思维。

3. 结合运动负荷试验，评估呼吸与循环系统的协同调节能力。

【实验原理】

肺通气功能的原动力源于呼吸肌收缩引起的胸廓运动，通过产生肺内压与大气压之间的压力差驱动气体进出肺部。其功能评估包括静态与动态指标：静态肺容量涵盖潮气量（V_T，平静呼吸时单次吸入或呼出的气体量）、补吸气量（IRV，平静吸气后所能吸入的最大气量）、补呼气量（ERV，平静呼气后能继续呼出的最大气量）及余气量（RV，补呼气后，肺内不能呼出的残留气量），而肺活量（VC = IRV + V_T + ERV，最大吸气后能呼出的最大气量）反映最大呼吸幅度；动态指标以用力肺活量（FVC，最大吸气后尽力快速呼出的气体总量）为核心，结合第1秒用力呼气量（FEV_1）及其与 FVC 的比值（FEV_1/FVC，简称1秒率）进行综合分析，FEV_1/FVC < 70% 提示阻塞性通气障碍（如 COPD），比值正常或升高则提示限制性通气障碍（如胸廓畸形）。此外，呼气峰流速（PEF）可评估大气道阻力，呼吸相关术语、缩写和单位见表11-4。

肺换气功能与通气过程协同作用，其核心指标包括血氧饱和度（SpO_2）和无效腔通气量（VD）。SpO_2 通过检测血红蛋白氧合程度反映气体交换效率，受肺泡通气量、弥散功能及血液循环影响；无效腔通气量（VD）指未参与气体交换的气道容积，与肺泡通气量（VA）共同决定有效通气效率（VA = V_T × 呼吸频率 – VD）。在气体交换机制中，SpO_2 依赖于氧解离曲线特性，当动脉血氧分压（PaO_2）> 60 mmHg 时，SpO_2 通常 ≥90%，此特性为临床筛查低氧血症提供了重要依据。

表 11-4　呼吸相关术语、缩写和单位表

术语	缩写词	单位
呼吸频率	RR	次/分（bmp）
肺通气量	$V_E = RR \times V_T$	L/min
肺容积		
潮气量	V_T	L
补吸气量	IRV	L
补呼气量	ERV	L
余气量	RV（预测值）	L
肺容量		
吸气量	$IC = V_T + IRV$	L
肺活量	$VC = IRV + V_T + ERV$	L
功能余气量	$FRC = ERV + RV$	L
肺总量	$TLC = VC + RV$	L

【实验材料】

1. 受试对象　健康成年志愿者（无呼吸系统疾病史）。

2. 仪器与材料　人体生理学实验系统、肺活量计（含流量传感器）、指夹式血氧测量仪、功率自行车。鼻夹、一次性吹嘴、无菌滤器、可调节气道狭窄装置（带孔径模板的管带）、不同长度通气管（模拟无效腔）、宽束胸带/腹带、运动心率监测带。

【实验方法】

1. 设备连接　将肺活量计 Pod 接口连接到人体生理学实验系统设备的输入端口，将呼吸气流侦测头的两根塑料管连接至肺活量计 Pod 接口后的短管上，将洁净内径管、滤器和吹口接上流量侦测头（图 11-6）。

2. 肺活量计 Pod 接口调零　肺活量计 Pod 接口易受温度影响而产生基线信号漂移。为了获

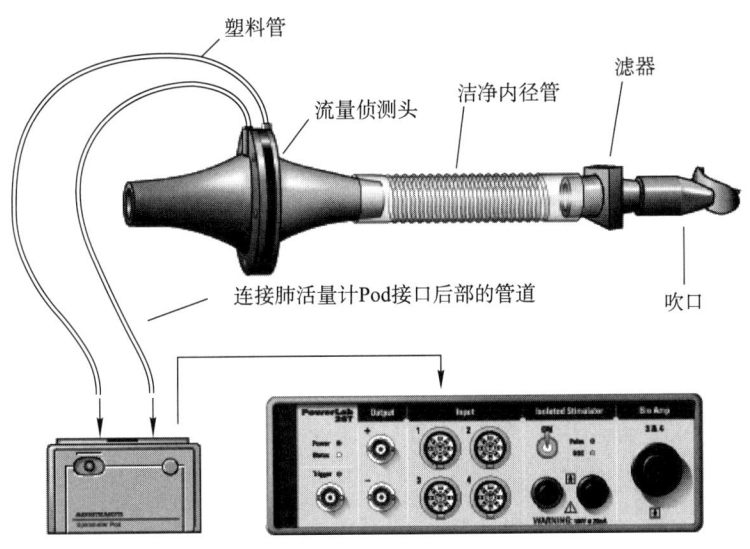

图 11-6　肺活量计 Pod 与人体生理学实验系统连接示意图

得精确的容量测定,在开始每一项新记录前,记住点击 Pod 接口清零按钮来使基线复位。

3. 肺容量校正 在多数大气条件下,呼出的气量要大于吸入的气量。由温度和湿度引起的增量通常为 5%~10%,设置容量校正因子(温度/湿度补偿因子 5%~10%)。

4. 血氧饱和度测定 采用独立的指夹式血氧测量仪,将血氧测量仪的指夹夹在示指上,开机后读取血氧饱和度的数值(健康志愿者静息 $SpO_2 \geq 95\%$)。

【观察项目】

1. 基础肺功能测定

(1) 肺容量与肺活量测定:使用 Pod 接口清零按钮将肺活量计 Pod 接口重新调零,点击开始按钮。一旦记录开始,请志愿者戴上鼻夹,含紧吹口经流量传感器平静呼吸 1~2 min,记录潮气量(V_T),然后依次测定 IRV、ERV,计算出 VC。

在上述测量过程中,始终记录 SpO_2。

比较个体间 VC 的生理差异(性别、体型、身高、体重、运动习惯、体位改变等)。

(2) 肺功能检测:使用 Pod 接口清零按钮将肺活量计 Pod 接口重新调零,点击开始按钮。一旦记录开始,请志愿者戴上鼻夹,含紧吹口经流量传感器平静呼吸 10~20 s。然后在平静吸气末用力呼气,并且尽可能地完全和持久,直至再也无法呼出气体。让志愿者恢复正常呼吸,然后点击停止。依次完成并记录 FVC、PEF 及 FEV_1 等,计算 FEV_1/FVC 比值。

用力肺活量和时间肺活量检查,分为 4 个阶段:①潮气呼吸:均匀平静地呼吸 10 s。②最大吸气:在潮气呼气末,深吸气至不能再吸气为止(TLC 位)。③用力呼气:爆发呼气并持续呼气至再无法呼出气体(RV 位)。④再次最大吸气:从 RV 位快速深吸气至 TLC 位(图 11-7)。描绘出用力肺活量测试过程的时间 – 容积曲线(T-V 曲线)和最大用力呼气时的流量 – 容积曲线(F-V 曲线)。

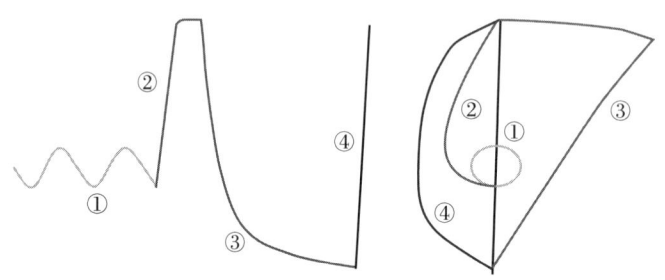

图 11-7 用力肺活量检查程序

①潮气呼吸 ②最大吸气 ③用力呼气 ④再次最大吸气

在上述测量过程中,始终记录 SpO_2。

2. 肺通气功能障碍模拟实验

(1) 阻塞性通气障碍(气道狭窄模型):正常志愿者的 VC、FVC 测定完成后,在吹口与流量计间安装可调节狭窄装置(可用管带覆盖过滤器的底端,用钢笔或削尖的铅笔在上述管带上面点出一个直径半厘米左右的圆孔,重新固定过滤器于洁净内径,孔径模拟轻/中度气道狭窄)。记录并测量 VC、FVC、PEF 及 FEV_1,计算 FEV_1/FVC 比值,并与正常的 FVC、FEV_1 比较分析;然后将阻塞的通气管恢复原状,再次测定 FVC、FEV_1。描绘出用力肺活量测试过程的时间 – 容积曲线(T-V 曲线)和最大用力呼气时的流量 – 容积曲线(F-V 曲线)(图 11-8)。

在上述测量过程中,始终记录 SpO_2。

(2) 限制性通气障碍(胸廓束缚模型):正常志愿者的 VC、FVC 测定完成后,用宽束胸带

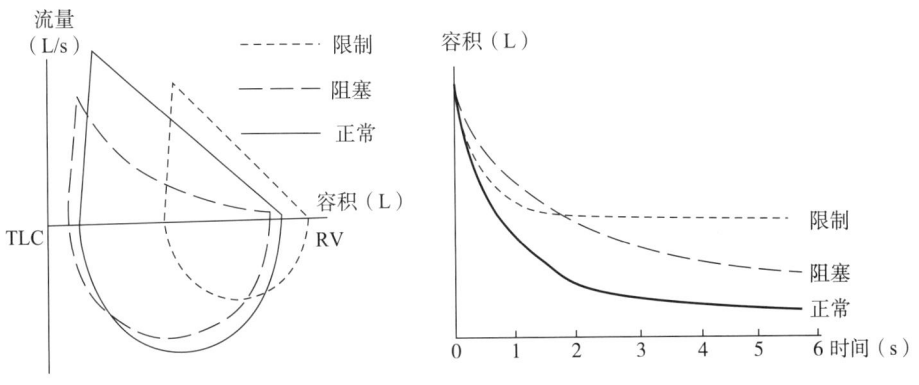

图 11-8 不同类型肺通气功能障碍的 T-V 曲线（右）和 F-V 曲线（左）

限制胸廓活动（腋下至剑突，呼气末绑紧至呼吸幅度减少 50%），记录并测量 VC、FVC、PEF 及 FEV_1，计算 FEV_1/FVC 比值，分析呼吸幅度受限效应。描绘出用力肺活量测试过程的时间 - 容积曲线（T-V 曲线）和最大用力呼气时的流量 - 容积曲线（F-V 曲线）（图 11-8）。

在上述测量过程中，始终记录 SpO_2。

3. 无效腔与运动负荷试验

（1）无效腔通气影响：依次增加通气管长度（加装延长管，模拟无效腔容积 100 mL、200 mL、300 mL），记录并测量 VC、RR 及 SpO_2 变化，计算肺泡通气量（$V_A = V_T \times RR - VD \times RR$）。

（2）运动负荷试验：利用功率自行车进行定量负荷运动。根据运动时的心率变化可分为一般负荷运动、次极限负荷运动，即运动时心率为 110 次 / 分（±10%）、140 次 / 分（±10%）。分别检测安静时、运动 3 min 及运动后休息 5 min 后的 V_T、RR 及 SpO_2 变化，计算运动前后 VE（$V_E = V_T \times RR$）及 V_A，分析代谢需求对通气的调控。

【数据记录与分析】

将实验结果填写入表 11-5 中。

表 11-5 肺功能测定结果记录表

检测指标	静息（基线）	气道狭窄（轻度）	胸廓束缚	无效腔增加（200 mL）	负荷试验		
					安静	运动 3 min	运动后休息 5 min
FVC（L）							
FEV_1（L）							
FEV_1/FVC（%）							
V_T（mL）							
RR（次 / 分）							
SpO_2（%）							

【注意事项】

1. 肺活量计需定期校准，避免温度漂移影响数据准确性。
2. 束缚带压力以限制胸廓活动但不影响血液循环为度。
3. 运动负荷试验中如出现 $SpO_2 < 90\%$ 或胸痛，立即终止试验。
4. 过度换气后指导受试者用纸袋呼吸，以纠正呼吸性碱中毒。

【思考题】

1. 为何阻塞性通气障碍模型 FEV_1/FVC 显著下降,而限制性通气障碍模型该比值正常或升高?

2. 无效腔增加时,为何需通过增加 V_E 维持 V_A?从肺泡通气公式 ($V_A = V_E - V_D$) 解析。

3. 运动时 SpO_2 无明显变化,是否说明组织氧供充足?结合氧解离曲线右移效应讨论。若运动后 SpO_2 下降至 88%,但肺通气指标正常,可能提示何种换气功能障碍?如何验证?

4. 若某次 FVC 测定值显著低于预期,可能由哪些操作失误导致?如何优化流程?

(范小芳)

实验 30　骨骼肌功能、肌电图的描记及反射弧测定

一、骨骼肌的收缩

【临床案例】

患者,男性,37 岁。主诉近 17 年来一直感觉四肢僵硬不适,尤其是长时间维持某一特定姿势后,肌肉僵硬感更为显著。例如,在久站等候公交车后,难以迈出步伐跨上汽车。

体格检查:患者呈现"运动员样"体格。四肢肌容积增大,用力或叩击后会产生"肌球"。针刺觉、位置觉检查结果均正常,共济检查正常。

诊断:僵人综合征。

【分析与讨论】

1. 哪些因素可能导致肌肉僵硬不适?可能牵涉神经系统哪些功能异常?

2. 伴有肌肉强直的肌肉疾病有先天性肌强直、强直性肌营养不良、炎性肌病等,这些疾病主要机制有何异同,如何鉴别诊断?

【实验目的】

1. 通过电刺激前臂正中神经或尺神经,了解骨骼肌在生理状态下的收缩特性。

2. 记录并测量肌肉对神经刺激的单收缩反应,以及刺激强度增加时单收缩反应的募集。通过测量两次刺激脉冲间隔变化时产生的不同效应,观察强直收缩反应。

3. 通过测量持续性收缩期间最大力的衰减,测试肌肉疲劳的某些特性。

【实验原理】

肌肉由成百上千个运动神经的轴突末梢所支配。这些运动神经以各种方式控制运动。一个运动神经元的动作电位可通过向神经肌肉接头释放神经递质乙酰胆碱,诱发其所支配的肌纤维产生动作电位。该肌肉动作电位引起胞内钙离子浓度的短暂升高,并激活肌纤维内的分子收缩机制,引起粗、细肌丝的相对滑行,肌小节缩短,导致肌肉缩短。肌肉的收缩需要消耗能量,而肌细胞内能量代谢产生的三磷酸腺苷是唯一的能量来源。独立的一次完整收缩称为一个"单收缩"。

神经系统控制骨骼肌活动,通过调节轴突末梢发放冲动的数量,从而控制单收缩的肌纤维收缩的数量,这个过程称为"募集"。神经系统控制肌肉收缩的另一种方式是改变运动神经元轴突的动作电位发放频率。当刺激间隔超过 200 ms,动作电位和肌肉收缩之间的胞内钙离子浓度将

恢复到基线水平。当刺激间隔在 200~75 ms 之间，肌细胞内的钙离子浓度在下一个动作电位到达之前仍处于基线水平之上，因此肌纤维还未完全松弛，后一次收缩过程叠加在前一次收缩过程的收缩期，产生收缩的总和。当刺激频率更高时，肌肉在两次刺激间甚至没有时间松弛，结果是产生一个比单收缩强数倍的收缩波形，称为强直收缩。在引起强直收缩的刺激频率范围内，当刺激频率低时，收缩曲线呈锯齿状，是不完全强直收缩；如果频率增高，收缩增加，而曲线变得光滑，则称作完全强直收缩。

【实验材料】

1. 受试对象　健康成年志愿者。

2. 仪器与材料　人体生理学实验系统、75% 乙醇棉球、皮肤清洁膏或研磨膏、导电膏、手指脉冲换能器、杆状刺激电极、握力传感器。

【实验方法】

1. 仪器准备　开启人体生理学实验系统，将手指脉冲换能器连接至设备输入端口；将手指脉冲换能器薄膜面朝上置于实验桌上，沿尼龙搭扣方向轻叩换能器；连接杆状刺激电极至刺激隔离输出口（图 11-9）；将少量电极液涂抹在刺激杆的两根银丝电极上。

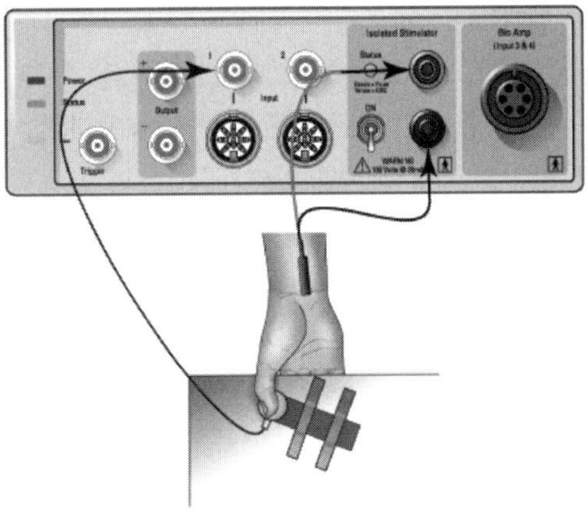

2. 神经刺激　用前臂神经和杆状刺激电极研究电刺激效应。

（1）将杆状刺激电极置于志愿者腕部的尺神经处，刺激杆状电极应沿手臂长轴放置（图 11-10）。

图 11-9　PowerLab 系统测定肌肉对神经刺激的反应连接示意图

（2）在刺激面板设置刺激电流数值，启动刺激。注意拇指和其他手指的单收缩，检测电极位置微小变化的影响，将电极置于能引起最大单收缩的地方。如果没有出现单收缩，增加刺激电流。

【观察项目】

1. 单收缩反应和募集　记录并测量肌肉对神经刺激的单收缩反应，研究由于刺激强度增加而产生的募集。

（1）寻找阈值：让受试者用另一只手拿稳电极，并置于腕部的尺神经刺激点。确保受试者

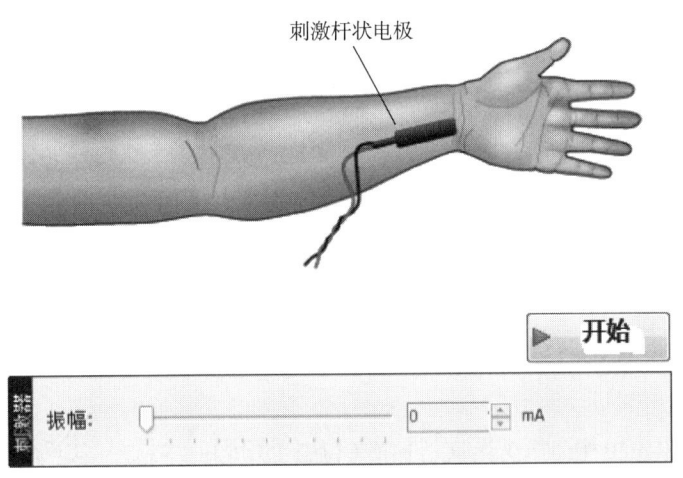

图 11-10　神经刺激示意图

拇指边缘轻轻置于换能器上。确保刺激电流被设置为 1 mA。点击开始按钮。逐步增加刺激电流，每次增加 1 mA。当观察到第一次反应波形时，在记录中添加注释，注上受试者的姓名和使用的刺激电流强度。

（2）募集：降低电流幅度 1 mA，点击开始。增加电流幅度，每次 0.5 mA 并点击开始。添加一个"注释"，注上使用的电流。继续上述步骤，直至反应不再增加。注意反应不再增加时的刺激电流，称为"最大刺激"。

2. 肌肉收缩总和　使用配对脉冲刺激，研究两个脉冲间时间间隔的变化是如何影响反应的。将刺激间隔设为 1 000 ms，点击开始按钮。降低刺激间隔至 500 ms，点击开始按钮。变换刺激间隔至 200 ms、150 ms 和 50 ms，重复上述步骤。

3. 强直收缩　检测快速刺激的效果，观察短暂强直收缩。检查刺激间隔是否设置为 50 ms。设定脉冲数量为 1，点击开始按钮。改变刺激脉冲数量至 2，再次刺激。改变刺激数量至 3，再次刺激。如受试者并无明显不适，可根据受试者耐受水平增加刺激数量至 4~5。分析逐步增加脉冲数时，肌肉收缩会发生什么变化？为什么？

4. 肌肉的疲劳　连接握力传感器至设备输入端口，测量持续性收缩期间最大力的衰减，测试肌肉疲劳的某些特性。请志愿者在观察记录曲线时保持最大握力的 25%。20 s 后，让志愿者放松，点击停止按钮。等待 30 s，让肌肉功能恢复。重复步骤，让志愿者分别保持最大握力的 50%、70% 和 100% 进行测试。

【注意事项】

1. 某些实验要透过放置于皮肤上的电极去电刺激肌肉。因此，装置有心脏起搏器，或患有神经性疾病和心脏疾病的人不能作为该实验受试者。

2. 肌肉收缩与感觉（例如刺痛或短暂不适）与神经刺激有关。如果志愿者在活动过程中有严重不适感，应立即中止并咨询教师。

【思考题】

1. 对支配肌肉的神经进行刺激时，主要的生理过程有哪些？应该将杆状刺激电极放在什么位置才能获得骨骼肌最佳收缩？

2. 当电流从阈值升高到最大收缩所需强度时，收缩纤维的数量会有怎样的变化？

3. 为何刺激强度变化会影响单收缩力？

4. 刺激间隔对肌肉的收缩力有很大的影响，试说明当肌肉被快速连续刺激时会怎样？受试者肌肉单收缩叠加（总和）所需的最小时间是多少？

二、肌电图的描记与神经传导速度测定

【临床案例】

患者，男性，35 岁，因"右手无力、活动受限伴有感觉障碍"就诊。

现病史：1 个月前右侧手腕内侧不慎被刀片划破，于小诊所行紧急包扎止血。近 1 个多月来，自觉右手出现无力、活动受限症状，同时伴有感觉障碍。

专科检查：右侧腕关节：主动背伸活动度 0°，被动背伸活动度 10°；腕主动屈曲活动度 40°，被动屈曲活动度 60°。右手中指、环指、小指内侧针刺觉、痛觉、温度觉明显减退，示指、拇指内侧感觉轻微减退。

诊断：右侧腕部正中神经损伤伴肌力下降（待查）。

【分析与讨论】

1. 结合患者病史和专科检查结果，分析正中神经损伤的可能机制。思考如何通过肌电图描记和神经传导速度测定来证实正中神经损伤的诊断。

2. 肌电图描记和神经传导速度测定在评估周围神经损伤中的原理和作用有哪些？

3. 通过药物、理疗、针灸等半个月治疗后，如何判定患者肌力、感觉的恢复程度？

【实验目的】

1. 通过记录志愿者的肌电图（EMG），了解肌电记录方法，掌握骨骼肌的电活动规律。

2. 通过测量刺激腕部和肘部神经引起反应的潜伏期，根据潜伏期的差别计算神经的传导速度。

【实验原理】

肌电图记录是用于测量肌肉电活动的技术，记录到的曲线称为肌电图（electromyogram，EMG）。记录方法有两种，即将针形电极经皮肤插入肌肉，或者将电极放在皮肤表面进行记录。记录到的波形大小和形状，可以反映肌肉的活动能力。在骨骼肌随意运动期间，可以观察到共激活现象，即一块肌肉的收缩会导致其拮抗肌微小的活动，该生理现象可起到稳定关节的作用。

使用短的电脉冲经皮肤刺激神经后，可以记录到从电脉冲刺激到肌肉出现收缩反应的时间。由于反应速度与传导速度有关，从而可推算出神经传导速度。一般情况下，正常的传导速度为 50~60 m/s。正常的神经传导速度存在一定的个体差异，不同神经的传导速度也不尽相同。

神经和肌肉病变可引起骨骼肌电活动异常。检测肌肉和神经的电活动能帮助医生发现是否存在肌肉病变（如肌营养不良）和神经病变（如肌萎缩性脊髓侧索硬化症），以及病变的位置和程度。

【实验材料】

1. 受试对象　健康成年志愿者。

2. 仪器与材料　人体生理学实验系统、75% 乙醇棉球、皮肤清洁膏或研磨膏、导电膏、一次性贴附式电极、卷尺、记号笔。

【实验方法】

1. 打开人体生理学实验系统，选择肌电图实验项目，根据提示说明或视频演示进行准备，包括仪器连接、皮肤准备、电极安放（图 11-11）。

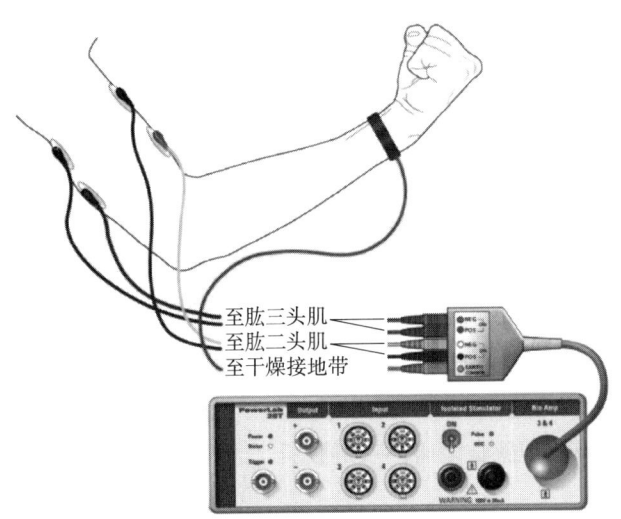

图 11-11　仪器连接

2. 记录骨骼肌随意收缩时的电活动

（1）请受试者放松端坐，分别记录适度收缩，以及最大收缩时肱二头肌和肱三头肌的 EMG 和均方根值（root mean square，RMS）。

（2）受试者手臂伸直，手掌向上，放置一块重 500 g 的物体（如哑铃），使其尽可能保持静止不动，记录 EMG，而后每次增加 500 g 负荷，直至加至手中负荷达 2 000 g，观察增加负荷后 EMG 变化情况。

（3）观察交替活动骨骼肌时的共激活现象（图 11-12）。反复交替练习肱二头肌和肱三头肌的收缩活动，直到觉得肱二头肌和肱三头肌的收缩程度几乎相同。然后开始记录其 EMG，观察其规律并加以分析。

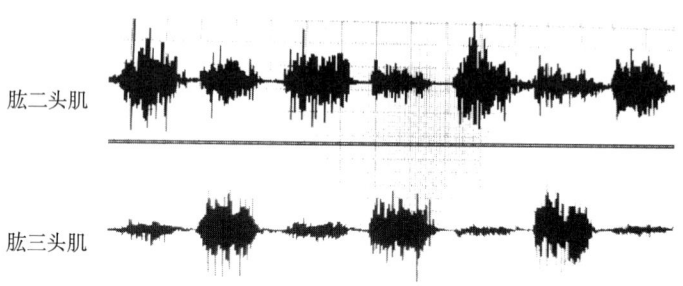

图 11-12 共激活现象

3. 诱发 EMG，测定神经传导速度。刺激位于腕部的尺神经或正中神经，记录小指展肌或拇短展肌的电活动。在刺激神经产生肌电图波形以前，经常会出现刺激伪迹的波形，它是由刺激电流产生的。从刺激电流脉冲（刺激伪迹）到诱发 EMG 开始的间隔时间称为潜伏期。通过测量腕部和肘部刺激部位之间的距离，以及在腕部和肘部诱发的 EMG 之间的潜伏期差异，计算神经传导速度。

【注意事项】

1. 为了进行有效刺激，刺激杆状电极的两个垫片应沿着手臂长轴放置。
2. 如果刺激尺神经时无反应，可将脉冲电流逐步增加。如果仍然没有反应，可尝试刺激正中神经。由于个体解剖差异，每个人尺神经和正中神经的支配范围都可能有所不同。

【思考题】

1. 为什么在放置 EMG 电极之前需用皮肤研磨膏、乙醇棉球擦拭清洁皮肤？
2. 不同于心电图（ECG）的波形，EMG 波形不太规则，为什么？
3. 向志愿者手臂增加重量时，EMG 曲线如何变化？
4. 分别测量刺激腕部和肘部神经后的潜伏期。这两个潜伏期有何差别？

三、反射和反应时间

【临床案例】

患者，男性，52 岁，因"双下肢无力导致行走困难"就诊。

现病史：3 年前，患者无明显诱因出现背痛症状，初期疼痛尚可自行缓解，但此后疼痛程度逐渐加重。1 个月前，患者开始出现双下肢无力现象，导致行走困难。

体格检查：肋弓以下出现感觉障碍，双下肢肌张力增高，双侧膝跳反射亢进，病理反射呈阳性。

辅助检查：胸部X线片显示T6右侧椎弓根遭到破坏，椎体塌陷并压迫脊髓。

诊断：椎体塌陷压迫脊髓（原因待查）。

【分析与讨论】

1. 膝跳反射的亢进或减弱常见于哪些神经系统疾病？机制如何？
2. 以上病例可初步判定哪些组织发生了病变？进一步确诊还可以做哪些检查？

【实验目的】

通过诱发膝跳反射、瞳孔对光反射，以及观察影响反应时间的因素，了解人体神经反射和反应时间的特性。

【实验原理】

骨骼肌受到外力牵拉时引起受牵拉的同一肌肉收缩的反射活动，称为牵张反射，包括腱反射和肌紧张。腱反射指快速牵拉肌腱时发生的牵张反射，主要是快肌纤维收缩，为单突触反射。肌紧张指缓慢持续牵拉肌腱时发生的牵张反射，表现为受牵拉的肌肉能发生紧张性收缩，阻止被拉长，主要是慢肌纤维收缩，为多突触反射。当叩击肌肉或肌腱时，也会给肌肉一个短促的牵张而引起反射。膝跳反射和跟腱反射因与肌腱有关，习惯上称为"腱反射"。

眼睛的视网膜可以在一个很广的范围内感受光强的差异。在明亮的光线中，眼睛的敏感性较低，但在黑暗的情况下敏感性增加。大多数适应发生在视网膜中的感光细胞上，但也有一部分是通过瞳孔调节进入眼睛的光量实现的。当叩眼的光线强弱发生变化时，可反射性地引起瞳孔直径发生相应的变化，从而调节射入眼的光线，称为瞳孔对光反射。

【实验材料】

1. 受试对象　健康成年志愿者。
2. 仪器与材料　人体生理学实验系统、膝关节角度测量仪、敲击锤、手指脉冲换能器等。

【实验方法】

1. 测定反射的设备连接　将肌腱锤插头连接至设备的输入端口1，将量角仪（连接角度感受器）插头连接至输入端口2，将量角仪系在志愿者的腿上，以膝关节为中心。调节尼龙搭扣使其舒适贴身（图11-13）。

2. 反应时间设置的设备连接　测量志愿者对一个视觉信号的反应时间。

将肌腱锤和量角仪从设备上断开，将按钮开关连接上输入端口1，将手指脉冲换能器连接上输入端口2，将尼龙搭扣绕在手指脉冲换能器上覆盖其振动膜（保护换能器免受重敲的损害）。

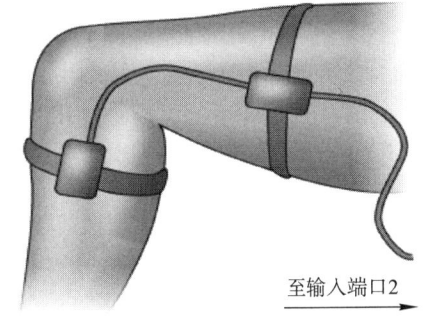

图11-13　测定反射设备连接示意图

【观察项目】

1. 牵张反射　观察由刺激髌韧带引起的牵张反射。请志愿者坐在椅子上，把系着量角仪的腿翘在另一条腿上，足可以自由前后摆动。用肌腱锤轻叩膝下的髌韧带以诱发膝跳反应。练习这一步骤几次，以便可以轻松地引起一个可靠的反应。点击开始，用肌腱锤轻叩志愿者的髌韧带。重复这一步骤4次，获得5段数据。请志愿者做"Jendrassik"手法，将双手手指相连并掬成杯形，随后在其胸前用力向外拉。当志愿者做该手法时，用肌腱锤轻叩髌韧带。添加注释"Jendrassik"到每一段数据中，记录所有5次反应。测量和比较正常和做"Jendrassik"手法时腿的角度的变化及其反应时间。

2. 瞳孔对光反射　遮住志愿者的眼睛约15 s。让一束光射进一只眼睛并注意反应。当光照

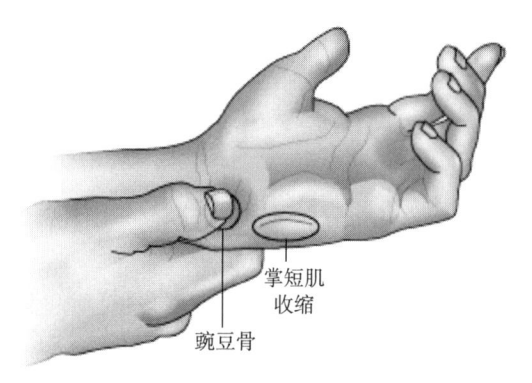

图 11-14 掌短肌收缩示意图

左手手掌观，显示掌短肌造成的皮肤凹陷和豌豆骨的所在

进时，瞳孔的反应是什么？重复以上步骤，但注意另一只未受刺激眼睛瞳孔的反应。在正常光线下，请受试者远眺，然后看一个举着的近物（离眼睛约 10 cm）。当眼睛盯着距离很近的图像时，瞳孔直径会怎样变化？

3. 掌短肌收缩　把手掬成杯形。注意沿尺骨缘的皮肤凹陷。该凹陷是掌短肌的活动所致。将手掌向上并放松，用手指甲压在豌豆骨上（图 11-14），压力可引起掌短肌的反射收缩。不运动小指，试着主动收缩掌短肌。多数人都会发现这很难或不可能。但是，经常练习可以学会。

4. 预警和反应时间　测量对一个口头提示后立即给出的一个视觉信号的反应时间。点击开始按钮。系统将在接收到换能器信号后开始记录。在延迟 1～4 s 后，于轻叩换能器前说"准备"以警告志愿者。重复步骤 10 次，确保轻叩伴随警告给出，且时间间隔在 1～4 s 内变动。当 10 次记录完成后，记录自动停止。测出平均反应时间。

5. 可预知信号和反应时间　测量受试者对规定时间间隔内给出信号的反应时间。点击开始按钮。系统将在接收到换能器信号后开始记录。不用口头警告，而代之以规定的节律轻叩换能器，如每隔 2 s 一次。重复步骤 10 次。当 10 次记录完成后，记录自动停止。测出平均反应时间。

6. 分心和反应时间　测量受试者在进行心算时的反应时间。点击开始按钮。系统将在接收到换能器信号后开始记录。请受试者从 100 开始倒数，以 7 递减，越快越好。受试者应该大声说出每一个数字（如 100、93、86）。在延迟 1～4 s 后，没有任何警告地轻叩换能器。受试者一看见你轻叩换能器就点击按钮开关。重复步骤 10 次。当 10 次记录完成后，记录自动停止。测出平均反应时间。

7. 听觉信号和反应时间　测量受试者对声音的反应时间。让受试者背对手指脉冲换能器和计算机屏幕以避免视觉信号的干扰，但要近得足够听见换能器的有力叩击声。以不同的方式叩击，并找到最合适的一种，使其声音正好能被受试者清楚地听见，但又不会损害换能器。试着同时叩击桌子和换能器。或者在换能器上覆盖上一张折叠的纸，弹得重一些。点击开始按钮。系统将在接收到换能器信号后开始记录。在延迟 1～4 s 后，在不警告志愿者的情况下叩击换能器。受试者一听见你轻叩换能器就点击按钮开关。重复步骤 10 次。当 10 次记录完成后，记录自动停止。测出平均反应时间。

【注意事项】

将脉冲换能器置于实验桌上，让振动膜朝上，确保不会被意外碰及。

【思考题】

1. "Jendrassik"手法对牵张反射的影响是什么？你对"简单"反射的看法是什么？给出你关于"Jendrassik"手法的实验结果。

2. 当光照进瞳孔后，瞳孔的反应是什么？当眼睛盯着距离很近的图像时，瞳孔直径会怎样？瞳孔对光反射的明显的生物学意义上的优势何在？

3. 根据你的数据，在所有情况下的平均反应时间相同吗？哪种情况下反应时间增加？哪种情况下反应时间减少？

（李利生）

实验 31　人体动脉血压的测定及其影响因素

【临床案例】

患者，男性，52 岁，因"头晕、头痛，伴恶心、呕吐"，自行服用罗布麻片症状无缓解就诊。

现病史：近 3 年来常出现间断性头晕、头痛，伴视物模糊，无胸痛、胸闷，无恶心、呕吐等不适症状，休息及自行服用罗布麻片，症状缓解。1 周前患者再次出现头晕、头痛，并且出现恶心、呕吐症状，服用罗布麻片，症状缓解不明显。

查体：体温 36.4 ℃，脉搏 78 次 / 分，呼吸 18 次 / 分，血压 150/95 mmHg。

辅助检查：心电图及心脏超声提示左心室肥厚。日监测血压 3 次，均高于正常值。

诊断：原发性高血压（一级）。

【分析与讨论】

1. 该患者为什么头痛、头晕？根据对患者的检查，你的初步诊断是什么？
2. 什么叫动脉血压？动脉血压的正常值是多少？
3. 测量血压有几种方法？各有何意义？
4. 动脉血压的形成条件是什么？影响动脉血压的因素有哪些？
5. 什么是高血压？高血压的诊断标准是什么？如何分级？

【实验目的】

1. 掌握人体动脉血压测定的原理与方法。
2. 学会正确使用柯氏音（Korotkoff 音）听诊法测定肱动脉的收缩压和舒张压。
3. 掌握无线人体采集系统测量血压的方法。
4. 了解不同测量位置、体位对血压测量结果的影响。
5. 观察在正常情况下，呼吸、运动等因素对血压的影响，并了解其作用机制。

【实验原理】

动脉血压（arterial blood pressure）是人体的基本生命体征之一，也是临床医生评估患者病情轻重和危急程度的重要指标之一。动脉血压是指流动的血液对单位面积动脉管壁的侧压力（即压强）。动脉血压可用收缩压、舒张压、脉压和平均动脉压等数值表示。收缩压（systolic pressure）是指心室收缩期中期达到最高值时的血压。舒张压（diastolic pressure）是指心室舒张末期动脉血压达到最低值的血压。脉搏压（pulse pressure）简称脉压，是指收缩压和舒张压的差值。平均动脉压（mean arterial pressure）是一个心动周期中每一瞬间动脉血压的平均值，约等于舒张压加 1/3 脉压。

动脉血压直接测量法是将含有抗凝剂的导管，经皮穿刺送至主动脉，导管与压力传感器连接，直接显示血压。本法为有创方式，临床上仅适用于某些特殊情况。一般人体血压是用血压计（sphygmomanometer）与听诊器的间接测量法测量的，测量部位通常为上臂的肱动脉。

柯氏音听诊法测量动脉血压的原理是用血压计的袖带在肱动脉外施加压力，根据血管音（Korotkoff 音）的变化测量血压。正常情况下，血液在血管内流动时并没有声音。如果血液流经血管狭窄处时形成涡流，则可发出声音。1905 年，俄国学者 Korotkoff 发现，用臂带绑扎上臂并加压，袖带压大于收缩压可阻断动脉血流而无声音，当其等于或低于动脉内最高压力时，血流开始恢复并引起湍流而致动脉壁振动，此时可通过听诊器听到声音并可触及脉搏，一旦袖带压降至舒张压水平，血管完全通畅而无湍流，此时声音消失。将上述听到的声音一般分为 Korotkoff 5 音。首次听到的响亮拍击声为第 1 期，此时袖带内的压力数值即为肱动脉的收缩压（SP）；随后拍击声减弱并伴柔和吹风样杂音为第 2 期，继而拍击声增强和杂音消失为第 3 期，随之音调沉闷为第 4 期，最终声音消失为第 5 期。此时，袖带内压力即为舒张压（DP）。柯氏音动脉血压测量的原理见图 11-15。

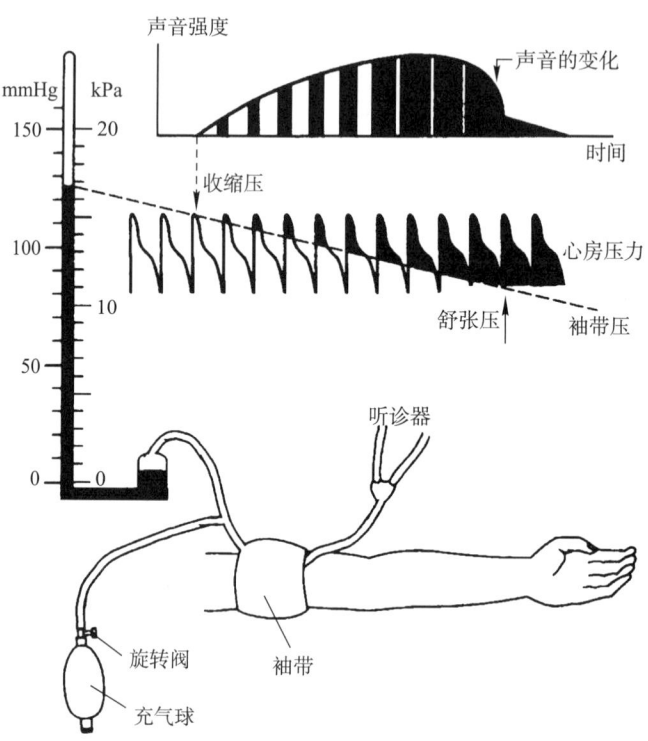

图 11-15　柯氏音动脉血压测量的原理

一、听诊法测量血压

【实验材料】

1. 受试对象　健康成年志愿者。
2. 仪器与材料　听诊器、水银式血压计。

【实验方法】

1. 熟悉血压计的构造　血压计有数种，常用的有水银式、表式和数字式等。本实验应用水银式血压计测量血压。水银式血压计包括袖带、橡皮球和测压计 3 个部分。在使用时先驱净袖带内的空气，打开水银压力计根部的开关。

2. 柯氏音听诊法测量动脉血压

（1）受试者静坐 5 min 以上，脱去一侧上肢衣袖。前臂平放，手掌向上，上臂中段与心脏位置等高，水银槽也与心脏在同一水平。

（2）检查者松开血压计橡皮球上的螺旋阀，排尽袖带内的空气，然后将螺旋阀旋紧。打开水银槽开关。

（3）将袖带缠在受试者的上臂，使袖带下缘在肘窝横纹上 2～3 cm，袖带松紧适宜。

（4）检查者佩戴好听诊器，在肘窝内侧触及肱动脉搏动后，将听诊器的胸件放于其上，轻压胸件与皮肤紧密接触。

（5）挤压气球向袖带内充气，边充气边听诊，使水银柱逐渐上升到听诊器内听不到动脉脉搏音为止，继续打气使水银柱再上升 20～30 mmHg。随即松开气球螺旋阀，缓慢放气（2～4 mmHg/s），两眼平视水银柱，同时仔细听诊。在第一次听到"嘣嘣"样声音时，血压计水银柱所指示的压力刻度即代表收缩压。

（6）继续缓慢放气，可听到声音由低到高，而后由高到低，最后突然消失。声音由高到低的瞬间，水银柱指示的压力刻度即代表舒张压，亦可用声音突然消失时水银柱所指示的压力刻度来代表，二者相差 5～10 mmHg。

（7）记录收缩压/舒张压（mmHg），如 120/80 mmHg。

二、不同影响因素对动脉血压的影响

【实验材料】
1. 受试对象　健康成年志愿者。
2. 仪器与材料　人体生理学实验系统、听诊器、功率自行车、检查床。

【实验方法】
1. 实验仪器连接　将无线信号接收器的接口插入人体生理学实验系统的任意通道，连接无线信号接收器，将血压传感器信号输入线与采集主机任意接口相连。
2. 血压测量　将袖带里的气体用挤压袖带的方式排出后，袖带平整地缠在受试者上臂，袖带下端在肘窝横纹上方 2～3 cm 处，松紧度以能够往里放入一指为宜。启动人体生理学实验系统，选择"影响动脉血压的因素"。

【观察项目】
1. 观察左、右手臂的血压
（1）受试者呈坐位，手臂平放，手心向上，上臂与心脏保持同一水平，全身放松。
（2）左臂血压值：测量受试者左臂血压值，添加标记"姓名+左臂"。
（3）右臂血压值：测量受试者右臂血压值，添加标记"姓名+右臂"。
（4）比较同一受试者两上肢血压是否相同。

2. 观察手臂与心脏位置变化对血压的影响
（1）受试者平躺于检查床上，手臂平放，上臂与心脏保持同一水平，全身放松，测量此时左臂的血压值，添加标记"姓名+上臂与心脏平行"。
（2）受试者左手臂垂直上举，使上臂高于心脏位置，测量此时的血压值，添加标记"姓名+上臂高于心脏"。
（3）受试者左手臂垂直向下，使上臂低于心脏位置，测量此时左臂的血压值，添加标记"姓名+上臂低于心脏"。

3. 观察不同体位对血压的影响
（1）坐立时血压：测量受试者呈坐位状态时的血压值，添加标记"姓名+坐位"。
（2）仰卧时血压：测量受试者仰卧状态时的血压值，添加标记"姓名+仰卧"。

(3)站立时血压:测量受试者站立状态时的血压值,添加标记"姓名+站立"。
(4)下蹲时血压:测量受试者下蹲状态时的血压值,添加标记"姓名+下蹲"。

4. 观察呼吸频率对血压的影响

(1)平静状态时血压:测量受试者平静呼吸时血压值,添加标记"姓名+平静呼吸"。
(2)深呼吸运动后血压:受试者做尽力深呼吸运动(中途感觉不适立即停止),持续1 min,测量受试者深呼吸后血压值,添加标记"姓名+深呼吸"。

5. 运动对人体肱动脉血压的影响

(1)安静状态下血压:测量安静状态下(运动前)的血压值并记录心率,添加标记"姓名+安静状态"。
(2)运动后血压:受试者做定量负荷运动,以50 r/min的速度蹬踏自行车,调整负荷,女生以300(kg·m)/min,持续5 min;男生以600(kg·m)/min,持续5 min;心率要求达到120~170次/分。中途感觉不适应立即停止。记录运动后即刻和运动后5 min受试者的血压值,添加标记"姓名+运动后即刻"和"姓名+运动后5 min"。

【数据处理与分析】

1. 将实验数据计入表11-6、表11-7中。

表11-6 观察动脉血压的影响因素

受试者:　　　　性别:

	影响因素	收缩压(mmHg)	舒张压(mmHg)	备注
不同手臂	左上肢			
	右上肢			
垂直距离	水平			
	上抬			
	下移			
体位	坐位			
	平躺			
	站立			
	深蹲			
呼吸	正常			
	深呼吸1 min			

表11-7 运动对人体动脉血压和心率的影响

受试者	年龄	性别	运动前			运动后即刻			运动后5 min		
			收缩压	舒张压	心率	收缩压	舒张压	心率	收缩压	舒张压	心率
受试者1											
受试者2											
...											

注:血压单位,mmHg;心率单位,次/分。

2. 比较全班同学运动前后血压的变化，并用统计学方法分析。

【注意事项】

1. 室内必须保持安静，以利听诊。
2. 袖带接触皮肤不宜过紧或过松，切勿将听诊器胸器压在袖带下进行血压测量。
3. 如果发现血压超出正常范围，应让受试者休息 10 min 后复测。
4. 动脉血压通常连续测 2~3 次，一般取两次较为接近的数值为准。重复测定时，须将袖带内的气体放尽，使压力降至零位，而后再加压测量。2 次测量间隔时间至少 2 min。
5. 结束测量后，应将袖带内气体驱尽，卷好，放置盒内。将水银血压计向右倾斜 45°，使管内水银退回水银槽内，然后关闭开关，防止水银泄露。

【思考题】

1. 如何确定收缩压和舒张压的数值？原理是什么？
2. 测量人体血压应注意哪些事项？
3. 为什么测量血压时水银槽应与心脏在同一水平？高于或低于心脏水平对血压测量值有何影响？
4. 什么时间测量血压最好？
5. 测量血压时左臂和右臂的血压值有何差别？平时测量时该选左臂还是右臂？
6. 测量血压时，袖带的松紧度和合适度会影响血压的测量结果吗？
7. 班里男生和女生的血压平均值有何不同？
8. 不同体位对血压测量结果有何影响？
9. 深呼吸对血压有何影响？深呼吸为什么会影响血压？
10. 运动后血压有何改变？变化的机制是什么？

（于　利　马建设　范小芳）

网上更多……

自测题　　教学 PPT

第十二章
药物作用及其机制

关键词

半衰期　　一级消除动力学　　半数有效量　　惊厥
翻正反射　糖皮质激素

> 药物作用及其机制是机能学实验的重要组成部分。其中有药物的几种特殊中枢作用（镇痛、抗惊厥、强安定），还有药物半衰期、药物半数有效量测定，以及农药中毒的解救等。药物半数有效量是以阳性反应百分率与对数剂量作图所得的中值，分别有 LD_{50} 与 ED_{50}，两者比值为治疗指数，用以评价药物的安全性。药物可采用不同给药途径，所引起的药物效应亦不同，通常表现为效应强度和持续时间的差异，但有时可能会产生不同的效应和用途。消除半衰期是一项重要的药动学参数，根据半衰期可确定给药间隔时间；亦可估计连续给药后达到稳态血药浓度（C_{ss}）的时间和停药后药物从体内消除所需的时间。农药中毒的解救是临床急救的重要内容，以往以有机磷酸酯类中毒最为多见，现亦发现其他多种农药中毒病例，通过美曲膦酯和杀虫单中毒解救的动物实验，以加强与临床的联系。考虑到实验动物福利和伦理问题，我们建议采用虚拟仿真实验代替。

实验 32　药物血浆浓度测定及药动学参数分析

【临床案例】

患者，女性，45岁，因"反复尿路感染"就诊，予磺胺甲噁唑（sulfamethoxazole，SMZ）治疗。

现病史：治疗3天后出现皮疹、关节痛，血药浓度检测示SMZ峰浓度超治疗窗（>150 μg/mL），怀疑药物蓄积。

查体：体温36.8℃，血压110/70 mmHg，皮肤见散在红色斑丘疹，双膝关节轻压痛，余无特殊异常。

辅助检查：血药浓度检测显示SMZ峰浓度>150 μg/mL（↑），肝肾功能、电解质检查结果正常。

诊断：磺胺甲噁唑药物蓄积中毒，药物性皮疹及关节痛。

治疗：调整SMZ给药间隔，持续监测血药浓度至稳态范围（50~100 μg/mL），对症支持治疗后症状缓解。

【分析与讨论】

1. 结合磺胺嘧啶钠的血浆半衰期（$t_{1/2}$）和表观分布容积（V_d），探讨其在剂量调整中的指导价值。

2. 通过消除速率常数（K）和清除率（CL），解析肝肾功能异常患者的剂量调整原则。

【实验目的】

1. 通过磺胺嘧啶钠的重氮偶联反应实验，掌握分光光度法检测原理及规范操作流程，培养严谨求实的科研态度。结合《中华人民共和国药典》对药物浓度检测的质量控制标准，理解精准医疗数据对患者安全的重要性，强化"生命至上"的医学伦理观。

2. 通过计算磺胺嘧啶钠的血浆半衰期（$t_{1/2}$）和表观分布容积（V_d）等药动学参数，加深对$t_{1/2}$和V_d临床意义的理解。

3. 通过绘制药时曲线与动态参数分析，理解一级消除动力学特征。

【实验原理】

磺胺类药物为对氨基苯磺酰胺类化合物，在酸性溶液中，可与亚硝酸钠起重氮反应，产生重氮盐。在碱性溶液中，重氮盐可与酚类化合物（麝香草酚）起偶氮反应，形成橙红色的偶氮化合物。采用分光光度检测法，在525 nm波长处进行比色测定。根据Beer-Lambert定律，药物浓度与光密度呈正比关系。其化学反应如下：

多数药物在体内按一级动力学的规律而消除，静脉注射给药后，不同时间采血，测定血浆浓度，以血浆药物浓度的对数值为纵坐标，时间为横坐标，其药时曲线常呈直线。

该直线的方程式为：$\lg C_t = \lg C_0 + \dfrac{-K}{2.303}t$

根据此直线方程可以求出斜率 b 值。消除速率常数 $K = -2.303b$，进而求出血浆半衰期。

药物血浆半衰期为：$t_{1/2} = 0.693/K$

【实验材料】

1. 实验对象　兔（体重 2.0~3.0 kg）。

2. 试剂与药品　麻醉药（20% 氨基甲酸乙酯）、5% 磺胺嘧啶钠溶液、草酸钾结晶、0.3% 肝素生理盐水、7.5% 三氯醋酸溶液、0.5% 亚硝酸钠溶液、0.5% 麝香草酚钠溶液（溶于 20%NaOH 溶液）。

3. 仪器与材料　离心机、分光光度计。兔手术器械 1 套、兔颈总动脉 PE 导管、三通阀、移液枪及吸头（200 μL、1 mL）、玻璃试管 6 支（10 mL）、EP 管（1.5 mL、2 mL）、试管架、注射器（20 mL、1 mL）。

【实验方法】

1. 试管准备

（1）取 2 mL EP 管 6 支，依次标记 A1、A2、A3……A6，每支 EP 管内各加入 7.5% 三氯醋酸 2 mL。

（2）取 1.5 mL EP 管 6 支，依次标记 B1、B2、B3……B6，每支 EP 管内各加入几粒草酸钾结晶。

（3）取 10 mL 玻璃试管 6 支，依次标记 C1、C2、C3……C6，备用。

2. 兔颈部手术　兔称重，耳缘静脉注射 20% 氨基甲酸乙酯（5 mL/kg）麻醉后仰卧位固定于兔台上。颈部手术分离颈总动脉并插管（PE 导管连接三通阀，PE 导管内充满 0.3% 肝素生理盐水）。

3. 血样采集与给药

（1）从兔颈总动脉取血约 1 mL，置入 B1 管，迅速摇匀抗凝。

（2）取血后，从兔耳缘静脉注入 5% 磺胺嘧啶 150 mg/kg（3 mL/kg），记录给药时间（$t = 0$，准确到分）。

（3）分别于给药后 5、10、15、30、45 min 采集颈总动脉血各 1 mL，分别置入 B2~B6 管，迅速摇匀，记录取血标本的准确时间。

4. 样本处理

（1）B1~B6 管室温下以 400 g 离心力离心 5 min。

（2）吸取 B1~B6 管上层血浆 100 μL 分别加入相应的 A1~A6 管中。

（3）A1~A6 管以 400 g 离心力离心 5 min。

（4）取 A1~A6 管离心后的上清液 1.5 mL，分别置入 C1~C6 管中。

（5）在 C1~C6 管中加入 0.5% 亚硝酸钠溶液 0.5 mL，充分混匀，再加入 0.5% 麝香草酚溶液 1 mL，室温反应 10 min，可见橙红色反应。

5. 分光光度检测　以给药前血样为空白对照，用 722 型分光光度计于 525nm 波长处测定给药后各管吸光度（A）。

6. 标准曲线制作　用兔血浆（空白对照）配制不同浓度的磺胺嘧啶钠溶液（0、25、50、

100、200 μg/mL 磺胺嘧啶钠血浆标准品），按上述方法 4 进行重氮偶联反应，分光光度计分别测定各管吸光度（A）。

以磺胺嘧啶钠溶液浓度为横坐标，其吸光度为纵坐标，进行直线回归，求标准曲线回归方程。

【数据记录与分析】

1. 用标准曲线回归方程计算磺胺嘧啶钠浓度（表 12-1）。

表 12-1 磺胺嘧啶钠药动学参数记录表

时间点（min）	0	5	10	15	30	45
吸光度（A）						
磺胺嘧啶钠浓度（μg/mL）						
对数磺胺嘧啶钠浓度 lg$C$						

2. 计算 根据一级动力学消除公式

$$C_t = C_0 e^{-kt}$$

$$\lg C_t = \lg C_0 + \frac{-K}{2.303} t$$

将给药时间 t 与已求得的磺胺嘧啶钠血浆浓度对数值 $\lg C_t$ 作直线回归，即以 $\lg C$ 为纵坐标，时间（t）为横坐标，计算得回归方程的斜率（$-K/2.303$）和截距（$\lg C_0$），应用公式 $t_{1/2} = 0.693/K$，$V_d = D/C_0$，$CL = K \cdot V_d$，便可求得 $t_{1/2}$，V_d 和 CL。

【附】

计算机的直线回归程序：将数据输入 Excel 中，调用其自带的函数，根据对话框要求操作即可完成运算。INTERCEPT（known-y's，known-x's）求线性回归拟合线方程的截距。SLOPE（known-y's known-x's）求线性回归拟合线方程的斜率。

【注意事项】

1. 给药时间及各取血点均要准确记录，加样精确，减少误差。
2. 在血液样本采集前，通过三通阀排空导管内残留的肝素生理盐水。完成采样后，应立即通过三通阀注入 0.5～1.0 mL 肝素生理盐水，以免导管内凝血。
3. EP 管中的血液与抗凝剂需立即混匀（离心管颠倒 5～10 次），避免溶血。

【思考题】

1. 若某药物 $t_{1/2}$ 为 6 h，理论上连续给药多久可达稳态浓度（Css）？如何通过调整给药间隔维持 Css？
2. 何为一级消除动力学？有何特点？
3. 根据实验结果所得的药物半衰期值，计算实验动物在给药 8 h 后的血浆药物浓度。
4. 试述 $t_{1/2}$、V_d 及 Css 的意义。

（王 萍 白 杰）

实验 33　戊巴比妥钠半数有效量（ED_{50}）与半数致死量（LD_{50}）的测定及治疗指数分析

【临床案例】

患者，男性，28岁，因"失眠伴焦虑"就诊，予戊巴比妥钠口服治疗。

现病史：患者自行加倍剂量服用（100 mg/d）后出现嗜睡、呼吸抑制，血药浓度检测示药物蓄积。

查体：体温36.2℃，血压90/60 mmHg，呼吸8次/分（浅慢），心率62次/分；瞳孔缩小（直径2 mm），对光反射迟钝，肌张力降低。

辅助检查：戊巴比妥钠峰浓度 > 40 μg/mL（↑，治疗窗：5～25 μg/mL）；pH 7.28，$PaCO_2$ 52 mmHg（↑），PaO_2 85 mmHg（↓）；肝肾功能、电解质正常。

诊断：急性巴比妥类药物中毒，呼吸衰竭。

治疗：立即停药；静脉注射纳洛酮拮抗，吸氧支持，持续监测呼吸、循环功能至生命体征稳定。

【分析与讨论】

1. 结合 ED_{50} 与 LD_{50} 的测定，探讨治疗指数（$TI = LD_{50}/ED_{50}$）的临床意义及其局限性（如未考虑个体差异）。

2. 对比改良寇氏法与 Bliss 法的计算差异，分析剂量分组间距对结果准确性的影响。

【实验目的】

1. 通过戊巴比妥钠的催眠效应，学习质反应量效曲线的构建及 ED_{50} 的计算方法。

2. 通过剂量递增实验，掌握 LD_{50} 的测定流程及毒性评价标准。

3. 通过进一步计算戊巴比妥钠的治疗指数，评价药物的安全性，学习新药研究中评价药物毒性和安全性的常用实验方法。

【实验原理】

戊巴比妥钠属于镇静催眠类药物，其作用效果与剂量呈阶梯式变化，小剂量可产生镇静作用，中等剂量可引发催眠效应，随着剂量进一步增加，依次表现出抗惊厥和麻醉作用。这种递进式的药效特征直观体现了药物的量效关系。

药物的量效关系指药物剂量与效应强度之间的关联性，其中药理效应按性质可分为量反应和质反应两类。在质反应的量效曲线中，以药物对数浓度或剂量为横坐标，以剂量累积阳性反应率为纵坐标绘制的曲线呈现典型对称"S"形。这种曲线形态反映了群体中不同个体对药物敏感度的统计学分布特征。

关于 ED_{50} 和 LD_{50} 的测定，目前存在 Bliss 法、概率单位图解法、寇氏面积法等多种计算方法。其中 Bliss 法因严谨性和精密性成为新药申报的标准方法，但其操作步骤复杂；孙氏改良寇氏法（点斜法）则在保证结果准确性的基础上简化了计算流程，特别适合教学实验场景。不同方法的选择需平衡实验精度与操作效率的实际需求。

一、戊巴比妥钠半数有效量（ED_{50}）测定

【实验材料】

1. 实验对象　小鼠（60 只，雌雄各半，体重 25～30 g）。
2. 试剂与药品　戊巴比妥钠溶液（浓度分别为 0.400%、0.320%、0.256%、0.205%、0.164%、0.131%）、0.5% 苦味酸、生理盐水。
3. 仪器与材料　电子天平（精度 0.1 g）、鼠笼、注射器及针头（1 mL 或 0.25 mL）、计时器、棉签。

【实验方法】

取小鼠 60 只，随机分为 6 组，每组 10 只，称重。各组分别腹腔注射不同剂量戊巴比妥钠溶液 40.0、32.0、25.6、20.5、16.4、13.1 mg/kg，以翻正反射消失作为入睡指标，给药 15 min 后，记录各组出现催眠反应的鼠数并记入表 12-2。

采用公式 $ED_{50} = \lg^{-1}[X_m - i(\sum P - 0.5)]$ 计算或用 Bliss 法软件包求得腹腔注射戊巴比妥钠出现催眠反应的 ED_{50}。

其中 X_m = 最大剂量对数值，P = 动物反应催眠率（用小数表示），$\sum P$ = 各组催眠反应率的总和，i = 相邻两组剂量比值的对数（高剂量做分子）。

表 12-2　不同剂量戊巴比妥钠对小鼠的催眠作用

组别	剂量 D（mg/kg）	$\lg D$	实验鼠数	催眠鼠数	催眠反应百分率（%）	P	ED_{50}（mg/kg）
1	40.0	1.602 0					
2	32.0	1.505 1					
3	25.6	1.408 2					
4	20.5	1.311 3					
5	16.4	1.214 4					
6	13.1	1.117 5					

拓展阅读 12-1　均衡随机分组

拓展阅读 12-2　翻正反射

二、戊巴比妥钠半数致死量（LD_{50}）测定

【实验材料】

1. 实验对象　小鼠（50 只，雌雄各半，体重 25～30 g）。
2. 试剂与药品　戊巴比妥钠溶液（浓度分别为 1.875%、1.500%、1.200%、0.960%、0.720%）、0.5% 苦味酸、生理盐水。
3. 仪器与材料　电子天平（精度 0.1 g）、鼠笼、注射器及针头（1 mL 或 0.25 mL）、计时器、棉签。

【实验方法】

取小鼠 50 只，随机分为 5 组，每组 10 只，称重。各组分别腹腔注射不同剂量戊巴比妥钠溶液 187.5、150.0、120.0、96.0、72.0 mg/kg。注射后 15 min，记录各组死亡鼠数。结果如表 12-3

所示。按公式 $LD_{50} = lg^{-1}[X_m - i(\sum P - 0.5)]$ 计算或采用 Bliss 法软件包求得 $LD_{50} = 120$ mg/kg。

表 12-3　不同剂量戊巴比妥钠对小鼠的致死作用

组别	剂量 D (mg/kg)	lgD	实验鼠数	死亡鼠数	死亡反应百分率 (%)	P	LD_{50} (mg/kg)
1	187.5	2.273	10	10	100	1.0	120
2	150.0	2.176	10	7	70	0.7	
3	120.0	2.079	10	6	60	0.6	
4	96.0	1.982	10	2	20	0.2	
5	72.0	1.857	10	0	0	0	

按公式 $LD_{50} = lg^{-1}[X_m - i(\sum P - 0.5)]$ 计算，求 LD_{50}。

其中 X_m = 最大剂量对数值，P = 动物死亡率（用小数表示），$\sum P$ = 各组死亡率的总和，i = 相邻两组剂量比值的对数（高剂量做分子）。

将实验结果代入上述公式

$X_m = lg187.5 = 2.273$

$\sum P = 1.0 + 0.7 + 0.6 + 0.2 + 0 = 2.5$

$i = lg\dfrac{187.5}{150.0} = lg 1.25 = 0.0969$

$\begin{aligned}LD_{50} &= lg^{-1}[X_m - i(\sum P - 0.5)]\\ &= lg^{-1}[2.273 - 0.0969(2.5 - 0.5)]\\ &= lg^{-1}[2.273 - 0.1938] = lg^{-1} 2.0792\\ &= 120.0 \text{ (mg/kg)}\end{aligned}$

【数据记录与分析】

由以上实验所测得戊巴比妥钠的 LD_{50} 和 ED_{50}，求得治疗指数（TI）。

$$TI = \dfrac{LD_{50}}{LD_{50}}$$

【注意事项】

1. 分组采用均衡随机法。

2. 动物称重、给药剂量要准确。

3. 观察时间为给药后 15 min 内。

4. 翻正反射消失的确定：在小鼠趴卧不动的情况下，捏住小鼠背部皮肤，使其仰卧或侧卧，5 s 内不翻正。

5. 实验室保持安静，实验操作的过程中尽量避免喧哗，以免影响催眠的效果，已睡眠鼠与未睡眠鼠分笼放置。

【思考题】

1. LD_{50} 测定实验中 5 个组的给药剂量是如何确定的？

2. 何为半数有效量、半数致死量、治疗指数？从药物量效曲线上可以获得哪些有关的资料？测定治疗指数有何意义？

3. 小鼠翻正反射消失作为催眠指标是否适用于所有中枢抑制药物？对比其他行为学评价方法（如自主活动计数）。

4. 请设计一个实验，测定某新药的 ED_{50} 和 LD_{50}，帮助药厂完成新药审批中关于药物毒性和安全性部分实验资料。

（白　杰　马建设　王　萍）

实验 34　药物的抗惊厥作用

【临床案例】

患者，女性，18 岁，在参加考试时突然出现头后仰跌倒在地，神志不清，四肢抽搐，两眼上翻，牙关紧闭，口唇青紫，口吐白沫，伴小便失禁，发作 5 min 后自行缓解，恢复后不能回忆发作过程。被校医务人员急送医院就诊。

既往史：家人电话及自述既往曾发作过数次，但未曾正规治疗，否认有其他外伤史。

查体：体温 36.8℃，脉搏 88 次/分，呼吸 18 次/分，血压 120/80 mmHg。心肺、腹部及神经系统均无阳性体征。

辅助检查：头颅 MRI 未见异常，脑电图检查显示有棘－慢波。

诊断：癫痫发作。

治疗：静脉注射苯巴比妥钠（负荷剂量 20 mg/kg），5 min 后抽搐停止，后续维持剂量控制发作。

【分析与讨论】

1. 癫痫大发作时抽搐对机体功能代谢会造成哪些影响？

2. 设计一项实验，以验证苯巴比妥钠对动物模型癫痫发作的抑制作用，并讨论如何将实验结果转化为临床应用。

> 拓展阅读 12-3
> 癫痫持续状态

【实验目的】

1. 通过观察并记录实验过程中小鼠的行为变化和生理指标变化，分析尼可刹米诱导惊厥动物模型的机制，理解如何通过特定方法（如尼可刹米注射）诱导动物产生惊厥反应。

2. 观察药物预处理对惊厥潜伏期、持续时间的干预作用，理解其量效关系。

3. 运用卡方检验比较组间惊厥发生率差异，了解基础生物统计学方法。

【实验原理】

惊厥是中枢神经系统过度兴奋而引起的全身骨骼肌强烈的不自主收缩，呈强直性或阵挛性抽搐，多见于高热、子痫、破伤风、癫痫大发作及中枢兴奋药中毒等。基础医学中常用电刺激、声刺激或化学法等方法建立实验性动物惊厥模型，用来筛选抗癫痫药物。化学法指使用大剂量的某些化学药品引起实验动物惊厥发作，以观察受试药物对癫痫的防治效果。化学法是一种操作简便、不需要特殊仪器装置的抗惊厥实验，常用的化学药品有戊四氮、氨基脲、尼可刹米等。戊四氮为主要兴奋延髓的中枢神经兴奋药，基础医学研究中常用其制造癫痫小发作动物模型。本实验以延髓呼吸中枢兴奋药尼可刹米代替戊四氮。大剂量尼可刹米可增强中枢神经系统兴奋性而致惊厥发作，这种惊厥与戊四氮惊厥类似。巴比妥类抑制中枢神经系统，随着剂量的由小到大，中枢抑制作用的程度由浅入深，当剂量大于催眠剂量时有抗惊厥作用。

【实验材料】

1. 实验动物　小鼠（体重 25～30 g）4 只。
2. 试剂与药品　5% 尼可刹米溶液、0.5% 苯巴比妥钠溶液、生理盐水。
3. 仪器与材料　电子天平（精度 0.1 g）。注射器（1 mL）、计时器。

【实验方法】

1. 动物准备　小鼠称重、编号，随机分为实验组与对照组（每组 2 只）。

实验组（1 号、2 号）：腹腔注射 0.5% 苯巴比妥钠（0.2 mL/10 g）

对照组（3 号、4 号）：腹腔注射等量生理盐水。

视频 12-1 皮下注射法

图 12-1 惊厥图片

2. 模型建立与观察　给药 10 min 后，2 号、4 号小鼠均皮下注射 5% 尼可刹米（0.15 mL/10 g）。观察记录各组小鼠 15 min 内惊厥发生情况（后肢强直为阳性），计时潜伏期及持续时间。

【观察项目】

1. 惊厥发生率　实验组与对照组的阳性反应比例。
2. 惊厥潜伏期　从尼可刹米注射至首次后肢强直的时间（s）。
3. 行为学特征　强直性抽搐、阵挛性抽搐、呼吸频率变化。

【数据记录与分析】

汇总全班数据填写入表 12-4 中，构建 2×2 列联表，采用卡方检验分析实验组与对照组惊厥发生率是否存在统计学差异。

表 12-4　苯巴比妥钠抗惊厥作用数据记录表

组别	体重（g）	药物及剂量	惊厥发生（+/−）	潜伏期（s）
1 号实验组		0.5% 苯巴比妥钠		
2 号实验组		0.5% 苯巴比妥钠 + 5% 尼可刹米		
3 号对照组		生理盐水		
4 号对照组		生理盐水 + 5% 尼可刹米		

【注意事项】

1. 本实验与动物品系有关，不同种系小鼠可能有不同反应，因此，做药物活性比较时，应选同一品系，且实验动物体重应保持大概一致。
2. 给药精准性：腹腔注射 45° 角进针，避免损伤脏器；皮下注射可选择颈背部皮下，确保药物吸收速率一致。
3. 实验室需保持安静（噪声 < 50 dB），温度 25℃ ± 1℃，避免应激干扰。

【思考题】

1. 中枢神经兴奋药有哪些？医学研究中常用哪类中枢神经兴奋药制造惊厥模型？为什么？
2. 若实验结果差异无统计学意义（$P > 0.05$），可能的原因有哪些？如何改进实验设计？
3. 苯巴比妥钠的抗惊厥作用是否具有剂量依赖性？设计实验验证其量效关系。

（宋维芳　马建设　白　杰）

实验 35 药物的镇痛作用

【临床案例】

患者，男性，35 岁，因"急性腰痛伴右下肢放射痛"就诊。

现病史：患者因腰椎间盘突出症突发剧烈疼痛，NRS 评分为 8 分（0～10 分）。疼痛自腰部向右下肢后外侧放射，咳嗽及体位改变时加重，伴右足背麻木。既往无药物过敏史。

查体：体温 36.7℃，血压 125/80 mmHg，心率 88 次/分；前屈、后伸受限，L4～L5 棘突压痛（+）；右下肢直腿抬高试验阳性（30°诱发疼痛），右足背外侧浅感觉减退，右踝背屈肌力 Ⅳ 级，跟腱反射减弱。

辅助检查：腰椎 MRI 显示 L4～L5 椎间盘向右后方突出，压迫右侧 L5 神经根；血常规、血生化无异常；炎性标志物 CRP 8 mg/L（轻度升高）。

诊断：急性腰椎间盘突出症（L4～L5，右侧 L5 神经根受压）。

治疗：哌替啶 50 mg 肌内注射，30 min 后疼痛降至 NRS 3 分；后续联合塞来昔布 200 mg/d 口服抑制炎症；甲钴胺 0.5 mg/d 营养神经；绝对卧床休息 72 h，急性期后行腰椎牵引及核心肌群训练。

【分析与讨论】

1. 哌替啶在急性腰椎间盘突出症治疗中的镇痛机制有哪些？
2. 设计一个动物疼痛模型验证哌替啶的镇痛效果及其作用机制。

【实验目的】

1. 通过热板法、化学刺激法及甩尾法，学习不同痛觉评估模型的标准化操作。
2. 观察哌替啶与安痛定对热痛、化学痛的干预差异，理解中枢与外周镇痛路径的异同。
3. 通过痛阈提高百分率与扭体抑制率计算，掌握镇痛效能的量化评价方法。

【实验原理】

镇痛药是指能够选择性缓解或消除疼痛，而对其他感觉或意识无明显影响的药物。常用的镇痛药包括阿片类镇痛药（麻醉性镇痛药）及解热镇痛药两类。

阿片类镇痛药主要通过激动阿片受体，模拟内源性阿片肽作用，而发挥镇痛效应，对于钝痛及锐痛均有显著作用。而解热镇痛药则选择性抑制环加氧酶（COX），抑制前列腺素（PG）的合成，主要纠正与 PG 增高有关的钝痛。

拓展阅读 12-4
哌替啶

拓展阅读 12-5
解热镇痛抗炎药

为观察不同镇痛药的作用，需建立相应的疼痛模型。任何伤害性刺激达到一定阈值即可以引起动物出现疼痛反应，表现为保护性活动（舔、咬、挣扎）、利于逃避刺激的姿势（扭体）、反射性退缩及逃避行为（如跑动、跳跃等）。相应疼痛反应的程度或时间可作为观察指标，用于反映镇痛药的作用。按照刺激性质的不同，疼痛模型建立方法可分为热刺激法、化学刺激法、机械刺激法、电刺激法。本实验主要使用热刺激法及化学刺激法建立疼痛模型。

热板法为常用的热刺激疼痛模型建立方法。小鼠的爪趾皮肤对热刺激十分敏感，将动物置于温度 55℃±0.5℃的金属板上，动物会产生疼痛反应，表现为舔后足、踢后腿等现象。以热刺激开始至出现疼痛反应的潜伏期为疼痛反应指标。

甩尾法又称为光热法或辐射热刺激法，是另一种热刺激疼痛模型建立方法，通过一定强度的光辐射作用于大鼠或小鼠尾部致痛的模型。从照射开始到动物出现甩尾反应的潜伏期作为疼痛反应指标。

化学刺激疼痛模型常用的方法为扭体法。将某些化学刺激物（醋酸、酒石酸锑钾、苯醌等）注入小鼠腹腔内，刺激腹膜，可引起动物疼痛反应，表现为特征性躯体伸缩行为（腹腔收缩内凹、躯干扭曲、后肢伸展、臀部高起等行为），称为"扭体反应"。而一定时间内扭体反应的次数可以作为疼痛定量指标或镇痛作用强度指标。

一、热板法（中枢性镇痛评估）

【实验材料】

1. 实验对象　小鼠（雌性，体重 20~25 g）。
2. 试剂与药品　0.4% 盐酸哌替啶溶液、安痛定注射液（每 2 mL 注射液含氨基比林 0.1 g、安替比林 0.1 g、巴比妥 0.018 g，临用前生理盐水稀释 8 倍）、生理盐水、0.5% 苦味酸溶液。
3. 仪器与材料　热板仪、电子天平（精度 0.1 g）、注射器（1 mL）、计时器、小鼠固定器。

【实验方法】

1. 动物筛选　将小鼠置于 55℃热板上，测定小鼠正常痛阈值（从放在热板上到出现舔后足的时间），每只小鼠检测 2 次，每次间隔 5 min，以平均值位于 5~30 s 为合格，筛选出 6 只小鼠。
2. 分组与给药　6 只小鼠随机分为 3 组（哌替啶组、安痛定组、对照组），每组 2 只，称重后标记。按上述方法测定每只小鼠给药前的痛阈值。

哌替啶组：腹腔注射 0.4% 盐酸哌替啶 0.1 mL/10 g。

安痛定组：腹腔注射安痛定 0.1 mL/10 g。

对照组：腹腔注射等量生理盐水。

【观察指标】

分别于给药后 15、30、45 min 复测痛阈值。为防止足部烫伤，设置 60 s 为截止时间，对于 60 s 仍不舔后足的小鼠，痛阈值按 60 s 计算。

【数据记录与分析】

1. 汇总每组的数据结果，并计算各时间点的痛阈提高百分率。

$$痛阈提高百分率 = \frac{给药后痛阈均值 - 给药前痛阈均值}{给药前痛阈均值} \times 100\%$$

2. 将相应结果记入表 12-5 中，并以给药时间为横坐标，痛阈提高百分率为纵坐标，绘制两种镇痛药痛阈提高百分率时效曲线。

表 12-5　哌替啶、安痛定对热板法实验小鼠痛阈值的影响

组别	动物数量（n）	给药前痛阈（s）	给药后痛阈（s）			痛阈提高百分率（%）
			15 min	30 min	45 min	
哌替啶组						
安痛定组						
对照组						

【注意事项】
1. 热板法应选择雌性小鼠，因雄性小鼠遇热阴囊松弛，与热板接触而影响实验结果。
2. 热板法实验中，不同个体疼痛反应不完全一致，多数表现为舔后足，但也有部分动物表现为跳跃而不舔后足，或仅仅在热板上快速移动。实验中只以一种反应为观察指标，应预先筛选并剔除掉不舔后足而表现为其他反应的动物。对于痛阈值 < 5 s 或 > 30 s 的动物亦应剔除。
3. 给予镇痛药后部分动物可能痛阈值超过 60 s，为避免足部烫伤，应及时终止刺激，痛阈值按照 60 s 计算。

二、化学刺激法（外周性镇痛评估）

【实验材料】
1. 实验对象　小鼠（体重 20～25 g）。
2. 试剂与药品　0.4% 盐酸哌替啶溶液、安痛定注射液（每 2 mL 注射液含氨基比林 0.1 g、安替比林 0.1 g、巴比妥 0.018 g，临用前生理盐水稀释 8 倍）、生理盐水、0.5% 苦味酸溶液、0.9% 醋酸溶液。
3. 仪器与材料　电子天平（精度 0.1 g）、注射器（1 mL）、计时器、小鼠固定器。

【实验方法】
1. 分组与给药　选取小鼠 6 只，随机分为 3 组，即哌替啶组、安痛定组及对照组（每组 2 只），称重后标记，观察各组小鼠活动状态。

哌替啶组：腹腔注射 0.4% 盐酸哌替啶 0.1 mL/10 g。

安痛定组：腹腔注射安痛定 0.1 mL/10 g。

对照组：腹腔注射等量生理盐水。

2. 化学刺激　给药 20 min 后，各小鼠腹腔注射 0.9% 醋酸溶液 0.2 mL/10 g。

【观察项目】
观察给药后 15 min 内小鼠出现的扭体反应（腹部收缩内凹、躯干后肢伸张、臀部高起）的次数。

【数据记录与分析】
1. 汇总每组的数据结果，计算各组扭体反应次数的均值，并按下列公式计算药物镇痛百分率。

$$镇痛百分率 = \frac{对照组扭体次数均值 - 给药组扭体次数均值}{对照组扭体次数均值} \times 100\%$$

2. 将相应结果记入表 12-6 中，扭体反应数以均值 ± 标准差表示，用组间 t 检验进行统计分析。

表 12-6　哌替啶、安痛定对小鼠扭体反应次数的影响

组别	动物数量（n）	扭体次数（次）	镇痛百分率（%）	P 值
哌替啶组				
安痛定组				
对照组			－	－

【注意事项】

1. 醋酸需临用时配置，存放过久将导致作用明显减弱。
2. 实验室温度应保持20℃左右，温度较低或过高时，小鼠扭体次数可能会减少甚至不发生扭体反应。
3. 实验结果除比较扭体反应次数外，也可以比较扭体或不扭体的小鼠数目，作为评价指标。
4. 该方法特异性较差，除镇痛药有效外，在解释实验结果时常要参考其他实验部分的非镇痛药，如镇静催眠药也可出现阳性结果。

三、甩尾法（脊髓反射评估）

【实验材料】

1. 实验对象　小鼠（体重20~25 g）。
2. 试剂与药品　0.4%盐酸哌替啶溶液、安痛定注射液（每2 mL注射液含氨基比林0.1 g、安替比林0.1 g、巴比妥0.018 g，临用前生理盐水稀释8倍）、生理盐水、0.5%苦味酸溶液。
3. 仪器与材料　光热尾痛测试仪、电子天平（精度0.1 g）、注射器（1 mL）、计时器、小鼠固定器。

【实验方法】

1. 动物筛选　将小鼠放置于光热尾痛测试仪上的小鼠固定装置中，尾部暴露于外。打开测试仪光源，调节光源焦距，使其聚焦在鼠尾部下1/3处，记录从照射开始至出现甩尾反应的时间作为小鼠痛阈值。剔除痛阈值超过6 s或少于2 s的动物，选择6只痛阈值在2~6 s内的小鼠用于后续实验。
2. 动物分组及给药　选取小鼠6只，随机分为3组，即哌替啶组、安痛定组及对照组（每组2只），称重后标记，按上述方法测定小鼠给药前的痛阈值。

哌替啶组：腹腔注射0.4%盐酸哌替啶0.1 mL/10 g。

安痛定组：腹腔注射安痛定0.1 mL/10 g。

对照组：腹腔注射等量生理盐水。

3. 测定甩尾潜伏期　分别于给药后15、30、45 min再次测定各小鼠痛阈值。对于60 s仍不甩尾的小鼠，痛阈值按60 s计算。

【观察项目】

1. 甩尾、挣扎等疼痛相关行为。
2. 甩尾潜伏期（s）。

【数据记录与分析】

1. 汇总每组的数据结果，按下列公式计算不同时间的痛阈提高百分率。

$$痛阈提高百分率 = \frac{给药后痛阈均值 - 给药前痛阈均值}{给药前痛阈均值} \times 100\%$$

2. 将相应结果记入表12-7中，以时间为横坐标，痛阈提高百分率为纵坐标，绘制两种镇痛药痛阈提高百分率时效曲线。

【注意事项】

1. 实验室温度应保持20℃左右。在实验室温度明显改变的情况下，鼠尾温度也会发生相应变化，随着尾温增高，痛阈值会相应降低。

表 12-7　哌替啶、安痛定对甩尾法实验小鼠痛阈的影响

组别	动物数量（n）	给药前痛阈（s）	给药后痛阈（s）			痛阈提高百分率（%）
			15 min	30 min	45 min	
哌替啶组						
安痛定组						
对照组						

2. 甩尾反应为一种脊髓反射。例如，使用肌肉松弛药也会出现阳性结果，因此单独甩尾反应实验结果尚无法确认药物有镇痛作用。

【思考题】

1. 哌替啶和安痛定各属于哪一类镇痛药？镇痛作用机制有何不同？
2. 哌替啶在药理作用和临床用途方面与吗啡比较有何特点？
3. 解热镇痛抗炎药的镇痛作用机制是什么？相应的临床应用有哪些？
4. 为何甩尾法需排除肌肉松弛药干扰？设计实验验证某药物是否具有特异性镇痛作用。
5. 对比热板法、化学刺激法及甩尾法的适用场景，探讨化学刺激法模拟内脏痛的病理生理相关性。

（温　克　马建设）

实验 36　不同给药途径对药物作用的影响

【临床案例】

患者，女性，45 岁，因"反复右上腹疼痛 1 年，加重 3 天"入院。

现病史：患者自述近一年来时常感到右上腹隐痛，与饮食无明显关联，未予重视。3 天前，疼痛突然加剧，呈持续性绞痛，伴恶心、呕吐，呕吐物为胃内容物，无发热、黄疸等症状。患者自服"止痛药"（具体不详）后疼痛无明显缓解。

查体：体温 36.8℃，血压 130/85 mmHg，心率 90 次/分，呼吸 20 次/分。右上腹轻度压痛，无反跳痛，墨菲征阳性。肝脾未触及，腹部无移动性浊音。

辅助检查：血常规显示白细胞计数 12.0×10^9/L，中性粒细胞比例 80%。肝功能显示 ALT 50 U/L，AST 45 U/L，总胆红素正常。B 超显示胆囊壁增厚，毛糙，胆囊内可见多个结石影。血压监测波动在 120~135/80~90 mmHg 之间。

诊断：慢性胆囊炎急性发作，胆囊结石，高血压。

初始治疗：给予患者口服吲哚美辛用于缓解疼痛。同时，继续服用苯磺酸氨氯地平控制血压，患者反映疼痛缓解不明显。

调整治疗：改为肌内注射吲哚美辛针剂。患者疼痛明显缓解。

后续治疗：在疼痛得到控制后，继续口服吲哚美辛片维持治疗，并加用头孢呋辛钠静脉滴注以控制感染。同时，建议患者择期行胆囊切除术以根治疾病。

【分析与讨论】
1. 为什么肌内注射吲哚美辛后患者疼痛缓解更为明显？
2. 不同给药途径下，药物相互作用的表现和影响有何不同？
3. 设计一项实验，比较口服和肌内注射两种给药途径下的药效学和药代动力学差异。

【实验目的】
1. 观察戊巴比妥钠、硫酸镁通过不同途径给药的小鼠表现，深入理解不同给药途径对药物作用的影响。
2. 通过实验数据解析吸收速率、生物利用度与药效强度的相关性，提升科研思维能力。

【实验原理】
不同给药途径具有不同的吸收过程和特点。常用的给药途径有口服、吸入、舌下给药、注射给药、局部给药等。同一药物，给药途径不同，药物的吸收速度不同，起效的快慢也不同；给药途径不同，由于药物的吸收量不同，药效的强弱及维持时间也不同。不同的给药途径，有时也会产生不同的作用。

戊巴比妥钠为镇静催眠药，随剂量的增加，中枢抑制作用由弱变强，相应表现为镇静、催眠、抗惊厥、抗癫痫、麻醉等作用。硫酸镁具有导泻、利胆、降压和抗惊厥作用。大量口服后其硫酸根离子、镁离子在肠道难以被吸收，产生的肠内容物高渗可抑制肠内水分吸收，增加肠腔容积，扩张肠道，刺激肠蠕动。注射硫酸镁能抑制中枢及外周神经系统，使骨骼肌、心肌、血管平滑肌松弛，发挥肌松作用和降压作用。

【实验材料】
1. 实验动物　小鼠（25~30 g）。
2. 试剂与药品　0.5% 戊巴比妥钠溶液、10% 硫酸镁溶液。
3. 仪器与材料　电子天平（精度 0.1 g）、计时器、呼吸监测仪（可选）。注射器（1 mL）、灌胃针头（钝头、18G）。

【实验方法】
1. 戊巴比妥钠不同给药途径对药物作用的影响　取小鼠 3 只，称重标记（甲、乙、丙），观察小鼠正常活动、翻正反射及呼吸情况。0.5% 戊巴比妥钠溶液，以 0.1 mL/10 g 剂量，分别从灌胃（甲）、皮下注射（乙）、腹腔注射（丙）三个不同途径给药。观察各小鼠翻正反射消失时间［从给药至小鼠仰卧无法自行翻正的时间（s）］和恢复时间［从翻正反射消失至自主活动恢复的时间（min）］。
2. 硫酸镁不同给药途径对药物作用的影响　取小鼠 2 只，称重标记，观察小鼠正常活动。10% 硫酸镁溶液，以 0.2 mL/10 g 剂量，甲鼠经灌胃途径给药，乙鼠经颈背部皮下注射等量药物。灌胃组观察记录首次排便时间、粪便性状（稀便/水样便）。皮下组观察肌肉松弛、呼吸抑制（频率<100次/分）及活动度下降。

【观察项目】
1. 戊巴比妥钠实验
中枢抑制指标：翻正反射消失时间、恢复时间、呼吸频率变化。
2. 硫酸镁实验
口服效应：排便潜伏期、粪便性状（稀便/水样便）。
注射效应：肌张力（按四肢悬空试验评分）、呼吸抑制程度。

【数据记录与分析】

将所观察的实验结果填写入表 12-8 和表 12-9 中。

表 12-8　戊巴比妥钠不同给药途径对药物作用的影响

组别	性别	体重(g)	剂量(mL)	给药途径	翻正反射 消失时间(s)	翻正反射 恢复时间(min)	呼吸频率变化(%)
甲				灌胃			
乙				皮下			
丙				腹腔			

表 12-9　硫酸镁不同给药途径对药物作用的影响

组别	性别	体重(g)	剂量(mL)	给药途径	首次排便时间(min)	粪便评分	肌张力评分
甲				灌胃			
乙				皮下			

【注意事项】

1. 灌胃给药，勿将药物灌入气管，以免造成动物窒息死亡，勿刺破食管及胃壁。
2. 腹腔注射时勿注入皮下，不可伤及内脏。
3. 巴比妥类对呼吸中枢有较强的抑制作用，防止给药过多、过快。
4. 实验后对存活动物实施安死术（颈椎脱臼法），需符合动物伦理准则。
5. 精确计时，多人独立观察以减少主观误差。

【思考题】

1. 戊巴比妥钠腹腔注射较灌胃起效更快，但从最大血药浓度角度分析，为何静脉注射未纳入实验？设计补充实验验证静脉途径的效应。
2. 硫酸镁口服与注射的药效差异是否仅由吸收途径决定？从离子跨膜转运角度探讨其机制。
3. 若患者同时存在肠梗阻与惊厥，应如何选择硫酸镁给药途径？结合药效与禁忌证综合分析。

（刘　燕　杨秀红）

实验 37　有机磷酸酯类与沙蚕毒素类农药中毒及解毒机制

【临床案例】

患者，男性，42 岁，因"喷洒农药后意识模糊、大汗淋漓 1 h"急诊入院。

现病史：患者未佩戴防护装备喷洒敌敌畏（有机磷农药），30 min 后出现头晕、瞳孔缩小、全身肌肉震颤、流涎及呼吸困难，逐渐进展为意识模糊。

查体：血压 90/60 mmHg，心率 55 次 / 分（窦性心动过缓），呼吸 28 次 / 分（浅快），体温 36.2℃；意识模糊（GCS 评分 10 分），双侧瞳孔直径 1.5 mm（针尖样），全身肌肉纤颤，腱反射亢进。

辅助检查：胆碱酯酶活性 30%；pH 7.25，PaO_2 65 mmHg（↓），$PaCO_2$ 50 mmHg（↑）。

诊断：急性重度有机磷农药中毒（胆碱能危象），Ⅱ型呼吸衰竭。

治疗：阿托品首剂 2 mg 静脉推注，后每 10 min 以 1 mg 重复至"阿托品化"（瞳孔散大、皮肤干燥、心率＞80 次 / 分）；氯解磷定 1 g 静脉滴注（解磷定首剂），随后 0.5 g/h 维持。

【分析与讨论】

1. 阿托品和碘解磷定解救有机磷中毒的机制是什么？
2. 对比阿托品（M受体拮抗剂）与碘解磷定（胆碱酯酶复活剂）在有机磷中毒中的协同作用，解析其靶点互补性。
3. 分析早期足量阿托品化与延迟使用酶复活剂对预后的影响，强调"黄金抢救时间窗"的重要性。

【实验目的】

1. 通过美曲膦酯与杀虫单诱导兔中毒，掌握农药中毒模型的构建。
2. 通过观察比较兔给予美曲膦酯和杀虫单后中毒症状的不同，以及阿托品和碘解磷定对美曲膦酯中毒的解救效果，加深对这两类农药中毒机制的理解。
3. 通过症状识别与解毒剂选择，强化急性中毒的规范化处理流程，建立早期临床急救思维。

【实验原理】

美曲膦酯为有机磷酸酯类农药，进入体内后抑制胆碱酯酶活性，造成乙酰胆碱堆积，而产生中毒症状，表现为 M 样症状、N 样症状和中枢神经系统（CNS）兴奋症状。M 样症状用阿托品解救有效，N 样症状用酶复活剂碘解磷定有效。N 受体过度激动可导致骨骼肌震颤，阿托品解救无效，只能用酶复活剂解救。

杀虫单为沙蚕毒素类农药，我国和日本沿海有一种环节动物——异足索沙蚕，日本渔民以此作鱼饵，由此常发生二次中毒。现知其体内具有毒素——沙蚕毒素，以此为母体开发的农药有杀虫单、杀虫双、多噻烷等。其中毒症状包括：①骨骼肌松弛，呼吸麻痹。② M 样症状。③ CNS 兴奋症状。M 样症状用阿托品解救有效，中枢兴奋可用地西泮，肌肉松弛导致的呼吸麻痹使用二巯基丙磺酸钠特效解救药物。

拓展阅读 12-6
沙蚕毒素类农药

【实验材料】

1. 实验对象 兔（2.0～3.0 kg，禁食 6～12 h）
2. 试剂与药品 5% 美曲膦酯溶液、0.75% 杀虫单溶液、0.15% 硫酸阿托品、4% 碘解磷定、5% 二巯基丙磺酸钠。
3. 仪器与材料 呼吸监测仪、电子秤。兔固定箱、导尿管（14 号）、瞳孔测量尺。

【实验方法】

1. 有机磷中毒与解救（甲兔）

（1）基础状态评估：记录瞳孔直径（mm）、肌张力（0～3 级）、唾液分泌量（0～无，3～大量）、呼吸频率（次 / 分）、排便次数。

（2）中毒模型建立：经胃导管灌服 5% 美曲膦酯（2 mL/kg），观察并记录中毒症状（M 样症状：流涎、缩瞳；N 样症状：肌肉纤颤；CNS 兴奋症状：躁动）。家兔灌胃法操作见第四章第三节。

（3）分阶段解毒

M 样症状控制：耳缘静脉注射 0.15% 硫酸阿托品（2 mg/kg），监测症状缓解。

N 样与 CNS 症状逆转：30 min 后注射 4% 碘解磷定（50 mg/kg），评估肌张力恢复及呼吸改善。

2. 沙蚕毒素中毒与解救（乙兔）

（1）基础状态评估：同甲兔。

（2）中毒模型建立：耳缘静脉注射 0.75% 杀虫单（1 mL/kg），观察肌无力、呼吸抑制及 CNS 兴奋症状。

（3）特效解毒：出现明显呼吸麻痹时，静脉注射 5% 二巯基丙磺酸钠（100 mg/kg），记录肌张力及呼吸恢复时间。

【观察项目】

1. 有机磷中毒与解救　M 样、N 样症状。
2. 沙蚕毒素中毒与解救　肌张力、呼吸及中枢兴奋症状。

【数据记录与分析】

将所观察的实验结果填写入表 12-10 中。

拓展阅读 12-7
胆碱酯酶活性测定

表 12-10　美曲膦酯与沙蚕毒素中毒及解毒药物对兔的影响

处理因素	瞳孔直径(mm)	肌张力	唾液分泌	呼吸频率（次/分）	排便次数
甲兔（有机磷组）					
基础状态					
美曲膦酯中毒后					
阿托品干预后					
碘解磷定干预后					
乙兔（沙蚕毒素组）					
基础状态					
杀虫单中毒后					
二巯基丙磺酸钠干预后					

【注意事项】

1. 操作者需佩戴双层手套及护目镜，避免皮肤接触美曲膦酯；实验后器械需用 5% 碳酸氢钠浸泡去毒。
2. 美曲膦酯灌胃后 15 min 未出现症状，可追加半量（1 mL/kg）。阿托品需"早期、足量、反复"给药，直至出现阿托品化（瞳孔散大、皮肤干燥）。
3. 实验后对存活动物实施安死术。
4. 此类实验建议采用虚拟仿真实验代替传统动物实验，以遵循"3R"原则。

【思考题】

1. 为何阿托品无法缓解有机磷中毒引起的肌肉纤颤？从受体分布与解毒机制角度解释。

2. 二巯基丙磺酸钠为何对沙蚕毒素中毒有效，而对有机磷中毒无效？比较两类毒素的分子作用靶点。

3. 若患者同时接触有机磷与沙蚕毒素类农药，应如何制定解毒方案？

（王 萍 白 杰）

实验 38　糖皮质激素的抗炎作用

拓展阅读 12-8
糖皮质激素类药物临床应用指导原则

【临床案例】

患者，男性，41 岁，全身疼痛伴发热、咳嗽、咳痰症状就诊。

现病史：全身疼痛且无尿 16 h 后转入重症监护病房。

查体：体温 39.4℃，脉搏 115 次 / 分，呼吸 33 次 / 分，血压 142/103 mmHg，全腹压痛，肾区叩痛，全身多处软组织挫伤，脊柱四肢无畸形，双下肢肿胀，四肢活动受限。

辅助检查：尿素氮 27 mmol/L，肌酐 396.7 mmol/L，立即进行连续性血液净化治疗，维持水电解质平衡，护脑、利尿脱水。采集口咽拭子进行新型冠状病毒核酸检测，结果为阳性。

诊断：新型冠状病毒感染。

治疗：第 1 天甲泼尼龙每次 20 mg，2 次 / 天，第 2 天体温 ≥38℃，当天甲泼尼龙剂量增加至每次 40 mg，2 次 / 天。第 3 天体温 <38℃，甲泼尼龙每次 20 mg，2 次 / 天，维持 6 天；

【分析与讨论】

1. 引起急性炎症的原因有哪些？
2. 炎症早期的病理变化有哪些？
3. 甲泼尼龙的抗炎作用特点及抗炎机制是什么？
4. 动物实验中如何建立急性炎症模型？

【实验目的】

1. 通过掌握建立不同原因所致急性炎症动物模型的方法，了解急性炎症早期的病理特点。

2. 通过观察小鼠耳廓急性炎症反应和足趾肿胀程度的变化，深入理解甾体抗炎药地塞米松和非甾体抗炎药吲哚美辛的抗炎作用特点及作用机制。

【实验原理】

动物实验中常用的急性炎症模型主要有以下几种：①醋酸法。腹腔注射醋酸溶液造成动物体内局部化学性炎症，静脉注射 0.5% 伊文思蓝（evans blue）染料标记腹腔渗出液，采用比色法定量腹腔毛细血管渗出的染料，用于观察抗炎药物对毛细血管通透性的影响。②耳廓肿胀法。将二甲苯涂抹于小鼠耳廓后，引起局部细胞损伤和炎症介质（如组胺、缓激肽）的释放，使耳廓毛细血管充血，通透性增加，引起耳廓水肿。该模型广泛用于抗炎药物常规筛选。③足趾肿胀法。慢性炎症模型可采用棉球植入法，引起结缔组织增生和肉芽组织肿，用于评价抗炎药物的抗增殖作用。免疫反应性炎症如类风湿关节炎采用佐剂关节炎法。

抗炎药物分甾体类和非甾体类两种。甾体抗炎药糖皮质激素，如氢化可的松和地塞米松，具有快速、强大而非特异性的抗炎作用，通过抑制磷脂酶 A2、环加氧酶（COX-2）、细胞因子（IL-1、TNF-α 等）基因的转录，降低毛细血管的通透性，抑制白细胞浸润和炎症因子的释放，发挥抗炎作用。非甾体抗炎药（如阿司匹林和吲哚美辛）可抑制环加氧酶活性，抑制前列腺素合成，缓解疼痛和发热，用于治疗类风湿关节炎。

一、地塞米松对小鼠腹腔毛细血管通透性的影响

【实验材料】
1. 实验对象　小鼠（体重25 g～30 g），雌雄不限。
2. 试剂与药品　5%苦味酸溶液、0.5%伊文思蓝溶液（用生理盐水配制）、地塞米松注射剂、吲哚美辛注射剂、生理盐水、0.6%冰醋酸溶液。
3. 仪器与材料　离心机、分光光度计、电子秤等。注射器（1 mL）、粗剪刀、鼠笼、滴管。

【实验方法】
1. 取小鼠6只，称重后随机分为3组，甲组小鼠每只皮下注射地塞米松0.1 mL/10 g，乙组小鼠每只皮下注射吲哚美辛，丙组小鼠皮下注射等量生理盐水。
2. 30 min后小鼠均由尾静脉注射0.5%伊文思蓝溶液（0.1 mL/10 g），随后腹腔内注射0.6%冰醋酸溶液，每只0.2 mL。
3. 30 min后行小鼠颈椎脱臼安死术，剪开腹腔，用适量生理盐水反复冲洗腹腔，合并洗涤液，使冲洗液总量达5 mL，于800 g离心力离心5 min。取上清液于590 nm波长处比色。

【观察项目】
计算每只小鼠腹腔内每毫升洗涤液中的伊文思蓝微克数。

【数据记录与分析】
1. 根据标准曲线计算每只小鼠腹腔内每毫升洗涤液中的伊文思蓝微克数，将结果记录于表12-11中。

表 12-11　抗炎药物对小鼠腹腔毛细血管通透性的影响

组别	小鼠数 n（只）	剂量（mg/kg）	伊文思蓝渗出量（μg/mL）	抑制率（%）
地塞米松组				
吲哚美辛组				
生理盐水组				

按下式分别计算给药组抑制率：

$$抑制率 = \frac{对照组渗出量 - 给药组渗出量}{对照组渗出量} \times 100\%$$

2. 汇集各组实验结果分别计算均值，进行组间t检验。并以对照组小鼠染料的渗出量为100%，计算给药组小鼠腹腔渗出的抑制率。

二、吲哚美辛对二甲苯所致小鼠耳廓肿胀的影响

1. 实验对象　小鼠（体重25 g～30 g），雌雄不限。
2. 试剂与药品　5%苦味酸溶液，100%二甲苯、地塞米松注射剂、吲哚美辛注射剂、生理

盐水。

3. 仪器与材料　螺旋测微器、电子秤。注射器（1mL）、粗剪刀、鼠笼、滴管。

【实验方法】

1. 每组取小鼠6只，称重，标记。随机分为3组。

甲组：腹腔注射0.5%吲哚美辛（0.1 mL/10 g）。

乙组：腹腔注射0.5%地塞米松溶液（0.1 mL/10 g）。

丙组：腹腔注射生理盐水（0.1 mL/10 g）。

2. 30 min后，各组小鼠右耳廓两侧用微量进样器均匀涂布二甲苯0.03 mL（约2滴）致炎，使之侵及耳廓内外，左耳廓不作任何处理作为对照。

【观察项目】

2 h后，用螺旋测微器测两耳的厚度，将其厚度差作为炎症反应的肿胀度。

【数据记录与分析】

1. 将结果记录于表12-12中。

表12-12　吲哚美辛对小鼠耳廓炎性肿胀的影响

组别	耳廓厚度（mm）		
	左耳	右耳	差值
地塞米松组			
吲哚美辛组			
生理盐水组			

2. 汇总各组对照鼠与给药鼠的实验数据，计算均值，进行统计学处理与比较。

三、地塞米松对角叉菜胶诱发小鼠足跖肿胀的抑制作用

【实验材料】

1. 实验对象　小鼠（体重25～30 g），雌雄不限。

2. 试剂与药品　5%苦味酸溶液、1%角叉菜胶溶液（或新鲜蛋清）、地塞米松注射液、吲哚美辛注射剂，小鼠PGE_2、5-HT、组胺试剂盒，生理盐水。

3. 仪器与材料　足趾容积测量仪、酶标仪、电子秤等。注射器（1 mL）、粗剪刀、鼠笼、滴管。

【实验方法】

1. 每组取小鼠6只，称重，标记。随机分为3组。

甲组：小鼠腹腔注射0.5%地塞米松溶液（0.1 mL/10 g）。

乙组：腹腔注射0.5%吲哚美辛（0.1 mL/10 g）。

丙组：腹腔注射等量的生理盐水。

2. 将小鼠右踝关节的突起点处用圆珠笔划圈作为测量标志，依次将小鼠右后足放入小鼠足趾容积测量仪内，测量小鼠右后足的正常体积。

3. 各鼠腹腔注射药物30 min后，从右后足掌心向掌跖关节方向进针，皮下注射1%角叉菜胶溶液0.02 mL。

4. 注射角叉菜胶后 30 min、60 min、90 min，分别用小鼠足趾容积测量仪测量右后足的容积。各鼠注射致炎剂以后的体积减去正常的体积，即为各个时间的右后足肿胀度。

5. 致炎后右后足炎症介质前列腺素（PGE_2）、5-羟色胺（5-HT）、组胺含量测定：各组测量右后足容积后，颈椎脱臼处死小鼠，剪下右后足浸泡在 4℃冰生理盐水中 2 h，剪碎后匀浆，按照试剂盒操作测定足趾中炎症介质的含量。

【观察项目】

小鼠足跖炎性肿胀度。

【数据记录与分析】

1. 将结果记录于表 12-13 中。

表 12-13　地塞米松对小鼠足跖炎性肿胀的影响

组别	剂量（mg/kg）	正常体积（mL）	注射角叉菜胶后右后足趾肿胀度（mL）			抑制率（%）
			30 min	60 min	90 min	
地塞米松组						
吲哚美辛组						
生理盐水组						

按下式分别计算各时间（30、60、90 min）肿胀度平均值的抑制率：

$$抑制率 = \frac{对照组平均值 - 给药组平均值}{对照组渗出量} \times 100\%$$

2. 汇总各组对照鼠与给药鼠的实验数据，进行结果分析。

【注意事项】

1. 腹腔注射醋酸溶液时部位要力求一致，务必注入腹腔内，否则易出现假阴性。剖开腹腔时应避免损伤血管，否则引起出血，血中染料直接进入腹腔液影响结果。若腹腔洗涤液发生胶冻样混浊，则应弃去。

2. 对照组和给药组二甲苯滴加的量和被涂抹的面积应一致，环境温度不宜低于 20℃，螺旋测微器测两耳的厚度时部位要一致。

3. 角叉菜胶注射部位要一致，注射剂量要准确，足趾容积测量仪每次测量小鼠足跖的部位要统一。

【思考题】

1. 醋酸、二甲苯和角叉菜胶引起炎症的机制是什么？
2. 简述急性炎症的病理特点及炎症介质的种类。
3. 讨论地塞米松和吲哚美辛的抗炎作用特点及机制有何不同？
4. 请设计一组实验，评价中药雷公藤有效成分是否具有抗炎作用，并初步探讨可能的作用机制。

（白　杰　李　洁）

第三部分 医学机能学科研

第十三章 创新设计性实验
第十四章 医学论文写作
第十五章 "医+X"新技术在机能学实验中的应用

第十三章
创新设计性实验

关键词

实验设计　　科学假说　　原始记录　　选题　　创新性

> 创新设计性实验是指以探索未知领域或解决实际问题为导向，通过系统性设计、实施和优化研究方案的科研训练活动。这类实验强调多学科知识整合、创新思维激发及自主探究能力培养，通常包含选题论证、方案设计、数据分析和成果呈现全流程，旨在培养评判性思维、提升科研方法和素养及团队协作能力，为今后从事创造性科研工作奠定基础。

第一节　创新设计性实验概述

创新设计性实验作为机能学实验体系的核心部分，是以科学方法论为指导的综合性科研训练范式。其实质在于通过多学科知识整合，针对特定科学问题或实际需求开展系统性研究。区别于经典性实验、综合性实验，本类实验要求学生自主完成从问题提出、假说构建、方案设计、实验实施到数据分析与成果凝练的全流程实践，强调科研闭环的完整性与研究过程的迭代优化。

作为连接理论教学与科研实践的桥梁，创新设计性实验不仅能强化知识应用能力，更能通过沉浸式科研体验严谨求实的科学精神。标准化实施流程需遵循"选题立项→假说构建→可行性论证→实验设计→预实验→方案优化→正式实验→数据处理→成果输出→答辩评估"的递进路径。其中特别设置可行性论证与回溯修正机制，当方案未通过评审时需返回选题阶段重新优化，这种迭代设计真实模拟科研实践中的自我修正过程。

第二节　科研选题

科学研究的第一步是选题，如何发现、选择和凝练一个有意义的科学问题，对于初学者来说是一个挑战。选题既有原则性，又有技巧性。选题要建立在对感兴趣的领域的最新动态和热点问题了解的基础上，通过广泛阅读专业数据库的综述和经典的研究论文，或参与学术讨论和观察实际问题，发现有待解决的科学问题。此外，与老师和同学交流，获取反馈和建议，也是帮助凝练研究问题的重要途径。通过这些方法，可逐步培养对科学问题的敏感性和洞察力。

一、选题的基本原则

1. 科学性　首先需要建立严谨的推理体系，确保研究假设、结论和推论之间的逻辑关系清晰明确。通过假设检验和系统性的数据分析，研究应能有效支持或反驳特定假设，并清晰界定变量间的因果关系。同时，运用反驳原则，积极寻找潜在的反例，以增强结论的可信度。逻辑严谨性不仅提升了研究的科学性，还确保了结果的可靠性和有效性。

2. 创新性　创新是科学研究的灵魂，有原创性创新和改进性创新，原创性创新是从无到有，改进性创新是在原有的基础上进行某种程度的改进。青年人创新性强，应跳出传统的思路，多进行原创性创新的探索。

3. 目的性　要围绕疾病的预防、诊断、治疗或控制传播等，针对某一方面明确提出要解决的问题。确保每个步骤都与总体目标一致。通过构建理论框架和选择合适的方法，研究应能够有效回答既定问题。同时，设定预期成果及其潜在影响，使研究的价值更加突出。定期评估进展并根据反馈进行调整，进一步确保研究始终聚焦于目标，实现预期的科学和社会贡献。

4. 可行性　是研究方案的实际可实施性，包括可获得的数据、资源和技术支持。评估可行性时，需要考虑研究的时间安排、预算、人员配置及伦理审查等因素。此外，研究设计应合理，确保方法适合于所研究的问题，并能够在预定的条件下完成。因此，一个可行的研究项目应具备清晰的实施路径和有效的风险管理策略，以确保研究目标能够在实际中顺利达成。

5. 伦理道德性　临床研究必须充分考虑参与者的权益和尊严，包括获得知情同意、确保参与者的隐私和保密性，以及避免对参与者造成身体或心理上的伤害。此外，研究者还应关注研究对社会的潜在影响，确保研究结果能促进公共健康和福祉，而非引发不必要的风险或不公，如基因编辑婴儿引起的争议。动物实验需遵循"3R"原则。

二、选题技巧

1. 善于发现空白　选题空白是指在基础医学、临床医学及社会医学的研究中，有哪些问题还没有引起人们重视，或是在学术研究中的一些焦点争论不休、相持不下的问题。

从另外一个角度来讲，要注意医学期刊选题的空白，注意医学期刊中哪些问题被遗漏，哪些问题还没有被期刊所重视，哪些论文还交代得不清楚，有探讨的价值，从而得到启示，发现空白。

2. 善于借鉴他人选题　选题通常一方面来自自身工作的实践，另一方面通过别人的选题得到借鉴。要善于借鉴他人的选题，升华自己的构思，启迪思路，这种选题比较容易成功，同时可以少走弯路，少花费时间。

3. 补充丰富别人的观点　在医学科研的选题中，难免有雷同之处，但这不完全等于重复性的选题。相反，可从他人的选题中发现问题，得到启示，在此基础上产生新的认识、新的观点，使之更加全面、更加丰富。在科学的征途上，医学的发展是没有终点的，不断地修正，不断地补充，丰富其理论与实践，这是必然的。因此，补充前人的观点、丰富其内容，是医学论文选题中又一个技巧。

4. 在矛盾中寻求选择　科学技术是在发现问题、提出问题、解决问题过程中不断地发展的，医学也同样是在认识矛盾与解决矛盾的过程中得以发展。人们对事物的认识不同，看问题的角度不同，以及受各种主客观因素的影响，难免对同一问题有着不同的观点，要允许"百花齐放、百家争鸣"。

三、选题的范围

创新设计性实验的选题需兼顾科学性、创新性与可行性，可围绕以下维度展开：

1. 基础医学研究领域　聚焦疾病发生发展的分子机制、生理病理过程解析及潜在干预靶点探索，例如：疾病相关信号通路调控，跨器官系统交互作用，遗传变异与表观遗传调控，实验动物模型构建与验证等。

2. 临床医学转化方向　结合临床实际问题开展应用基础研究，典型方向包括：①新型诊断技术开发，如基于生物标志物的快速检测方法；②治疗策略优化，如个体化给药方案的药效动力学研究；③疾病预后预测模型构建，如多模态数据的机器学习分析等。

3. 公共卫生与预防医学　针对群体健康问题与社会医疗需求的研究范畴：①流行病学特征分析，如疾病分布规律与危险因素识别；②健康干预措施评估，如社区慢性病管理模式的成本效益分析；③环境医学研究，如污染物暴露与疾病关联的分子流行病学调查等。

4. 前沿交叉学科领域　融合多学科技术手段的创新研究方向：①医学人工智能，如影像组学辅助诊断等；②生物医学工程，如智能可穿戴医疗设备设计等；③纳米医学，如靶向药物递送系统的构建与效能评价等。

5. 特殊医学应用场景　针对特定医学场景的研究：①极端环境医学，如航天/深海医学的生理适应机制；②康复医学，如神经可塑性驱动的康复训练方案设计；③精准医学，如基于多组学数据的疾病分型与治疗响应预测等。

四、形成科学假说

有了发现并提出问题的初始意念后，便要广泛查阅文献，提炼形成科学假说。在医学科研中，人们通过实验和观察积累了一定的实验资料之后，依据已有的理论知识对研究的问题的某些现象和规律作出假定性的说明和推断。这种根据已有的科学事实和科学理论，对研究的问题提出的假定性说明和推测就是假说（hypothesis）。假说的特征为：科学性、假定性。

假说虽然有一定的科学依据，但毕竟是对未知的研究问题及其规律的猜测和推断。也就是说，它是在观察和实验材料不足的情况下，凭思维活动做出的，尚有待实践的检验，将来既有可能被确证而发展为理论，也有可能被证伪而淘汰。没有假说，就没有科研，因此，假说是科研创新的起点，为科研活动提供了进一步的研究方向，而不同假说的争论有利于科学的发展。

第三节　实验设计

实验设计是根据已有的文献报道和拟解决的关键科学问题，提出合理的科学假说，结合具体的实验条件，制定合理的研究方案，并付诸实施的过程。实验设计是实验过程的依据、数据处理的前提，亦是实验研究获得预期结果的重要保证。因此，一个科学的合理的实验设计方案，不仅能够依据研究目的规定具体的研究任务和所要采取的技术路线和方法，而且能最大限度地减少误差，获得可靠的结果。

一、实验设计的三大要素

1. 受试对象　即实验对象，如用大鼠做实验，大鼠就是本次实验的实验对象。要根据特定的设计类型估计出较合适的样本含量（动物数量）。
2. 处理因素　是指根据实验的目的，人为地给实验对象施加某种外部的干预并引起实验对象直接或间接效应的因素，如观察某种药物对动物（实验对象）生理功能的影响。要注意处理因素的标准化，并控制非处理因素。
3. 实验效应　是指实验对象接受处理因素后所出现的实验结果，可通过观察各项指标的变化来反映。要观察的指标包括背景（模型）指标和探索性指标，前者如证实疾病模型复制成功的指标、反映质控的指标、反映阴性或阳性的对照指标等，背景指标必须是肯定的结果。

实验指标选择的基本条件包含以下几个方面：

（1）特异性：指标应能特异地反映某一特定的现象而不至于与其他现象相混淆。如研究糖尿病用血糖做指标，肝炎以血和肝功能改变比用血压改变做指标好。特异性低的指标容易造成

"假阳性"。

（2）客观性：应避免受主观因素干扰造成误差。尽可能选用具体数字或图形表示的客观指标，如心电图、脑电图、血压、心率、血液生化指标等。而用疼痛、饥饿、疲倦、全身不适、咳嗽等症状和研究者目测则较差。

（3）灵敏性：灵敏度高的指标能使微小效应显示出来。灵敏度低的指标可使本应出现的变化不出现，造成"假阴性"。

（4）精确性：精确度包括精密度和准确度。精密度指重复观察时观察值与其均值的接近程度，其差值属随机误差。准确度指观察值与其真实值的接近程度，主要受系统误差的影响。实验指标要求既精密又准确。

（5）可行性：指研究者的技术水平和实验室的设备条件能够完成本实验的指标测定。

（6）认可性：指现成指标必须有文献依据，自己创立的指标必须经过专门实验鉴定。

二、实验设计的四大原则

1. 对照原则　实验除了观察处理因素的作用外，为了对比处理与非处理因素之间的差异，以消除和减少实验误差，需要设立对照组。常用的对照方法包括：①空白对照，即实验对象不作任何因素的处理。②正常对照，即经过同样的处理（包括麻醉、注射、假手术等），但不给予实验因素的处理。③自身对照，即对照与实验在同一受试对象上进行。④组间对照，即几个实验组之间相互对照。⑤标准对照，即实验结果与标准值或正常值相比较。

2. 随机原则　即运用"随机数字表""抽签""抓阄"等将研究对象随机分配至各实验组中，通过随机化分组处理，可减少抽样误差、外在或人为因素的干扰，以保证结果比较准确地反应总体。

3. 重复原则　即由于实验对象的个体差异等因素，一次实验结果往往并不够准确，因此，需要多次重复实验以获得稳定的结果。

4. 均衡原则　即对于可能影响实验结果的因素，如动物数量、性别、品种、年龄、体重等等要尽量保持相同、均一，以减少实验误差。

三、实验设计书基本内容

1. 基础信息（封面）

（1）研究题目：应体现研究对象、干预方法、核心变量三要素（如"CRISPR-Cas9介导的 *TP53* 基因编辑对肝癌细胞增殖的影响研究"）。

（2）实验设计者：基本信息如姓名（学号）、专业、班级、分工角色（如实验设计/数据分析/文献检索）。

（3）日期：设计书提交/修订日期（按"YYYY-MM-DD"格式）。

2. 研究背景或立论依据

（1）科学背景：国内外研究现状（引用近5年核心文献≥10篇），现有研究的空白点与矛盾点。

（2）拟解决的关键问题：关键科学问题提炼（不超过3个）。

3. 研究目标（核心假说）

4. 研究内容（实验设计思路） 验证核心假说，探索机制，一般不超过 3 000 字。包括以下内容：

（1）实验材料：药品、器械及研究对象等。研究对象如：①细胞系，包括种属、来源；②实验动物，包括品系、性别、周龄、数量，需符合 "3R" 原则；③临床样本，如纳入/排除标准、伦理批号等。

（2）实验设计方案（研究方案）和技术路线：包括实验分组、实验方法、观察指标（包括背景指标、探索性指标）及技术路线等。

（3）统计学方法。

5. 预期实验结果

6. 创新性和可行性分析

7. 参考文献（格式见第十四章第二节）

第四节　创新设计性实验实施

一、实验准备

1. 组建团队　团队有一名主负责人，确保各成员有共同的目标，组员分工明确，沟通及时顺畅。

2. 实验技术培训　进入实验室前的生物安全培训，对必要的技能和知识进行相关培训，包括理论知识、实验技术、仪器设备、动物操作、药品试剂的准备。

3. 伦理审批　如研究涉及人类或动物，需提交伦理审查申请，确保遵循相关伦理规范，知情同意的原则等。

4. 准备实验材料　采购和准备实验所需的材料、设备和工具，确保其符合研究要求。

二、预实验

通过预实验可以摸索实验条件，并加以优化，提高实验效率和节约实验成本。因此，在正式进行实验之前，一定要先进行预实验。

三、正式实验

根据预实验摸索优化的实验条件和实验设计书拟定的实验方案，开展正式实验。正式实验实施过程需注意以下事项：

1. 与指导老师及时沟通　在实验实施初期，应在指导老师的密切指导下进行，与老师及时讨论实验结果。

2. 按计划执行　严格遵循实验方案，记录实验过程中的所有数据和观察结果。

3. 监测与调整　实时监测实验进展，适时调整实验方法以应对意外情况。

4. 保持阅读写作的习惯　提高文献检索、英文阅读、英文思考和写作能力，不要过分依赖翻译软件。

四、实验数据的处理与统计学分析

良好的数据处理和统计分析是高质量科研的基础，直接影响到研究的影响力和实际应用价值，应严谨、细致、实事求是，力戒主观性，不能为了提高影响力和科研价值，故意捏造、篡改或剽窃数据和结果。常包括以下步骤：

1. 数据收集　确保原始数据的准确性和完整性，使用合适的工具和方法进行记录。
2. 数据整理　对原始数据进行清洗，剔除错误和缺失值，确保数据格式一致。
3. 数据分析　运用统计方法和软件工具（如 GraphPad Prism/SPSS、R 语言、Python 等）对数据进行分析，以识别趋势、相关性和显著性。
4. 结果可视化　通过表格和图形将数据结果可视化，帮助理解和解释分析结果。
5. 结果解释　结合背景知识，深入分析数据结果的意义，讨论其对研究假设的支持程度和潜在的科学意义。

以上每一步都需保持严谨，以确保研究结果的可信性和有效性。

（范俊明　李　凡）

思考题

1. 在药物疗效评价实验中，设置对照组的类型及作用是什么？请举例说明至少两种对照组的医学实验应用场景。
2. 根据《赫尔辛基宣言》和动物实验"3R"原则，列举医学创新实验中必须遵守的伦理要求，并分析以下情境的合规性："某研究拟采用健康志愿者血清进行新型冠状病毒中和抗体检测，未告知参与者实验涉及生物安全风险"。
3. 某三甲医院消化科发现，非酒精性脂肪性肝病（NAFLD）患者中，约 30% 伴有肠道菌群紊乱（通过 16S rRNA 测序确认）。现有研究表明，肠道菌群可能通过"肠－肝轴"影响肝代谢，但具体机制尚未阐明。基于上述现象，提出一个可实验验证的科学假说（需包含自变量、因变量及作用路径）并设计一个实验方案验证该假说。

网上更多……

 自测题　　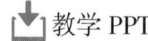 教学 PPT

第十四章
医学论文写作

关键词

研究论文　撰写　规范性

医学论文写作在医学生培养中具有不可替代的学术价值与教育意义。作为医学教育的核心实践环节，其重要性体现在三个维度：首先，论文写作是科研能力的集成训练平台。从文献检索、实验设计到数据解读的全流程实践，使学生系统掌握科学研究的规范方法，如循证医学证据分级、统计学分析原则等关键技能。其次，论文撰写过程深度锤炼评判性思维。通过梳理研究结果与现有理论的关联性（如解释实验结果与经典学说的矛盾）、评估研究局限性（如样本量不足对结论的影响），学生逐步建立学术论证的逻辑框架，这种思维模式直接影响未来的临床决策能力。最后，论文写作是医学伦理与学术规范的启蒙教育。涉及人类受试者研究的知情同意书撰写、动物实验的"3R"原则应用等环节，将科研伦理从抽象概念转化为可操作标准。2018年《柳叶刀》研究指出，接受系统论文写作训练的学生在临床实践中伦理违规率降低47%。此外，论文的国际发表要求（如ICMJE规范）使学生早期接触学术共同体规则，为参与全球医学对话奠定基础。这些能力的复合培养，使医学论文写作成为连接理论教育、科研训练与临床实践的核心枢纽。

医学论文主要包括科学研究论文（论著）、综合评论性论文和报道类论文三大类。

第一节　医学论文撰写的基本原则和要求、流程

医学科研论文是科学研究的直接记录和总结，是医学科研工作者在科学研究的基础上，运用归纳、综合、判断和推理等逻辑思维方法，对前人积累的和自己在实验中观察到的研究资料进行整理、分析而撰写的文章。它不仅是科研工作的重要环节，也是科研成果的展示形式。

一、医学研究论文写作的基本原则和要求

医学研究论文不能是简单的介绍方法、罗列现象。在写作的过程中需要使文字简单化，让表达内容一目了然，并且要注意写作语言的流畅与规范。在论文写作中要遵循写作的基本原则和要求。

1. 科学性　包括两方面含义：一是内容科学，二是表达科学。内容科学要求真实、客观，切忌主观臆断、篡改，甚至抄袭实验数据和图片。表达科学要求论点正确、论据真实充分、论证严谨周密，切忌出现偏激的评论。

2. 创新性　在设计课题时已提出创新的想法，在写作过程中更应体现出创新性。可通过倒叙的方式，也就是根据实验结果重新提出科学问题，可能与当初设计课题时提出的想法不同或更精准，强调本研究解决了疾病的哪个环节的关键问题，突显在本领域中的学术地位，但也要注意不要过分表达。

3. 规范性　是指具有固定的格式和统一的规范，论文撰写要符合规范和各个期刊编辑部的具体要求，如注意医学名词、计量单位、标点、符号和数字使用的规范化，第一次使用英文缩略语时写出英文全称，文章结构、图片、语言习惯（英式或美式全篇统一）、参考文献格式是否符合杂志要求等。

4. 可读性　论文发表就是为了传播交流，平时通过阅读和写作积累，要善于将图表与文字配合使用，突出重点，条理清晰，详略得当，方便读者的阅读、学习和利用。

拓展阅读 14-1
生物医学论文写作

二、医学研究论文撰写流程

1. 准备相关资料　搜索和积累资料，包括实验室的观察数据、相关记录、研究所得的结果和文献资料摘录等相关资料。

2. 拟定撰写提纲　提纲是论文写作的设计图，是全文的框架，起到疏通思路、形成结构的重要作用。具体有两种写法。一是标题提纲，以标题的形式把文章各部分内容概括出来。该方法简明扼要，文章各个部分关系一目了然。二是句子提纲，以能表达完整意思的句子形式把各个部分内容概括出来。拟提纲一定要项目齐全，初步构建文章的大体轮廓。

3. 写作成文　科研论文正文的一般框架是：背景、方法、结果、结论与讨论。在写作过程中，可从容易入手的材料方法和结果开始，尽量安排整段时间，想到什么就写什么，思路不打断。先撰写初稿，不必力求完美，但需把构思全部写进去，层次结构清晰、逻辑合理。初稿在定稿之前要反复修改，包括内容和形式，除了自己修改外，要多请人帮忙修改，非专业人员主要改

形式，如格式、序号、外文字母、表格、图表是否符合杂志社要求，有无语法、拼写错误，语句是否通顺，语义是否明确等；内容征求专家修改意见，尽量完善。英文摘要请英语母语的专家修改。

4. 投稿和发表　文章定稿后，选择合适的期刊编辑部投稿，可征求专家意见评估预投稿的杂志，选择公认的杂志，一般杂志不允许一稿多投。投稿周期一般在 2~6 个月，编辑部如认为文章内容、质量不适合刊登则会直接退稿，如认为适合，则会邀请 2~3 名同行专家进行论文评审，据审稿专家的意见决定退稿还是修稿。一般来说，编辑部要求修稿，文章被录用的机会比较大。作者应根据审稿人和编辑部的意见，逐条修改或说明。最后，编辑部会根据审稿专家对修改稿的意见，作出是否录用稿件的决定。一旦文章被录用，最后经编辑部校样，根据开源或不开源，选择公开和不公开发表。

拓展阅读 14-2
生物医学论文投稿

拓展阅读 14-3
投稿信等书写实例

第二节　医学论文的内容

科学论文不同于文学作品，其要求严肃、精炼、规范，在论文写作的过程中应当注意其固有的格式要求。医学科研论文的书写一般由以下几个部分组成：题目、作者与单位、摘要（中文和英文）、关键词（中文和英文）、正文、致谢及参考文献。正文包括前言或引言、材料与方法、结果、讨论与结论。中文论文字数一般不超过 4 000 字（不包括图表和参考文献）。

一、题目

论文的标题要尽可能准确反映论文的主要内容和信息，必须简明、清楚、规范、确切。题目名应用最少的字概括，一般不超过 25 字，并且标题的表达方式要能吸引读者，同时文题要相符，充分概括论文的要旨。标题不可缩写，避免使用非公用公知的缩略语、代号等。

二、作者署名

文章中应有作者署名。汉语拼音采用如下写法：姓前名后，中间为空格。姓氏的全部字母均大写，复姓应连写。名字的首字母大写，双名中间加连字符，名字不缩写。外国作者的姓名写法遵从国际惯例，一般名前姓后。论文作者署名只限于那些对于选定研究课题和制定研究方案，直接参加全部或主要部分研究工作，并做出主要贡献者，以及参加撰写论文并能对内容负责的人，按其贡献大小排列名次，而不是根据学术威望高低或上下级关系。作者署名的排列顺序，依其贡献大小决定，也可有共同第一作者，不同单位的作者，应在姓名右上角注不同的阿拉伯数字序号。指导老师或基金资助项目负责人做通讯作者，可有一个也可多个，并注明作者单位名称、邮政编码、通讯地址。

有资格署名者应具备三个条件：①参与选题与设计，或具体操作实验并收集数据、参与资料分析与解释者；②起草文稿或对其关键性理论或其主要内容作了修改者；③能对编辑部的修改意见进行核修、定稿并最终同意该文发表者。

三、摘要

摘要是论文核心内容的高度概括和总结，应能准确反映全文给出的信息，同时逻辑和表达清晰，用语简练。摘要是读者筛选阅读论文的重要参考，也是科技信息工作者编制二次文献的基本素材。通过摘要，读者可以确定有无阅读全文的必要。

中英文期刊大都以目的、方法、结果和结论四部分为基本结构，文字要极其精炼，字数限于400字，如果需要中英文摘要，内容要统一。有些杂志要求在文字描述之外，用流程图的方式描述摘要，目的是让人一目了然。

四、关键词

关键词是反映论文最主要内容的术语，对文章检索有重要作用。论著应在摘要下面标出2～5个关键词（keywords）。每个关键词之间用分号分隔，英文关键词应与中文关键词一一对应。关键词要求尽可能准、全，标出文章所研究讨论的重点内容，仅在研究方法中提及的手段不予标出。这里需区别几个概念：关键词、主题词和自由词。关键词是从文献的标题、摘要或正文中选出的，能反映文献实质内容的可作为检索入口的专业名词术语。主题词是能反映论文主题的规范化检索语言，而自由词包括标题词、专业术语、短语与词组等。就检索而言，主题词＞关键词＞自由词。因此，在选择关键词的时候，尽量使用美国国立医学图书馆编辑的最新版《Index Medics》中医学主题词表（MeSH）内所列的词。如最新版 MeSH 中尚无相应的词，可选用直接相关的几个主题词组配，如无法组配则可选用最直接的上位主题词，必要时可用适当的自由词。

五、前言

前言（introduction）是围绕研究目的做背景介绍，字数不宜过多，一般300～500字。通常包含几部分内容：

1. 研究背景　简要介绍研究领域的现状，指出该领域存在的主要问题、挑战或未解决的关键问题。
2. 研究意义　阐明本研究的意义和目的，解释为什么这个问题值得研究，在本领域的潜在贡献。
3. 文献综述　回顾相关领域已有的研究成果，指出已有研究的不足或空白，以此为基础提出本研究的研究方向和目标。
4. 研究目标和问题　清晰地列出本研究的核心问题和目标，具体说明研究的方向。

六、材料与方法

材料与方法（materials and methods）部分是指在科学研究中所应用的实验材料和实验技术。其原则为：凡是能影响实验（观察）结果和数据的诸种条件和因素都要在文中说明。需要详细撰写的理由是说明本研究是在什么材料、条件下测得的，其目的在于使别人能够重复该项实验。

医学研究必须使用仪器、试剂及材料。因此，大多数情况都要对研究中使用的材料作出交代。撰写的主要内容包括受试对象与分组、实验设备和仪器、研究条件和方法、检测项目与指标、数据处理与统计学分析。实验动物应写明动物的名称、种系、等级、数量、来源、性别、年龄、体重、饲养条件和健康状况，划分实验组和对照组情况。实验设备应注明名称、型号、规格、生产厂商。实验试剂应注明化学名称、剂量、单位、纯度、批号、生产厂商及日期。对于新建立的实验方法应该详细描述。必要时，加用插图或者照片进行说明。做到任何人在任何地方按此方法和实验材料条件重复进行实验时，都能达到同样的效果。

七、结果

结果（results）是论文所要报道的核心内容，论文的意义、水平的高低、对读者有无价值等都在这里表现出来。需要将观察结果或实验结果实事求是地撰写清楚，结果部分组织要有逻辑性和针对性。

结果部分的表达方式可分为文字部分和图表部分。文字表达和图表表达不要重复，文字表达应当是要点式叙述，可分几项撰写，每一项报告一组数据，使读者一目了然；数据表达要完整，统计处理应报道绝对数，选择各种统计分析方法要正确。图表的表达应符合统计学的规定。

八、讨论与结论

这部分要根据研究结果进行分析、探讨、归纳概括，来阐明事物内在的联系和客观规律。讨论部分是从理论上对实验和观察结果进行分析和综合，为文章的结论提供理论依据，说明该项研究的结果阐明了什么问题，得到了什么规律，解决了什么理论和实践问题。讨论部分可表达作者在结果部分所不能表达的推理性内容。讨论的内容应当从实验和观察结果出发，实事求是，切不可主观推测，超越数据所能达到的范围。写好这部分内容很大程度上取决于作者掌握文献的多少，分析能力如何，切忌将讨论部分写成他人文献的综述。归纳起来，讨论部分应表达下列内容：

（1）紧密结合本文研究所获得的重要发现，以及从中引出的结论进行讨论，而不是重复结果部分的内容。特别是要对新的发现、文献尚未报道的内容进行深入讨论，包括可能的机制。必须强调应紧密结合本文发现进行讨论，且所作的推论必须恰当。

（2）与国内外类似的结果进行对比，阐明本研究的创新之处。应讨论本文发现与文献报道同类研究的结论有何不同，哪些文献是支持本文发现的，哪些文献报道与本文结论不同，分析这些异同提示什么。

（3）研究结果存在的局限性。应对本文研究的不足之处进行讨论，如可能存在的偏倚及偏倚的来源，要肯定本文的结论尚需进行哪些研究来证实等。

（4）阐述研究结果的理论价值和实际意义，体现研究结果的重要性。

九、致谢

致谢的原则是对那些不够论文署名条件，但对研究成果确实付出了大量心血的人员，如为自己研究提供直接帮助的人或机构，或者提供了特殊研究材料、建议和论文修改等帮助的研究人员，收集资料及负责监管、协调、后勤保障的人员；提供资金支持的厂商和科研基金项目如国家自然科学基金,同时注明项目编号。不宜出现在作者和致谢中的人员包括：科研单位或工作机构的党政官员或领导,学术期刊委托的论文审稿专家和责任编辑等。致谢可单独成段,一般置于正文之后,参考文献前,语言应当诚恳、恭敬。

十、参考文献

参考文献是指在论文中引用、参考过的文献资料,包括观点出处和引文出处。按"参考文献"在文章中出现的先后顺序,用带方括号的阿拉伯数序号顺序编码,放在标注处的右上角。同一文献如被多次引用,应用同一顺序号标示。英文期刊名称用缩写,以《Index Medics》中的格式为准,中文期刊用全名。每条参考文献均须标注起止页码。不同的出版社(杂志)有不同的要求,建议利用文献管理软件如 Endnote 进行文献列表的导入和编辑,有的杂志提供模板可直接导入。

参考文献格式(供参考,引用自浙江省自然科学基金申报书的参考文献格式要求):

(1) 连续出版物(有卷期号或年月顺序号,计划无限连续出版发行的出版物,如期刊、报纸等)

[序号]析出文献主要责任者.析出文献题名[文献类型标志].刊名:其他刊名信息,年,卷(期):页码[引用日期].

[序号]析出文献主要责任者.析出文献题名[文献类型标志].报纸名:其他题名信息,年－月－日(版次)[引用日期].

(2) 专著(普通图书、学位论文、技术报告、会议文集、汇编、多卷书、丛书)

[序号]主要责任者.题名:其他题名信息[文献类型标志(电子文献必备,其他文献任选)].其他责任者(任选).版本项(第1版不标注).出版地:出版者,出版年:引文页码[引用日期(联机文献必备,其他电子文献任选)].

(3) 专著中的析出文献(从整本专著中析出的具有独立篇名的文献,包括论文汇编、会议文集等)

[序号]析出文献主要责任者.析出文献题名[文献类型标志].析出其他责任者//专著主要责任者.专著题名.出版地:出版者,出版年:析出文献的页码[引用日期].

(4) 专利文献

[序号]专利申请者或所有者.专利题名:专利国别,专利号[文献类型标志].公告日期或公开日期[引用日期].

(5) 电子文献(电子书刊、数据库、电子公告等)

[序号]主要责任者.题名:其他题名信息[文献类型标志/文献载体标志].出版地:出版者,出版年(更新或修改日期)[引用日期].

文献类型标志：普通图书 M,会议录 C,汇编 G,报纸 N,期刊 J,学位论文 D,报告 R,标准 S,专利 P,数据库 DB,计算机程序 CP,电子公告 EB。会议录包括座谈会、研讨会、学术年会等会议的文集;汇编包括多著者或个人著者的论文集,也可标注为 M。电子文献载体类型标志如下：磁带 MT,磁盘 DK,光盘 CD,联机网络 OL。

注意责任者的著录方法：3人以下全部著录,3人以上可只著录前3人,后加",等";外文用", et al","et al"不必用斜体。

(范俊明　李　凡)

思考题

1. 在医学实验数据统计中，常用的统计方法有哪几种？请举例说明 T-test、One-way ANOVA 及 Two-way ANOVA 这 3 种统计方法分别适合什么情况下应用。
2. 举例并设计两种不同的实验方案，在基因转录水平上，证实"转录因子 A"对"基因 B"转录活性的调控。
3. 举例并设计两种不同的实验方案，在翻译水平上，证实"药物 A"通过"通路 B"调控"蛋白 C"的功能。
4. 常用的文献管理软件有哪些？如何用 Endnote 软件将文章中引用的文献按照 *Nature* 杂志的要求排版？

网上更多……

 自测题　　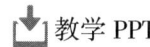 教学 PPT

第十五章
"医+X"新技术在机能学实验中的应用

关键词

"医+X"交叉医学　　生物信息学　　信号通路　　分子荧光探针

> 继生物-心理-社会医学模式之后,"医+X"交叉医学模式正在蓬勃发展。医学与其他学科的交叉融合对医学研究起到了很好的促进作用,并取得了丰硕的成果。对正常及疾病状态下人体功能的探索是医学研究的重要内容,本章简要介绍两个对机体功能研究具有很好促进作用的学科在医学研究中的运用:①医学与计算科学交叉的医学生物信息学,它的功能之一是从海量的数据当中,筛选出与拟探索的机体功能密切相关的分子与信号通路;②化学工程中新型分子荧光探针在医学研究中的应用,它让拟探索的分子被可视化,可以在观察分子变化的同时研究机体功能的改变。希望这能够开拓医学生研究的视野,使学生具备在医学研究领域主动运用多学科的手段解决科学问题的意识,并能尝试将这些方法运用到创新性实验的设计当中。

第一节　医学生物信息学的应用

一、概述

医学生物信息学是将生物信息学的技术和方法应用于医学数据分析和研究的跨学科领域。它结合了生物学、计算机科学、统计学和信息技术，以揭示疾病机制、促进个性化医疗、发现新药和诊断标志物。医学生物信息学在当今医学中具有重要地位，特别是随着高通量测序技术的进步，数据生成量呈现指数级增长。如何从这些庞大的数据中提取有用信息，为疾病的诊断、治疗和预防提供支持，已成为当前医学研究的重要挑战。

现代医学正逐步向精准医学转变，这种医学模式以患者个体的基因组特征、生活方式、环境因素等为基础，为患者提供更加个性化的治疗方案。医学生物信息学在这一过程中的关键作用体现在数据的深度挖掘上，通过识别疾病的分子特征，医生能够更加准确地制定治疗策略。例如，在癌症治疗中，生物信息学分析能够帮助找到特定的基因突变靶点，为靶向药物提供依据，显著提高治疗效果。

随着基因组学和其他"组学"技术的蓬勃发展，医学研究者获得了前所未有的多维数据，这些数据涵盖从基因到蛋白质、代谢产物等多个生物学层面。在此背景下，医学生物信息学作为一种有效的分析工具应运而生，尤其是在对复杂数据进行整合分析方面发挥了重要作用。通过将基因组、转录组、蛋白质组等数据进行多层次、多角度的分析，研究人员可以更全面地理解疾病的发生机制及其发展路径。

医学生物信息学还直接满足了临床应用的需求。在过去，许多疾病的诊断和治疗方案较为统一，无法充分考虑患者的个体差异。如今，通过生物信息学分析，临床医生可以获得更加详细的患者分子特征，从而实现个性化诊疗。以药物基因组学为例，生物信息学可以帮助预测患者对药物的代谢和反应，从而为患者量身定制用药方案，减少药物副作用，提高治疗效果。

因此，医学生物信息学的发展不仅满足了医学研究对数据处理和分析的需求，也为推动精准医学、提高临床疗效提供了数据支撑和技术手段。下面将具体探讨医学生物信息学的几大应用场景，并通过案例详细说明其在医学领域中的实际应用。

二、医学生物信息学的应用场景

1. 基因组数据分析　是医学生物信息学最早和最广泛的应用领域之一。通过高通量基因组测序，可以获得个体的全基因组信息，从而识别与疾病相关的基因突变。例如，癌症基因组研究可以揭示肿瘤的突变特征，帮助定位可能的靶向药物。基因组分析还被广泛应用于遗传性疾病的风险评估、药物反应预测和基因编辑治疗的靶点筛选。基因组数据的挖掘，不仅能提高疾病诊断的准确性，还为个性化医疗提供了宝贵的分子靶标依据。

2. 转录组数据分析　主要关注基因表达水平的变化，从而研究基因在特定细胞状态或疾病状态下的表达特征。通过转录组测序，可以获取细胞内 mRNA 的表达信息，了解特定病症（如癌症、免疫疾病）的基因表达模式变化。相比于基因组分析，转录组分析更加动态，能够反映细胞的即时反应状态。因此，转录组数据在病理研究、药物发现和免疫响应分析中尤为重要。例如，在肿瘤免疫治疗中，分析肿瘤微环境中的转录组变化可以帮助识别新的免疫调控靶点，并指导治疗策略的制定。

3. 蛋白质组和代谢组数据分析　蛋白质组学和代谢组学分别分析细胞中蛋白质和小分子代谢物的结构、功能和相互作用，提供基因组和转录组分析无法提供的功能性信息。蛋白质组学能够反映细胞功能的实际执行者——蛋白质的状态，而代谢组学则揭示了细胞生理活动的代谢终产物及其调控网络。这两类数据在疾病诊断、预后分析和药物作用机制研究中具有不可替代的价值。例如，在蛋白质组学领域，通过分析肿瘤的蛋白质表达特征可以识别与疾病进展相关的生物标志物，为早期诊断提供参考。在代谢性疾病的研究中，代谢组分析可以揭示疾病代谢途径的异常，帮助开发新的治疗方法。

4. 生物数据集成分析　在复杂疾病的研究中，单一的数据类型通常难以揭示疾病的全部生物学背景，因此需要集成不同类型的生物信息学数据。多组学数据集成可以将基因组、转录组、蛋白质组和代谢组信息整合在一起，提供一个全景式的分子特征视图。这种集成分析在癌症研究中尤为重要，因为癌症通常由多种遗传和环境因素共同驱动。例如，通过将基因组突变信息和转录组表达数据进行整合，可以更准确地定义肿瘤亚型，并预测其对不同治疗的敏感性。多组学数据集成不仅有助于更全面地理解疾病机制，也推动了靶向药物的发现和个性化治疗的实现。

（沈文君）

第二节　新型分子荧光探针在医学中的运用场景及实施案例

一、分子荧光探针简介

荧光是一种分子受到光的激发后，吸收能量并在较短时间内释放出光信号的现象，主要通过激发（excitation）和发射（emission）这两种过程来实现。在激发过程中，分子暴露在特定波长的光线照射下会吸收光能，使其处于一个更高的能量状态。这些吸收的光子激发了电子跃迁，使分子从基态转化到激发态。而在发射过程中，受激发态影响分子的电子会返回到更低的能量态，这个过程中分子会释放出光能量，产生荧光现象。

小分子荧光探针是指一类能够通过产生荧光信号来检测特定目标物的有机小分子，它通常由三个部分组成：识别基团、荧光基团和连接臂。识别基团主要是参与识别待测物，对探针的选择性和特异性起到关键作用。荧光基团指的是在受到特定激发光激发后，能够发出荧光的基团，是探针中光学信号的来源。连接臂作为桥梁，则是起到将识别部分与发光部分连接为一体的作用。

1. 小分子荧光探针的发展　早期的荧光探针主要是针对天然荧光物质的研究，如荧光蛋白、荧光染料等。随着有机合成化学和荧光探针设计理论的发展，如今研究人员能够设计和合成具有不同的特定结构和光学性质的分子荧光探针。这些探针具有高选择性、高灵敏度和良好的生物相容性，可用于生物成像、药物传递、生物传感等方面。随着荧光显微镜、单分子荧光成像和光学相干断层扫描成像等成像技术的不断进步，小分子荧光探针得到了更广泛的推广和应用。这些成像技术的发展为荧光探针在生物样品中的应用提供了更高的空间分辨率和灵敏度。随着结构设计、合成方法和成像技术等方面的不断创新和发展，小分子荧光探针作为工具，为生物医学和生命科学等领域提供了重要帮助，对于理解生命过程、诊断疾病和开发新药物具有重要意义。

2. 分子荧光探针在生物成像中的优势　传统的生物成像方式包括 X 射线成像（X-ray imaging）、计算机断层扫描（CT）、磁共振成像（MRI）、超声波成像（ultrasound imaging）、放射性同位素成像（nuclear imaging）等。这些方法在医学诊断和生物学研究中发挥着重要作用，但也存在一些局限性，如对组织深度和分辨率的限制，以及部分方法需要使用放射性物质可能带来的风险，昂贵的成本也限制这些手段的应用。因此，研究人员不断探索新的生物成像技术，以克服传统方法的局限性。

相比之下，分子荧光探针在生物成像方面具有多方面的优势。这些优势不仅体现在成像的灵敏度和特异性上，还包括实时成像能力、多功能性、低毒性和低成本等方面。

首先，分子荧光探针具有高灵敏度。它们能够在较低的浓度下检测和成像目标分子或细胞结构，因此检测生物样本中稀有目标的能力更为强大。这种高灵敏度使得分子荧光探针成为早期疾病诊断和微小生物结构研究的理想工具。其次，分子荧光探针具有高度选择性，通过精心设计，它们可以具备针对特定生物分子或细胞结构进行标记和成像的能力，而不会受到其他干扰物质的影响。这种特性使得研究人员能够更加准确地观察和分析感兴趣的生物过程。

同时，分子荧光探针具备实时成像能力，它们能够在实时模式下进行成像，迅速获取样本的信息，从而实现对生物过程的动态监测和分析。这种实时成像的能力对于研究生物学过程的动态变化以及临床诊断中的即时反馈具有重要意义。此外，分子荧光探针不仅可以用于成像，还可以结合其他功能单元实现多种功能，如荧光标记与药物释放相结合，从而实现精准治疗；或者与生物传感器相结合，实现对生物分子的实时监测和定量分析。最后，小分子荧光探针通常具有较低的毒性。与某些成像剂或对比剂相比，它们通常具有较低的毒性和副作用，使得在体内成像或临床应用中更为安全可靠。这种低毒性使得小分子荧光探针在生物医学研究和临床诊断中具有更广泛的应用前景。

总的来说，分子荧光探针在生物成像方面的优势显而易见。它们的高灵敏度、高度选择性、实时成像能力、多功能性及低毒性使得它们成为生命科学研究和临床诊断中不可或缺的重要工具。

二、分子荧光探针的应用研究示例

1. 分子荧光探针在肿瘤中的应用　癌症是一种由体内细胞异常增殖导致的疾病，严重危害人类生命健康。开发能够监测癌症的小分子荧光探针对预防和控制癌症具有重要意义。

低氧是肿瘤组织常见的病理过程。其发生是由于血管供应不足。肿瘤组织内的血管系统结构异常，存在大量未成熟的、异常的血管，这些血管无法有效地输送氧气和营养物质到肿瘤组织，导致肿瘤细胞处于低氧状态。此外，随着肿瘤细胞的增殖，肿瘤组织内部形成一些远离血管的区域，营养物质供应更加有限，从而陷入上述过程恶性循环，会伴随一些肿瘤低氧环境标志物的出现，例如偶氮还原酶（azoreductase）和硝基还原酶（nitroreductase）。研究人员基于这些标志物开发出了许多通过响应肿瘤低氧环境实现监测肿瘤的小分子荧光探针。

2022 年，Zou 等人报道了一种低氧响应的双光子荧光探针 NaT-NTR，能够识别肿瘤中过表达的硝基还原酶（NTR），响应后的最大发射波长为 560nm。该探针在复杂的生理环境中对 NTR 具有较高的选择性和敏感性，能够监测不同病理类型的鼻咽癌细胞中 NTR 的表达水平，并成功应用于人鼻咽癌组织样本中 NTR 的检测和成像，穿透深度为 100 μm，有成为鼻咽癌早期诊断工具的潜力。Zhang 等人设计并合成了一种多功能自溶性近红外荧光诊断探针 YH-NO$_2$，能够被肿瘤细胞中过表达的硝基还原酶（NTR）激活。YH-NO$_2$ 被激活后，能够同时释放荧光团和促进癌细胞凋亡的 H$_2$S，实现了在识别癌细胞的同时并选择性的诱导癌细胞发生细胞凋亡。当 YH-NO$_2$ 作用于肝癌细胞 HepG2 荷瘤小鼠时，它不仅可以精确定位肿瘤组织，而且可以抑制肿瘤生长，也为研究 H$_2$S 和癌症之间的关系提供了帮助。

2. 小分子荧光探针在脑疾病中的运用　脑疾病是指影响大脑结构和功能的各种疾病和症状。传统检测手段中，MRI 在检测微血管变化方面的限制，无法确定许多亚临床大脑变化的机制；正电子发射断层扫描（PET）成像检测受限于成本较高，不太可能普及。因此，需要更多的工具来研究脑疾病的亚临床病理和生物标志物。

2016 年，Ran 课题组设计了一种可用于荧光成像的姜黄素模拟物探针 CRANAD-88，该探针在与阿尔茨海默病（AD）患者大脑中的 H$_2$O$_2$ 相互作用时，能够在三个水平级联放大近红外荧光信号。H$_2$O$_2$ 处理后，探针 CRANAD-88 中硼化部分发生裂解，荧光发射峰从 690 nm 处红移至 730 nm。此外，该探针能够实现监测 H$_2$O$_2$ 清除剂处理前后阿尔茨海默病患者大脑中 H$_2$O$_2$ 浓度的变化，作者证明了这种信号放大策略在体内外都是可行的。这项工作为研究 AD 脑中的 H$_2$O$_2$ 开辟了新的途径，对药物开发具有指导意义。

一年后，该课题组受到"荧光棒化学"的启发，开发了一种基于草酸-姜黄素的近红外荧光探针 CRANAD-61，实现在体内从微观和宏观水平检测 H$_2$O$_2$。在 CRANAD-61 中，草酸部分被用来与 H$_2$O$_2$ 反应，从而产生波长移动。该探针能够显示双发射波长分别为 570 nm 和 810 nm（激发波长：500 nm）。5.0×10^{-6} mol/L H$_2$O$_2$ 和 2.5×10^{-6} mol/L 探针 CRANAD-61 处理后，由于 CRANAD-5 的形成，570 nm 处的信号增加，810 nm 处的信号减少。通过双光子成像（微观水平），CRANAD-61 可以识别被高 ROS 水平包围的"活跃"淀粉样蛋白（Aβ）斑块和大脑淀粉样血管病（CAA），并通过全脑 NIRF 成像（宏观水平），提供 AD 大脑中相对总 ROS 浓度。同时该成像方法可以监测 AD 大脑中与年龄相关的 H$_2$O$_2$ 水平的增加。

2023 年，Gharai 等人报道了一种用于检测 AD 的双功能荧光探针 VBD。在 H$_2$O$_2$ 的作用下，探针 VBD 的硼酸酯基团被破坏，从而转化为 VBD-1，该过程导致荧光的最大发射波长从 532 nm 红移至 590 nm。VBD-1 能够与 Aβ 原纤维聚集物特异性结合，使荧光强度增加 3.5 倍。利用该性质，该探针实现了在 AD 小鼠大脑组织切片中选择性成像 Aβ42 原纤维聚集物。

拓展阅读 15-1
小分子荧光探针在探究药物作用机制中的应用研究

（周　莹）

网上更多……

自测题　　　教学 PPT

主要参考文献

［1］陈国强，钱睿哲．病理生理学［M］．10 版．北京：人民卫生出版社，2024．
［2］罗自强，管又飞．生理学［M］．10 版．北京：人民卫生出版社，2024．
［3］杨宝峰，陈建国．药理学［M］．10 版．北京：人民卫生出版社，2024．
［4］龚永生．医学机能学实验［M］．2 版．北京：高等教育出版社，2019．
［5］张华莉．病理生理学［M］．5 版．北京：高等教育出版社，2024．
［6］范小芳，龚永生．基础医学整合实验教程［M］．北京：高等教育出版社，2021．
［7］于利，王玉芳，范小芳．人体机能学实验［M］．北京：人民卫生出版社，2020．
［8］秦川，谭毅．医学实验动物学［M］．3 版．北京：人民卫生出版社，2021．

附 录

附录一　实验动物给药剂量的计算

一、药物浓度的表示方法

药物浓度是指一定量液体或固体制剂中所含主药的分量。表示混合物组成标度的量可分为 4 类：分数、质量浓度、比例浓度、浓度。在医学研究与临床工作及动物实验中最常用的是分数和质量浓度，有时也用比例浓度和浓度。

（一）分数

药物或溶液的量可以用体积或质量表示，因此，分数有不同的表示方法。

1. 质量分数　即每 100 g 制剂中含药物的克数。适用于固体药物，如 10% 氧化锌软膏，表示 100 g 中含氧化锌 10 g。

2. 体积分数　即每 100 mL 溶液中含药物的毫升数。适用于液体药物，如 75% 乙醇溶液，表示 100 mL 中含无水乙醇 75 mL，相当于质量分数 75% 的乙醇溶液。

（二）质量浓度

质量浓度即每升溶液中含药物的克数或毫克数，单位 g/L 或 mg/L。如 5% 葡萄糖溶液即每 100 mL 含葡萄糖 5 g，此法最常用。

（三）比例浓度

比例浓度即药物的克数或毫克数与溶液的体积比。常用于表示稀溶液的浓度，例如，1∶5 000 高锰酸钾溶液，表示 5 000 mL 溶液中含高锰酸钾 1 g；1∶1 000 肾上腺素，表示质量浓度为 1 g/L 的肾上腺素。

（四）浓度或物质的量浓度

浓度即每升溶液中所含溶质的摩尔数。如 0.1 mol/L NaCl 溶液，表示 1 000 mL 中含 NaCl 5.844 g（NaCl 相对分子质量为 58.44）。

二、溶液浓度的计算

1. 有 1 mL 的盐酸肾上腺素注射剂 1 支，内含盐酸肾上腺素 1 mg，此注射剂的质量浓度是多少？

解：盐酸肾上腺素的质量浓度 $= \dfrac{溶质的质量}{溶液的容量} = \dfrac{0.001}{0.001}$ g/L $= 1$ g/L

2. $KMnO_4$ 0.6 g 配成 3 000 mL 溶液，它的比例浓度是多少？

解：$KMnO_4$ 0.6 g 的比例浓度 $= 1 : \dfrac{溶液总量}{溶质总量} = 1 : \dfrac{3\,000}{0.6} = 1 : 5\,000$

3. 向盛有 50 mL 台氏液的麦氏浴皿管内加入质量浓度为 0.1 g/L 的盐酸肾上腺素 0.5 mL,浴皿管内肾上腺素的最终浓度是多少?

解:肾上腺素的比例浓度 $=1:\dfrac{50\ \text{mL}}{0.1\times10^{-3}\ \text{g/mL}\times0.5\ \text{mL}}=(1:\dfrac{50}{0.000\ 05})\ \text{g/mL}=10^{-6}\ \text{g/mL}$

三、溶液浓度的换算

1. 今有体积分数为 95% 的乙醇,如何配成 70% 乙醇?

解:取 95% 乙醇 70 mL,加水至 95 mL 即得 70% 乙醇。

2. 今欲配制体积分数为 70% 的乙醇 100 mL,须取 95% 乙醇多少毫升?

解:代入公式:高浓度 × 高浓度量 = 低浓度 × 低浓度量

因为 $95\times X=70\times100$

$X=\dfrac{70\times100}{95}\ \text{mL}=73.7\ \text{mL}$

即取体积分数为 95% 的乙醇 73.7 mL 加水至 100 mL。

3. 现有体积分数 95% 乙醇 100 mL,问可配成 70% 乙醇多少毫升?

解:代入公式:$95\times100=70\times X$

$X=\dfrac{95\times100}{70}\ \text{mL}=135.7\ \text{mL}$

可配成 70% 乙醇 135.7 mL(即在 95% 乙醇 100 mL 中加水至 135.7 mL)。

4. 现有 50% 乙醇 220 mL 欲配成 70% 的浓度,还需加 95% 乙醇多少毫升?

解:可用交叉比例计算:

① = 甲液浓度　　④ = ②与③之差的绝对数

② = 乙液浓度　　⑤ = ①与③之差的绝对数

③ = 所需浓度

④ : ⑤ = 甲溶液量 : 乙溶液量

$25:20=220:X$

$X=\dfrac{220\times20}{25}\ \text{mL}=176\ \text{mL}$

即还需要加 95% 乙醇 176 mL。

5. 如何将青霉素配制成 200 U/mL 的皮试液?

配法:取 8×10^5 U 青霉素,用生理盐水 4 mL 溶解后(2×10^5 U/mL),用 1 mL 注射器吸出 0.1 mL 加生理盐水 0.9 mL(2×10^4 U/mL)混匀,取其 0.1 mL 加生理盐水 0.9 mL(每毫升含 2 000 U)混匀,再取 0.1 mL 加生理盐水 0.9 mL 即成 200 U/mL 的皮试液。

四、剂量的计算

1. 动物实验所用药物的剂量,一般按 mg/kg 或 g/kg 计算。应用时需从已知药液浓度换算出相当于每千克注射的药液量,以便给药。

例如:小白鼠体重 18 g,腹腔注射盐酸吗啡 10 mg/kg,药液质量浓度为 1 g/L(0.1%),应注射多少量（mL）?

计算方法：1 g/L 的溶液每毫升含药物 1 mg，剂量为 10 mg/kg 相当的容积为 10 mL/kg，小鼠体重为 18 g，换算成千克为 0.018 kg。故 10 mL × 0.018 = 0.18 mL。

小鼠常以 mg/10 g 计算，换算成容积时也以 mL/10 g 计算，较为方便。上例 18 g 重小鼠注射 0.18 mL，相当于 0.1 mL/10 g，再计算给其他小鼠药量时很方便。如 20 g 小白鼠，给 0.2 mL，以此类推。

2. 在动物实验中有时需根据药物的剂量及某种动物给药途径的药液容量，然后配制相当的浓度以便于给药。

例如：以家兔静脉注射苯巴比妥钠 80 mg/kg，注射量为 1 mL/kg，应配制苯巴比妥钠的质量浓度是多少？

计算方法：80 mg/kg 应相当于 1 mL/kg，因此，1 mL 药物含 80 mg 药物，现换算成质量浓度 1∶80 = 100∶X，X = 8 000 mg = 8 g，即 100 mL 含 8 g，故应配成 80 g/L（8%）的苯巴比妥钠。

习题：

（1）尼可刹米注射液每安瓿瓶装 1.5 mL，含尼可刹米 0.375 g，试用质量浓度表示。家兔体重 1.7 kg，注射尼可刹米的剂量为 50~100 mg/kg，注射液质量浓度为 50 g/L，应注射多少毫升？

（2）大白鼠口服氢氯噻嗪剂量为 5 mg/kg，规定灌胃所需药量为 2.5 mL/g，应配制的质量浓度是多少？

（3）硫喷妥钠注射剂每支 0.5 g，兔体重 1.8 kg，静脉注射硫喷妥钠剂量为 20 mg/kg，容量为 1 mL/kg，该药 0.5 g 应配成多少毫升？注射的药量是多少毫升？

（4）配制青蛙的等渗 6 g/L 食盐溶液 50 mL，应取 90 g/L（0.9%）的生理盐水溶液多少毫升？

五、人和动物及各类动物间药物剂量的换算方法

（一）人与动物用药量换算

人与动物对同一药物的耐受性相差很大。一般说来，动物的耐受性要比人大，也就是单位体重的用药量动物比人要多。一般按下列比例换算：按每千克体重人用药量为 1，大鼠、小鼠为 25~50，兔、豚鼠为 15~20，犬、猫为 5~10。

此外，可以采用人与动物的体表面积计算法来计算：

1. 人体体表面积计算法　计算中国人的体表面积，一般认为许文生公式较适用，即：体表面积（m^2）= 0.006 1 × 身高（cm）+ 0.012 8 × 体重（kg）− 0.152 9。

例：某人身高 168 cm，体重 55 kg，试计算其体表面积。

解：（0.006 1 × 168 + 0.012 8 × 55 − 0.152 9）m^2 = 1.576 m^2

2. 动物的体表面积计算法　在需要由体重推算体表面积时，一般认为 Meeh-Rubner 公式较适用：

$$A（体表面积，以 m^2 计算）= K \times (W^{2/3}/10\,000)$$

式中 W 为体重，以 g 计算；K 为一常数，随动物种类不同而不同，小鼠和大鼠 9.1，豚鼠 9.8，家兔 10.1，猫 9.8，犬 11.2，猴 11.8，人 11.6（上列 K 值各家报道略有出入）。应当指出，这样计算出来的体表面积还是一种粗略的估计值，不一定完全符合每只动物的实测数值。

例：试计算体重 1.50 kg 家兔的体表面积。$K = 10.1$　$W = 1\,500$

解：$A = 10.1 \times (1\,500^{2/3}/10\,000)$，式中两边取对数后得：

$\lg A = \lg 10 + 2/3 \lg 1\,500 - \lg 10\,000 = 1.121\,8$

$A = 0.132\,4\ m^2$，即体重 1.5 kg 家兔的体表面积是 $0.132\,4\ m^2$。

(二) 人与不同种类动物之间药物剂量的换算

1. 直接计算法　即按 $A = K \times (W^{2/3}/10\,000)$ 计算。[注：体重 (W) 以 g 为计算单位。]

例：某利尿药大鼠灌胃给药时的剂量为 250 mg/kg 左右，试粗略估计犬灌胃给药时可以试用的剂量。

解：实验用大白鼠的体重一般在 200 g 左右，其体表面积 (A) 为：

$A = 9.1 \times (200^{2/3}/10\,000) = 0.031\,1\ m^2$

250 mg/kg 的剂量如改以 mg/m^2 表示，即为 $(250 \times 0.2)/0.031\,1\ mg/m^2 = 1\,608\ mg/m^2$

实验用犬的体重一般在 10 kg 左右，其体表面积 (A) 为：

$A = 11.2 \times 10\,000^{2/3}/10\,000\ m^2 = 0.519\,8\ m^2$

即：$1\,608 \times 0.519\,8/10\ mg = 84\ mg$（犬的适当试用剂量）。

2. 按 mg/kg 折算 mg/m^2 转换因子计算

例：同上。

解：按 [剂量 (mg/kg) × 甲动物转换因子] / 乙动物转换因子。

计算出犬的适当试用剂量。(mg/kg 的转换因子可由附表 1–1 查得)

3. 按每千克体重占有体表面积相对比值计算　各种药物的"每千克体重占有体表面积相对比值（简称体表面积比值）"见附表 1–1。[250 × 0.16（犬的体表面积比值）] /0.47（大鼠的体表面积比值）= 85 mg/kg（犬的适当试用剂量）。

4. 按人和动物间体表面积折算的等效剂量比值表计算　见附表 1–2, 12 kg 犬的体表面积为 200 g 大白鼠的 17.8 倍。该药大白鼠需给药 250 × 0.2 mg = 50 mg。于是犬的适当试用剂量为 50 × 17.8/12 mg/kg = 74 mg/kg（试用剂量）。

5. 按人与各种动物及各种动物之间用药剂量换算

已知 A 种动物每千克 (kg) 体重用药量，欲估 B 种动物每千克体重用药剂量时，可查附表 1–3，找出折算系数 (W)，再按下式计算：B 种动物的剂量 (mg/kg) = W × A 种动物的剂量 (mg/kg)。

例：已知某药对小鼠的最大耐受量为 20 mg/kg (20 g 小鼠用 0.4 mg)，试折算为家兔量。若 A 种动物为小鼠，B 种动物为兔，交叉点为折算系数 $W = 0.37$，故家兔用药量为 0.37 × 20 mg/kg = 7.4 mg/kg, 1.5 kg 家兔用药量 11.1 mg。

附表 1–1　不同种类动物间剂量换算时的常用数据

动物种类	Meeh-Rubner 公式的 K 值	体重 (kg)	体表面积 (m^2)	mg/kg–mg/m^2 转换因子		每千克体重占体表面积相对比值
小鼠	9.1	0.018	0.006 3	2.9	粗略值 3	1.0 (0.02 kg)
		0.020	0.006 7	3.0		
		0.022	0.007 1	3.1		
		0.024	0.007 6	3.2		
大鼠	9.1	0.10	0.019 6	5.1	粗略值 6	0.47 (0.02 kg)
		0.15	0.025 7	5.8		
		0.20	0.031 1	6.4		
		0.25	0.046 1	6.9		

续表

动物种类	Meeh-Rubner 公式的 K 值	体重（kg）	体表面积（m²）	mg/kg–mg/m² 转换因子		每千克体重占体表面积相对比值
豚鼠	9.8	0.30	0.043 9	6.8	粗略值 8	0.40（0.40 kg）
		0.40	0.053 2	7.5		
		0.50	0.061 7	8.1		
		0.60	0.069 7	8.6		
兔	10.1	1.50	0.132 3	11.3	粗略值 12	0.24（2.0 kg）
		2.00	0.160 8	12.4		
		2.50	0.186 0	13.4		
猫		2.00	0.157 1	12.7	粗略值 14	0.22（2.5 kg）
		2.50	0.132 4	13.7		
		3.00	0.205 9	14.6		
犬	11.2	5.00	0.327 5	15.3	粗略值 19	0.16（10.0 kg）
		10.00	0.519 9	19.2		
		15.00	0.681 2	22.0		
猴	11.8	2.00	0.187 3	10.7	粗略值 12	0.24（3.0 kg）
		3.00	0.245 5	12.2		
		4.00	0.297 3	13.5		
人	10.5	40.00	1.239 8	42.2	粗略值 35	0.08（50.0 kg）
		50.00	1.438 6	34.8		
		60.00	1.624 6	36.9		

附表 1-2　人和动物间按体表面积折算的等效剂量比值

动物	小鼠（20 g）	大鼠（200 g）	豚鼠（400 g）	兔（1.5 kg）	猫（2.0 kg）	猴（4.0 kg）	犬（12 kg）	人（70 kg）
小鼠（20 g）	1.0	7.0	12.25	27.8	29.7	64.1	124.2	387.9
大鼠（200 g）	0.14	1.0	1.74	3.9	4.2	9.2	17.8	56.0
豚鼠（400 g）	0.08	0.57	1.0	2.25	2.4	5.2	4.2	31.5
兔（1.5 kg）	0.04	0.25	0.44	1.0	1.08	2.4	4.5	14.2
猫（2.0 kg）	0.03	0.23	0.41	0.92	1.0	2.2	4.1	13.0
猴（4.0 kg）	0.016	0.11	0.19	0.42	0.45	1.0	1.9	6.1
犬（12 kg）	0.008	0.06	0.10	0.22	0.23	0.52	1.0	8.1
人（70 kg）	0.002 6	0.018	0.031	0.07	0.078	0.16	0.82	1.0

附表 1-3　动物与人体的每千克体重剂量折算系数

折算系数 W		A 种动物或成人						
		小鼠 0.02 kg	大鼠 0.2 kg	豚鼠 0.4 kg	兔 1.5 kg	猫 2.0 kg	犬 12 kg	成人 60 kg
B 种动物或成人	小鼠 0.02 kg	1.0	1.4	1.6	2.7	3.2	4.8	9.01
	大鼠 0.2 kg	0.7	1.0	1.14	1.88	2.3	3.6	6.25
	豚鼠 0.4 kg	0.61	0.87	1.0	1.65	2.05	3.0	5.55

续表

折算系数 W		A 种动物或成人						
		小鼠 0.02 kg	大鼠 0.2 kg	豚鼠 0.4 kg	兔 1.5 kg	猫 2.0 kg	犬 12 kg	成人 60 kg
B 种动物或成人	兔 1.5 kg	0.37	0.52	0.6	1.0	1.23	1.76	2.30
	猫 2.0 kg	0.30	0.42	0.48	0.81	1.0	1.44	2.70
	犬 12 kg	0.21	0.28	0.34	0.56	0.68	1.0	1.88
	成人 60 kg	0.11	0.16	0.18	0.304	0.371	0.531	1.0

（范小芳）

附录二　常用实验动物的一般生理参数

附表 2-1　人和常用实验动物的血压、心率、呼吸、体温正常参考值

动物种类	血压（kPa）		心率（次/分）	呼吸频率（次/分）	潮气量（mL）	体温（℃）
	收缩压	舒张压				
人	16.7	10.7	75	17.5	500	36.8
	13.30~20.0	8.0~13.3	50~100	15~20		36.5~37
猴	21.10	13.35	150	40	21.0	38.5
	18.60~23.4	12.2~14.5	120~180	31~52	9.80~29.0	37.0~40.0
犬	15.99	7.99	120	18	320	38.5
	12.66~18.15	6.39~9.59	109~130	11~37	251~432	37.5~39.0
猫	12.12	7.57	125	26	12.4	39.0
	11.11~14.14	6.57~10.10	110~140	20~30		38.0~39.5
猪	17.07	10.91	75	15		38.5
	14.54~18.68	9.90~12.12	60~90	12~18		38.0~39.0
兔	14.66	10.66	205	51	21	39.0
	12.66~17.33	8.00~12.0	123~304	38~60	19.30~24.60	38.5~39.5
豚鼠	11.60	7.53	280	90	1.80	38.5
	10.67~12.53	7.33~7.73	260~400	69~104	1.00~3.20	38.2~38.9
金黄地鼠	15.15	11.11	375	74	0.80	37.0
	12.12~17.77	7.99~12.12	250~500	33~127	0.42~1.20	36.0~38.0
大鼠	13.07	10.13	328	85.5	0.86	38.2
	10.93~15.99	7.99~11.99	216~600	66~114	0.60~1.25	37.8~38.7
小鼠	14.79	10.80	600	128	0.15	38.0
	12.67~18.40	8.93~11.99	323~730	84~163	0.09~0.23	37.2~38.8

附表 2-2　常用实验动物的代谢率、耗氧量的正常值

动物种类	性别	外界温度（℃）	测定条件	测定例数（n）	耗氧量 [mL/(g·h)]	代谢率 [cal/(m^2·h)]	代表面积（m^2）计算公式
大鼠	雄	28	睡、空腹	42	0.69±0.023	—	—
大鼠	雄	27	空腹	10	—	28.29±0.041（s）	$m^2=9$（体重）$^{2/3}$ 体重以克为单位
小鼠	—	31~31.9	安静	60	—	26.6±1.2	$m^2=9$（体重）$^{2/3}$ 体重以克为单位
豚鼠	—	30~30.9	空腹	6	—	24.70±0.41（s）	$m^2=9$（体重）$^{2/3}$ 体重以克为单位
豚鼠	—	25	安静	6	0.833	—	—
兔	—	28~32	基础状态	20	—	26.00	$m^2=0.001$（体重）$^{2/3}$ 体重以克为单位
犬	雄	24	安静	9	—	28.00	$m^2=0.107$（体重）$^{2/3}$ 体重以克为单位
猴	雄	—		6	0.432	24.91	$m^2=11.7$（体重）$^{2/3}$ 体重以克为单位

注：1 cal = 4.184 J

附表 2-3　常用实验动物尿中电解质 [单位：mg/(kg·d)]

动物种类	Ca^{2+}	Cl^-	Mg^{2+}	P	K^+	Na^+
大鼠	3.0~9.0	50.0~75.0	0.2~1.9	20.0~40.0	50.0~60.0	90.4~110.0
兔	12.1~19.0	190.0~300.0	0.65~4.20	10.0~60.0	40.0~55.0	50.0~70.0
犬	1.0~3.0	5.0~15.0	1.70~3.00	20.0~50.0	40.0~100.0	2.0~189.0
猫	0.2~0.45	89.0~130.0	1.50~3.20	39.0~62.0	55.0~120.0	—
猴	10.0~20.0	80.0~120.0	3.20~7.10	9.0~20.6	160.0~245.0	—

附表 2-4　常用实验动物心电图正常参考值（单位：s）

动物种类	P波	P-R间期	QRS波群	Q-T间期	S-T间期	T波
大鼠	0.015	0.049	0.015	0.079	—	0.064
豚鼠	0.022	0.050	0.038	0.116	0.078	0.044
兔	0.031	0.068	0.042	0.140	—	0.065
猴	0.037	0.078	0.037	0.200	—	0.037

附表 2-5　常用实验动物血液学主要常数

动物种类	红细胞数 /L (10^{12})	血红蛋白 (g/L)	血细胞比容	红细胞平均体积 (fl)	红细胞平均血红蛋白量 (pg)
猫	7.5	125	0.36	48	17
犬	6.7	165	0.47	70	25
豚鼠	5.4	34	0.43	81	25
兔	6.2	134	0.39	60	23
大鼠	7.3	152	0.45	62	21
小鼠	8.6	142	0.45	51	17
猴	5.4	130	0.40	73	24
马	10.1	150	0.44	44	15
绵羊	12.0	120	0.38	32	10

（范小芳）

附录三　机能学实验常用生理溶液及配制

在进行各种机能学实验时，为了维持在体或离体器官及组织标本的"正常"功能活动，需尽可能地使标本所处的环境与在体内的环境相近似。因此，实验所用溶液需要具备以下条件：①电解质的晶体渗透压与体液相同，②组织器官正常机能所必需的各种离子比例适宜，③酸碱度与血浆相同，④温度、氧、葡萄糖的含量及缓冲能力与体液相同，这类溶液称为生理溶液。若生理溶液的配制或选择不当，标本将无法存活。即使存活，标本的反应性会很差，将影响实验结果的准确性。实际工作表明，生理溶液的选择与配制是影响实验成败的最重要因素之一。

一、生理溶液的用途

各种生理溶液都有其适用的对象，实验时应根据实验对象选择合适的生理溶液。

1. 氯化钠溶液　0.9% 氯化钠溶液（生理盐水）溶液适用于哺乳类动物的输液、手术部位的湿润等；0.65% 氯化钠溶液适用于蛙、龟、蛇等变温动物器官组织的湿润。
2. 任氏液　适用于蛙类动物组织器官的湿润、离体器官的灌流。
3. 拜氏液　适用于离体蛙心。
4. 乐氏液　适用于哺乳类动物的心脏、子宫等。
5. 台氏液　适用于哺乳类动物，特别适用于哺乳类动物的小肠。
6. 克氏液　适用于哺乳类动物的各种组织。
7. 克-亨液　适用于豚鼠离体气管、大鼠肝等。
8. 豚鼠支气管液　适用于豚鼠离体支气管。
9. 大鼠子宫液　适用于离体大鼠子宫。

二、生理溶液的配制

（一）常用试剂

机能学实验不论教学和科研，都必须要采用甲类试剂（化学纯、分析纯、优级纯等）配制生理溶液，最好采用分析纯（AR）。选用试剂时应注意是否含结晶水。有些强吸湿性试剂（如氯化钙和氯化镁），尽管标明"无水"，也是不可靠的，应在临用前几天取出置于烤箱内，加温120℃烤干、断电，待冷后称取。生理溶液的常用药品见附表3-1。

附表3-1 生理溶液的常用药品

品 名	分子式	相对分子质量
氯化钠（sodium chloride）	$NaCl$	58.44
氯化钾（potassium chloride）	KCl	74.50
氯化钙（calcium chloride）	$CaCl_2$	110.99
	$CaCl_2 \cdot 2H_2O$	146.99
氯化镁（magnesium chloride）	$MgCl_2$	95.21
硫酸镁（magnesium sulfate）	$MgSO_4 \cdot 7H_2O$	246.37
磷酸二氢钾（potassium dihydrogen phosphate）	KH_2PO_4	136.09
磷酸二氢钠（sodium dihydrogen phosphate）	$NaH_2PO_4 \cdot 2H_2O$	156.01
碳酸氢钠（sodium bicarbonate）	$NaHCO_3$	84.01
葡萄糖（glucose）	$C_6H_{12}O_6 \cdot H_2O$	198.17
三羟甲基氨基甲烷（Tris）	$C_4H_{12}NO_3$	121.14
乙二胺四乙酸（EDTA）	$C_{10}H_{16}N_2O_8$	292.24

（二）常用生理溶液的配制方法

1. 根据用量计算出各成分的量，用天平称取各成分溶解于蒸馏水（氯化钙单独用一容器溶解），将溶液用蒸馏水稀释至配制量的80%左右，再将氯化钙溶液一边搅拌一边缓慢加入。

2. 为了配制方便，最好事先将各成分分别配成一定浓度的基础溶液，然后按附表3-2所示分量混合，氯化钙溶液在其他成分混合稀释后再一边搅拌一边缓慢加入。

附表3-2 机能学实验中常用生理溶液成分及浓度

药品名称	任氏液	拜氏液	乐氏液	台氏液	克氏液	克-亨液	豚鼠支气管液	大鼠子宫液
氯化钠 /g	6.5	6.5	9.2	8.0	6.6	6.92	5.59	9.0
（20%/mL）	32.5	32.5	46	40	33.0	3.46	27.95	45
氯化钾 /g	0.14	0.14	0.42	0.2	0.35	0.35	0.46	0.42
（10%/mL）	1.4	1.4	4.2	2.0	3.5	3.5	4.6	4.2
氯化钙 /g	0.12	0.12	0.12	0.2	0.28	0.28	0.075	0.03
（5% mL）	2.4	2.4	2.4	4	5.6	5.6	1.5	0.6

续表

药品名称	任氏液	拜氏液	乐氏液	台氏液	克氏液	克-亨液	豚鼠支气管液	大鼠子宫液
碳酸氢钠 /g （5%/mL）	0.20 4	0.20 4	0.15 3	1.0 20	2.10 42	2.10 42	0.52 10.4	0.5 10.0
磷酸二氢钠 /g （1%/mL）	0.01 1	0.01 1		0.05 5			0.1 10	
氯化镁 /g （5%/mL）				0.1 2			0.023 0.45	
磷酸二氢钾 /g （10% mL）					0.162 1.62	0.16 1.6		
硫酸氢镁七水 /g （10%/mL）					0.294 2.94	0.29 2.9		
葡萄糖 /g		2.0	1.0	1.0	2	2		0.5
pH			7.5	8.0				
蒸馏水加至 /mL	1 000	1 000	1 000	1 000	1 000	1 000	1 000	1 000

说明：（1）表中各溶液成分、含量和用途，各家主张不一，但均大同小异。

（2）表中单位：固体 g，液体 mL。

（3）常用生理溶液的配制方法和注意事项：①常用的生理溶液不宜久置，故一般在临用时配制，先将氯化钙和葡萄糖以外的成分一起配制成高 10 倍的贮存液，用时做 10 倍稀释。②加 10 倍氯化钙贮存液时边加边搅拌，以免发生碳酸钙或磷酸钙沉淀，使溶液出现混浊或沉淀。③葡萄糖应在临用时加入，加入葡萄糖的溶液不能久置，否则会发生变质。④蒸馏水要新鲜，最好用重蒸馏水。蒸馏水放置时间过长，其中 CO_2 含量可能增高。

（范小芳）

附录四　常用抗凝剂的种类、浓度与配制方法

医学实验中需经常采集动物的血液或对动物进行全身抗凝，因此必须根据实验目的选择适当的抗凝剂，才能获得预期的结果。对于抗凝剂的一般要求是：用量少，溶解度大、干扰小。

一、体内抗凝

体内抗凝常用 1% 肝素钠溶液进行静脉注射，一般剂量为：大鼠为 2.5~3.0 mg/（200~300 g），兔为 10 mg/kg，犬为 5~10 mg/kg。市售的肝素注射液每 2 mL 含肝素 12 500 U（相当于肝素钠 125 mg，即 1 mg 相当于 100 U，应避光低温保存）。取 1 支肝素钠注射液（含 100 mg/2 mL），加入生理盐水 8 mL 即可配制成 1% 肝素钠溶液 10 mL。

注意事项：① 静脉注射肝素钠溶液不能超量，否则易引起出血。② 体内抗凝不可用枸橼酸钠或草酸钾溶液，否则会引起低钙血症。

二、体外抗凝

1. 肝素（heparin）

（1）采血试管的抗凝：取 1% 肝素溶液 0.1 mL 于一支干净试管内，旋转试管，使溶液均匀浸湿试管内壁，80~100℃烤干，每管能抗凝 5~10 mL 血液。

注意事项：① 采血注射器和试管必须干净，否则易引起溶血。② 应沿着试管壁缓缓注入血液，注完后轻轻滚动试管，充分混匀。

（2）动脉插管的抗凝：取 0.3%~0.5% 的肝素生理盐水充满压力换能器及连接的动脉插管，用于动脉放血和实验动物的血压测定。

（3）静脉插管的抗凝：用 0.1%（100 U/mL）肝素生理盐水充管即可。

0.1%（100 U/mL）肝素的配置方法：取 1 支肝素钠注射液（含 100 mg/2 mL），加入生理盐水至 125 mL 即可配制成 0.1% 肝素钠溶液。

2. 枸橼酸钠（sodium citrate）

（1）采血试管的抗凝：配制成 3.8% 的水溶液，0.1 mL 枸橼酸钠溶液可抗凝血液 1 mL。

注意事项：因其抗凝血作用较弱而碱性较强，不适用于供化验用的血液样品。

（2）动脉插管的抗凝：兔用 4%~5%，犬用 7%~8% 的水溶液充满压力换能器及连接的动脉插管，用于实验动物的血压测定。

3. 草酸钾（potassium oxalate） 常用于全血抗凝。配制成 2% 的水溶液，0.1 mL 草酸钾可抗凝 1~2 mL 血液。

注意事项：不适用于测定钾、钙含量。此外，草酸钾对乳酸脱氢酶、碱性磷酸酶及淀粉酶有抑制作用。

4. 草酸盐（oxalate） 取草酸铵 1.2 g，草酸钾 0.8 g，加 4% 甲醛溶液 1.0 mL，加蒸馏水至 100 mL。0.5 mL 草酸盐溶液可抗凝血液 5 mL。本溶液可供血细胞比容测定用。

5. 乙二胺四乙酸二钠盐（EDTA-Na$_2$） 每 0.8 mg 可抗凝血液 1 mL。除不能测定血浆中的钙、钠及含氮物质外，适用于多种抗凝。

（范小芳）

郑重声明

高等教育出版社依法对本书享有专有出版权。任何未经许可的复制、销售行为均违反《中华人民共和国著作权法》，其行为人将承担相应的民事责任和行政责任；构成犯罪的，将被依法追究刑事责任。为了维护市场秩序，保护读者的合法权益，避免读者误用盗版书造成不良后果，我社将配合行政执法部门和司法机关对违法犯罪的单位和个人进行严厉打击。社会各界人士如发现上述侵权行为，希望及时举报，我社将奖励举报有功人员。

反盗版举报电话　　（010）58581999　58582371
反盗版举报邮箱　　dd@hep.com.cn
通信地址　　北京市西城区德外大街4号　高等教育出版社知识产权与法律事务部
邮政编码　　100120

读者意见反馈

为收集对教材的意见建议，进一步完善教材编写并做好服务工作，读者可将对本教材的意见建议通过如下渠道反馈至我社。

咨询电话　　400-810-0598
反馈邮箱　　gjdzfwb@pub.hep.cn
通信地址　　北京市朝阳区惠新东街4号富盛大厦1座　高等教育出版社总编辑办公室
邮政编码　　100029

防伪查询说明

用户购书后刮开封底防伪涂层，使用手机微信等软件扫描二维码，会跳转至防伪查询网页，获得所购图书详细信息。

防伪客服电话　　（010）58582300